국제주의 전통 자료집

II-1. 자본주의와 그 경제 위기

알렉스 캘리니코스, 크리스 하먼 외 지음

이정구 엮음

국립중앙도서관 출판예정도서목록(CIP)

자본주의와 그 경제 위기 / 지은이: 알렉스 캘리니코스, 크
리스 하먼 외 ; 엮은이: 이정구. -- 서울 : 책갈피, 2018
    p. ;   cm. -- (국제주의 전통 자료집 ; 2-1)

원저자명: Alex Callinicos, Chris Harman
ISBN 978-89-7966-144-6 04300 : ₩14000
ISBN 978-89-7966-155-2 (세트) 04300

노동자 계급[勞動者階級]
자본 주의[資本主義]

332.64-KDC6
305.5620941-DDC23   CIP2018026136

국제주의 전통 자료집

Ⅱ-1. 자본주의와 그 경제 위기

알렉스 캘리니코스, 크리스 하먼 외 지음

이정구 엮음

책갈피

차례

Ⅱ-1. 자본주의와 그 경제 위기

제2부 세계화: 신화와 진실

Ⅱ-2. 자본주의와 그 경제 위기

엮은이 머리말

이 자료집에 실린 글들은 노동자연대와 그 유관단체들이 발간한 신문과 잡지 등에서 일반성이 비교적 높은 글들을 추려 내어 주제별로 묶은 것이다.

자료집이 지닌 장점은 시간이 흘러도 그 진가가 사라지지 않을 좋은 글들을 선별하여 묶어 놓았다는 것인데, 이 자료집에 실린 글들도 그런 것이기를 바란다. 독자들은 이 자료집을 참고 자료나 교육 자료 등으로 유용하게 활용할 수 있을 것이다.

이 자료집은 이런 장점 외에, 독자들이 염두에 둬야 할 약점도 있다. 첫째, 자료집에 실린 글들이 발표된 때의 맥락을 설명하지 못했다. 물론 글을 읽어 보면 글이 작성된 취지를 대체로 파악하거나 짐작할 수 있을 것이다.

둘째, 많은 글들을 자료집으로 묶다 보니 용어의 통일, 맞춤법, 띄어쓰기 등에서 오류가 많을 수도 있다. 예를 들어, 예전에는 동성애자라는 표현을 많이 사용했지만 지금은 동성애자보다는 성소수자라는 용어를 쓴다. 특정 시기에 사용된 용어는 그 나름의 역사성을 지니고 있으므로 이 자료집에서는 오늘날 사용하는 용어로 일괄적으로 바꾸지 않았다. 또, 맞춤법이나 띄어쓰기도 세월이 지나면서 바뀌었다. 그래서 현재의 것으로 교정돼야 할 어구들이 많다. 그러나 바로잡지 못하고 놓친 부분이 많을 것이다. 독자들의 너그러운 양해를 부탁드린다.

셋째, 같은 주제의 글들을 모았기 때문에 여러 글의 내용이 중복되는 경우도 적지 않다. 이런 중복의 문제에 대해서는 엥겔스의 방식을 따랐다. 엥겔스는 마르크스의 초고를 모아 《자본론》 3권으로 편집하면서 이렇게 밝혔다. "반복도 주제를 다른 각도에서 파악하든지 다른 방법으로 표현한 경우에는 그 반복을 버리지 않았다."(《자본론》 3권 개역판 서문)

넷째, 혁명가들이 혹심한 탄압을 받던 시기에 작성된 글 중에서 필자를 확인하지 못해 필자를 명시하지 못한 경우가 있다. 이것은 엮은이가 의도한 것이 결코 아니라는 점을 밝혀 둔다.

그 외에도 다른 오류들이 편집 과정에서 있을 수 있는데, 이것들은 엮은이의 잘못이다.

이 자료집이 나오기까지 몇몇 동지들이 도움을 줬다. 인쇄된 문서를 타이핑해 파일로 만들어 준 박충범 동지와 책을 디자인해 준 장한빛 동지에게 감사드린다. 방대한 양의 원고를 나와 함께 검토해 준 책갈피 출판사 편집부에도 감사드린다.

2018년 7월 10일
엮은이 이정구

제1부
신자유주의와 대안들

신자유주의란 무엇인가?

다음 달 파리에서 열리는 유럽사회포럼에서 한 가지 용어가 유행할 것이다. 그것은 바로 '신자유주의'다. 어떤 사람들은 신자유주의라는 말을 국제 자본주의 체제와 동의어로 사용할 것이고, 다른 사람들은 그 체제의 현재 국면(흔히 '세계화'라고 부르는)을 일컫는 말로 사용할 것이고, 또 다른 사람들은 각국 정부가 선택하는 특정한 경제정책을 가리키는 말로 사용할 것이다.

신자유주의라는 말을 어떻게 사용하느냐에 따라 기업 세계화 반대 운동의 대응도 달라질 것이다. 신자유주의가 자본주의 체제와 동의어라면 혁명적 대응이 필요할 것이다. 신자유주의가 각국 정부의 특정 경제정책일 뿐이라면 온건한 개혁으로 족할 것이다. 그래서 프랑스 아딱(ATTAC: 금융거래과세시민연합)의 지도자인 베르나르 까

크리스 하먼. 〈맞불〉 12호, 2006년 9월 11일. https://wspaper.org/article/3408.
영국의 혁명적 마르크스주의자 크리스 하먼은 신자유주의를 어떻게 정의하느냐에 따라 그 해결책도 상당히 달라진다고 지적한다. 이 글은 2003년 10월에 쓰였다.

쌍은 국제 금융거래에 대한 토빈세 과세만을 요구하는 반면, 주류 경제학계의 이단자들은 케인스주의 국가 개입으로 돌아가야 한다고 주장한다. 그런 사람들은 자신의 주장을 실현할 수 있는 방안으로 대중 선동이 아니라 여론 주도층의 생각 바꾸기에 의존한다.

사실, 신자유주의가 무엇을 뜻하는지는 분명치 않다. 정확히 말하면 신자유주의는 일종의 경제 이데올로기로, 자본주의 체제를 위기에서 끌어낼 수 있는 일련의 처방전을 각국 정부에 제공한다고 표방한다.

경제적 자유주의는 1930년대 대공황 전까지 자본가들의 사고를 지배한 자유시장 즉 자유방임 이데올로기와 동의어였다. 그것은 국가 개입이 최소한에 그쳐야 한다고 설파했다.

그러나 현실에서 이것은 단 하나의 주요 자본주의 나라, 즉 영국의 상황에만 들어맞았다. 그것도 1840년대 말 곡물법이 폐지된 뒤 비교적 짧은 시기에만 들어맞았다.

영국 자본주의는 경쟁자들보다 일찍 공업화에 성공했고, 자유무역은 영국 자본주의가 경쟁자들을 시장에서 계속 밀어낼 수 있는 수단이었다. 영국 자본주의가 국가 개입을 신뢰하지 않았다고들 하지만, 실제로는 강력한 제국을 유지하기 위해 국가의 군사력을 사용했다. 대영제국 안에서 영국 기업인들은 다른 경쟁자들보다 확고한 우위를 누릴 수 있었다. 그들은 자유시장 정책을 버리고 자국의 보호무역주의 조처들과 제국주의적 강탈 정책에 의존했다.

영국 지배계급은 자신의 지배력이 위협받자 그 지위를 강화하기 위해 더욱 국가 개입에 의존했다. 1913년 자유당 정부는 앵글로-페르시아 석유회사(영국석유회사, 즉 BP의 전신)를 국유화했고, 1930년대에 보수당 정부는 주요 항공사들과 송전(送電)회사들을 국유화했다. 비록 여전히 자유방임이 공식 이데올로기였지만, 국가독점자본주의와 그 쌍둥이인 제국주의가 현실이었고 그것은 경제의 군사화에서 절정에 달했다.

이데올로기

제2차세계대전과 그 이후 진행된 군사화의 한 가지 결과가 일시적 완전고용이었다. 물론 자본주의 국가가 나서서 노동계급의 불만을 달랠 필요도 있었다. 전쟁이 한창일 때 보수당 정치인 퀸틴 호그(훗날의 헤일섬 경)는 이렇게 썼다. "국민에게 개혁을 제공하지 않으면 혁명이 일어날 것이다."

1940~50년대에 케인스주의 이론은 국가 개입에 집중했다. 그리고 자본주의적 계획이 낡은 자유시장 자유주의를 대체했다. 그러나 이데올로기는 현실을 반영하는가 하면 또한 왜곡하기도 한다. 개량주의 정치인들과 학자들은 본말을 전도시켜 완전고용과 복지혜택을 군사적 야만주의의 부산물로 인식한 것이 아니라 국가의 선행 덕분이라고 보았다.

케인스주의의 막간극은 겨우 30년 동안만 지속됐다. 1970년대에 군비 지출과 국가 개입으로도 피할 수 없는 새로운 위기 국면이 시작됐다. 국민국가들은 점차 국경을 넘나들며 활동하는 자본들을 통제할 수 없었다. 심지어 가장 야만적인 수단을 사용해도 그럴 수 없었다.

케인스주의 이데올로그들은 국가가 개입하면 자본주의가 모든 계급에게 이롭게 "작동할" 것이라고 주장했다. 이런 주장 때문에 그들은 새로운 위기가 닥치자 난처해졌다. 그런 주장에 고무된 사람들이 위기의 폐해를 피하기 위해 훨씬 더 급진적인 조처들을 요구했기 때문이다. 그리고 기존 정부가 그런 조처들을 실행할 수 없다면 아마 노동자들이 직접 그런 메커니즘들을 만들어내야 할 것이라고 말했기 때문이다.

지배계급 이데올로그들은 낡은 자유시장 자유주의로 대거 복귀했다. 그리고 국가 개입 자체가 문제였다고 주장했다. 새로운, 즉 '신'자유주의는 문제의 진정한 원인 검증을 회피하기 위한 이데올로기적 프로젝트였다.

국영 기업과 서비스를 해체하면 노동자들끼리 서로 싸우게 만들 수 있었다. 노동자들이 위기에 처한 체제 하에서 자신들의 몫을 조금이라도 건질 수 있는 길은 일자리와 노동조건을 놓고 다른 노동자들과 경쟁하는 것뿐이라고 생각하게 만드는 것이다. 그리고 낡은 국가 독점체들을 인수한 자본가들은 직접적인 물질적 혜택도 얻었다. 체제 전체의 위기 경향이 더 심해지더라도 사유화는 헐값 매각을 통해 특정 자본가 집단이 손쉽게 이득을 볼 수 있게 해 주었다.

국제적으로, IMF·세계은행·WTO는 과거에 중소 규모 국가의 자본가들의 이익을 보호하기 위해 만들어진 메커니즘들을 확실히 해체시켜, 세계 최강의 기업들이 각국의 시장을 장악하고 기업체들을 인수할 수 있게 해주었다.

국가

'신자유주의'는 신자유주의에 저항하는 사람들에게 신자유주의의 대안은 없다고 말했다. 그리고 체제 전체가 위기를 겪지 않는 동안에 번창한 방식들을 통해서는 대안이 없었던 것도 사실이다. 그래서 주요 자본주의 강대국들은 나머지 세계의 자본가들에게 신자유주의 정책들을 처방해 주었다. 그리고 흔히 그 결실을 마음껏 향유한 것은 바로 그 강대국들이었다.

물질적 이해관계, 즉 서로 경쟁하는 과정에서 받는 축적 압력 때문에 자본들은 그 방향으로 나아갈 수밖에 없었다. 그리고 이 때문에 가장 큰 자본들은 국가에 계속 의존할 수밖에 없다. 그것이 비록 이데올로기와 맞지 않더라도 말이다. 왜냐하면 다른 자본들이나 다른 국가들에 맞서 그들의 이익을 위해 전 세계에서 싸워 줄 다른 세력을 찾을 수 없기 때문이다.

부시 정부 내에서 득세하는 집단은 자신들을 신자유주의자(네오콘)들이 아니라 신보수주의자들이라고 부른다. 왜냐하면 자유시장이라는 신자유주의 복음은 남들에게 강요해야 하는 것이기 때문이다. 그렇다고 해서 그들이 다른 모든 사람들을 약탈할 기반을 강화하기 위해 국가를 이용하지 않을 것이라는 말은 아니다. 그래서 그들은 철강 관세에 의존하고, 농업 보조금을 고수하고, 세계 2위의 석유 매장량을 차지하기 위해 무력을 사용하는 것이다.

우리가 맞서 싸우고 있는 것은 '신자유주의'라는 단순한 이데올로기가 아니다. 신자유주의가 자신들에게 유리한 경우엔 신자유주의를 이용하는 거대한 자본주의적 제국주의 세력에 맞서 우리는 싸우고 있는 것이다. 우리가 '교육'에서 대중 행동으로 나아갈 때만, 마르크스의 말을 빌리면, 주장의 힘이 힘의 주장으로 바뀔 때만 우리는 그들을 물러서게 할 수 있을 것이다.

남반구 신자유주의 -
적의 적이 항상 친구인 것은 아니다

뭄바이 세계사회포럼에 참가한 많은 활동가들은 매우 옳게도 [지난해 9월 멕시코] 칸쿤에서 열린 세계무역기구(WTO) 회담에서 미국과 유럽의 계획을 좌절시킨 것을 찬양했다. 세계에서 가장 강력한 자본주의 국가들이 자기들의 의제를 다른 나라들에 강요하려던 계획이 실패했기 때문이다.

그러나 기쁨만 있었던 것은 아니다. 실상에 대한 혼란도 흔히 뒤섞여 있었다. 칸쿤 사태를 남아공·인도·브라질의 "G3" 정부가 전 세계 빈민들을 위해 일으킨 반란으로 여긴 사람들이 많았다. 이런 나라들이 "새 반둥[회의]"[50년 전 냉전에 가담하라는 미국의 압력에 저항한 제3세계 국가들의 기구]이라는 말도 들렸다.

크리스 하먼. 격주간 〈다함께〉 31호, 2004년 5월 15일. https://wspaper.org/article/1286.

올해 1월 멕시코 몬테레이에서 열린 미주자유무역지대(FTAA: 스페인어 머릿글자를 따서 ALCA로 알려진) 결성 협상에서 브라질과 아르헨티나가 한 구실에 대해서도 비슷한 환호가 있었다. 예컨대, 그 협상이 거의 붕괴할 뻔한 뒤 하인츠 디터리히는 "라틴아메리카 파워 블록이 존엄성의 장벽을 세웠다." 하고 썼다.

그러나 현실은 그런 주장들과 맞지 않는다. 브라질·남아공·인도 정부들은 신자유주의 의제들을 전면 수용하고 있다.

브라질 대통령 룰라는 신자유주의 의제들에 맞선 제3세계의 반란을 이끌고 있지 않다. 룰라의 전임자였던 신자유주의자 카르도주는 지난 2월에 그들의 정책에 근본적 차이는 없다고 말했다. 바로 이런 연속성 때문에 룰라의 노동자당(PT)은 세 명의 좌파 하원의원들과 한 명의 상원의원을 내쫓았다.

월든 벨로가 지적했듯이, 북반구의 농산물 시장 개방이 더 확대되면 — 칸쿤에서 브라질과 그 밖의 다른 국가들은 이렇게 요구했다 — 독점적 수출 산업들이 가장 큰 혜택을 볼 것이다. 브라질에서 이런 독점적 수출 산업은 경작 가능 토지의 46퍼센트를 소유하고 있는 1퍼센트도 안 되는 농장들, 오랜 사탕수수 재배업을 지배하는 강력한 독과점 업체들, 그리고 지금 몬산토의 유전자조작 씨앗을 사용하며 몬산토와 협력하고 있는 대규모 콩 생산업체들이다. 남아공에서는 85퍼센트의 토지와 그 비슷한 비율의 공업을 소유하고 있는 백인들이다.

인도의 인민당(BJP) 힌두교 국수주의 정부는 칸쿤에서 [인도의] 설탕 제조업체인 트리베니, 발람푸르 치니 밀즈 같은 대기업들을 위해 싸우고 있었다. 그들은 해외 시장 개방 확대를 자신들의 농산물 가격 인상 방안으로 여긴다. 그리 되면 극심한 빈곤에 허덕이는 인도 인구의 3분의 1은 생활이 더 곤란해질 것이다.

세계 10대 경제 대국 중 하나인 브라질의 국내 자본가 계급은 여전히 강력하다. 그들은 남미공동시장(메르코수르) 관세 동맹을 통해 아르헨티나와 우루과이 같은 나라의 자본을 휘하에 거느리고 자신들의 영향력을 강화하려 해 왔다. 그렇게 하면 미국이나 유럽 다국적 기업들과의 협정·제휴·합병 조건을 더 유리하게 만들 수 있다고 생각한다.

룰라 정부는 이 계급의 비위를 맞춰 왔다. 부분적으로 이것은 전임자의 신자유주의 "개혁"을 지속한다는 뜻이다. 그러나 룰라 정부는 특별히 브라질 자본의 이익을 추구하는 데도 열심이었다. 비록 그것이 미국의 일부 요구에 저항하는 것을 뜻할지라도 말이다. 그리고 룰라 정부는 유럽연합(브라질에 대한 투자가 미국보다 약간 더 많은)과 동아시아(중요한 원료 수출 시장으로 점차 떠오르는)를 이용해 미국의 압력에 대항하려 한다.

국제통화기금(IMF)의 외채 상환과, 복지 삭감 요구에 동의하는 정책과, 미국 자본과 협력하는 ALCA(미주자유무역지대)의 전반적 틀 안에서 국민 자본의 이익을 증대시키기 위해 싸우는 정책 사이에는 어떤 모순도 없다. 이 때문에, 좌파가 룰라 등등의 태도를 칭송하는 것은 잘못된 것이다.

그러나 아르헨티나와 브라질, 심지어 인도와 남아공 같은 나라의 자본가 계급들에게는 "민족 자주"의 요소가 전혀 없다고 주장하는 것도, 즉 그런 나라들은 "신식민지"라거나 "재(再)식민지화" 과정을 겪고 있다고 주장하는 것도 마찬가지로 틀렸다.

때로 이런 말은 단순한 미사여구이거나 1950년대·1960년대·1970년대에 부르주아·프티부르주아 민족주의 정치인들에게 배신당한 데서 비롯한 널리 퍼진 배신감의 표현이다. 그것은 한 가지 근본적 요점을 강조한다. 즉, 착취와 억압의 서열 꼭대기에는 미국 자본주의가 자리잡고 있으며, 하위 착취자들은 그 미국 자본주의와 거래하려 한다는 점이다. 그러나 그것은 제국주의의 강점을 과장함으로써 현실을 더 폭넓게 이해하지 못하도록 만든다.

오늘날 제국주의 지배 구조는 옛 유럽 제국들과 다르다. 그들은 군말 없이 복종하는 총독들을 내세워 식민지들을 지배했다. 오늘날은 서로 다른 국가 간에 서열이 있다. 극소수 예외를 제외하면, 각국은 저마다 독자적인 무력 독점 기구, 조세 제도, 정부 지출 할당 제도, 그리고 자본가 계급을 갖고 있다.

그래서 각국은 항상 다른 국가를 희생시켜 — 보통은 평화적 수단으로, 가끔은 군사적 행동을 통해 — 자국의 처지를 개선하려 한다. 이를 통해 국민적 자본가들은 자신들에게 유리한 조건으로 해외 다국적기업들과 제휴할 수 있고, 어떤 경우에는 스스로 다국적기업이 되어 세계 무대를 주름잡을 수도 있다.

중간 규모 경제를 가진 국가의 지배자들과 거대 제국주의 열강의 지배자들 사이에는 합의뿐 아니라 갈등 요인들도 있다. 이를 깨닫지 못하면, 칸쿤에서 벌어진 사태를 이해할 수 없으며 1년 전 유엔에서 부시의 전쟁이 거부당한 사실도 설명할 수 없다.

그러나 디터리히 같은 사람들은 그런 전술적 차이들을 제국주의에 대한 전략적 도전으로 여긴다는 점에서 틀렸다. 그런 착각을 공유하는 일부 좌파는 민족주의적 미사여구를 동원해 독자적인 소(小)제국주의를 정당화하는 자국 정부를 지지하게 만드는 위험한 길을 걷고 있다. 중국·파키스탄 분쟁 때도 많은 인도 좌파가 그런 태도를 취했다.

물론 북아메리카·유럽·일본 "3극 체제"의 지배력이 장기간 계속될 수 있다. 그러나 더 작은 국가들과 그 국민 자본주의들에게도 운신의 폭은 여전히 남아 있다. 그리고 가끔은, 칸쿤에서 그랬듯이, 이 때문에 체제 전체에 문제가 발생할 수도 있다. 그렇다고 해서 브라질·남아공·인도의 신자유주의 지배자들을 칭송해서는 안 된다. 그들은 더 큰 빵 조각을 차지하기 위해서는 다투겠지만, 빵집만은 끝까지 지키려 한다. 그 빵집 안에서 자신들의 몫이 아무리 작을지라도 말이다. 그리고 기회가 생길 때마다 빈민들의 입에서 빵 부스러기를 떼어가기 위해 거대 제국주의들, 특히 미국과 기꺼이 거래한다.

신자유주의에 대한 피에르 부르디외의 비판

1990년대는 사회 이론가들에게 특별히 모순적인 양상을 보여 주고 있다. 특히, 이데올로기적 분위기를 압도한 것은 동유럽과 소련의 붕괴였다. 가장 널리 알려져 있는 지적 경향들은 그 상이한 형태에도 불구하고 — 가령, 역사의 종말에 관한 후쿠야마의 선언, 아카데미의 광범위한 분야에서 가장 유력한 정설로 자리잡은 포스트모더니즘 등과 같은 — 이로부터 모두 동일한 결론을 이끌어 내고 있다. 즉, 자유주의적 자본주의가 다른 모든 현실적인 대안들에 대해 결정적으로 승리를 거뒀다는 것이다. 한 세대 전에 사르트르는 맑스주의를 "모든 개별 사상의 부식토이며 모든 문화의 지평선"이라고 일컬은 적이 있었다.[*] 지금 그러한 포괄적 틀을 제공해 주고 있는 것은 자유

알렉스 캘리니코스, "Social theory put to the test of politics: Pierre Bourdieu and Anthony Giddens", *New Left Review* 가운데 도입부와 부르디외에 관한 부분.

[*] J. P. Sartre, *Critique de la raison dialectique*(변증법적 이성 비판; 프랑스어

주의이며, 그 속에서 정치적·사회적·경제적 토론이 진행되고 있다. 그러한 토론은 과거에는 경쟁하는 다른 사회 체제들의 장점을 고려해야 했다. 그러나 지금은 기껏해야 상이한 종류의 자본주의들 가운데 선택하는 것만이 고려되고 있을 뿐이다.*

이 같은 사정이야 전혀 낯선 것이 아니다. 그러나 아카데미와 여론 형성자들의 세계를 넘어서, 자본주의는 끊임없이 구조적 결함을 보여 왔으며, 바로 여기에 더 나은 것에 대한 본원적 추구의 이유가 있는 것이다. 예전의 불의와 고통은 지속되고 있을 뿐 아니라 더 악화돼 가고 있다. 서구 자유민주주의 사회의 대부분에서는 각종 사회·경제적 불평등이 더 확산됐으며, 절대 빈곤이 증가했다. 반면, 신자유주의적인 재정 제도들은 흔히 엄격한 복지 예산 삭감을 불렀다. 게다가 선진 자본주의의 세 주요 권역 중 두 곳인 일본과 유럽 대륙이 1990년대의 대부분 기간 동안 만성적인 경제 불황에 시달려 왔다. 그 결과 계급 양극화 과정이 심화했으며, 그것은 몇몇 나라들에서는 대규모 사회적 투쟁들을 불렀다. 가령 1995년 11~12월의 공공 부문 파업처럼 충돌이 아주 격렬했던 프랑스에서는 "사회의 부서짐"이 정

문헌들의 경우에만 독자들을 위해 한국어역을 첨부했음 - 역주), I (Paris, 1960). 본 논문의 초고에 대해서 유익한 논평을 해준 페리 앤더슨(Perry Anderson), 톰 볼드윈(Tom Baldwin), 맷 마트라버스(Matt Matravers), 수잔 멘더스(Susan Mendus) 그리고 세바스챤 붓젠(Sebastian Budgen)에게 감사를 드린다. 특히 붓젠은 관련 텍스트들을 제시하는 데 많은 도움을 주었다.

* M. Albert, *Capitalism against Capitalism* (London, 1993) 참조.

치적·지적 토론의 주된 주제가 됐다.[*] 사회의 양극화에 대한 대중의 반작용은 1990년대 후반 유럽 연합 전역에 걸쳐 선거에서 사회민주 당들의 압승을 불렀다.

실제적이고자 열망하고 지금의 현실에 참여하고자 모색하는 어떠한 사회 이론이든지 간에 그것에 대한 주된 시험은 이처럼 긴장된 현 상황을 성공적으로 해석할 수 있느냐 하는 데 달려 있다. 그리고 그러한 해석의 틀을 짤 때 분석자는 다음과 같은 질문과 대면해야 한다. (마오주의자들의 어법에 따르자면) 무엇이 모순의 주요 양상인가? 자유주의의 이데올로기적 승리인가? 아니면 "사회의 부서짐"과 이로부터 각성된 투쟁과 운동들인가? 당연히도 이 질문에 어떻게 대답하는가에, 그리고 이러한 모순의 존재를 인정하느냐 인정하지 않느냐에 정말로 많은 것이 달려 있다. 왜냐하면 현 상태의 아주 괄목할 만한 특징들 중 하나는 많은 사람들이 위에서 언급한 사회 양극화 과정의 존재 자체를 인정하지 않는다는 점이기 때문이다. 내가 검토하고자 하는, 두 명의 주도적인 사회학자, 피에르 부르디외와 앤서니 기든스 각각의 저서가 흥미로운 것은 그들이 현 상황에 대해서 아주 상이한 대답을 제시하고 있기 때문이다.[**]

---

[*] 이러한 토론들에 대한 날카로운 개관 및 개입에 관해서는 다음의 책을 참조할 것. S. Béroud et al., *Le Mouvement social en France*(프랑스의 사회 운동) (Paris, 1998).

[**] P. Bourdieu, *Contre-feux: Propos pour servir à la résistance contre l' invasion néo-liberale*(맞불: 신자유주의의 침입에 대한 저항을 위한 제언들) (Paris: Editions Raison d'Agir, 1998), 그리고 A. Giddens, *The Third Way: The Renewal of Social Democracy*(Cambridge; Polity, 1998).

부르디외와 기든스는 어떤 의미에서는 비교될 수 있는 인물들이다. 둘 다 지금과는 아주 다른 지적 분위기였던 1970년대에 돋보이기 시작했다. 아카데미 내에서 맑스주의의 부활은 그 전 십년간의 격변 덕택에 긴박한 현실성을 갖게 됐으며, 다른 신념을 가진 비판적 성향의 사회 이론가들은 이에 대응해야만 했다. 그와 동시에, 전에는 어떠한 유형의 사회 이론으로부터든 직접적인 도전을 받지 않았던 철학적 범주인 주체가, 즉 전에는 결정의 독자적 중심으로 간주됐고 흔히 지식 주장들(knowledge-claims)을 보증하는 것으로 간주됐던 철학적 개념인 주체가 파리에서 퍼져 나온 구조주의의 다양한 버전들과 그 후의 탈구조주의에 의해 권좌에서 밀려나 해체당했다.*

기든스와 부르디외가 출현한 것은 양자 모두 바로 이러한 상황을 배경으로 했다. 지적으로 그들은 사회학의 고전적 전통과 역사 유물론 사이의 어떤 한 중간 지점에 위치를 점하고자 했다. 두 사람 모두 — 아마도 부르디외가 더 신속하게 — 소위 가치 중립적 사회 과학에 관한 주장을 거부했다. 그들 각자는 비판적 사회 이론가들이었으며, (비록 어느 정도 모호하게 규정돼 있을지라도) 해방의 기획으로 여겨지는 것의 일부로서 사회적 지배의 근원을 들춰 내는 데 관심을 가졌다. 그러나, 그와 동시에, 그들은 자신들이 좌익 교조주의라고 기각했던 것으로부터는 거리를 두려 했다. 방법론적으로 볼 때, 두 사람 모두 한편으로는 구조주의와 탈구조주의에 의해 행해지던 주

---

* 이러한 지적 우여곡절의 주된 특징들은 페리 앤더슨의 저서 *In the Tracks of Historical Materialism* (London, 1983)에 잘 묘사돼 있다.

체의 반인본주의적 해체(이러한 것은 기능주의 사회학에도 마찬가지로 함축돼 있다고 할 수 있다)와 또 다른 한편으로는 합리적 선택 이론과 현상학적 전통에 공통된 노력, 즉 사회 구조들을 개인적 주체의 해방으로 환원하고자 하는 노력 사이에서 일종의 '중용의 길'을 찾고자 했다.

두 사람 중에서 아마도 부르디외가 더 큰 업적을 이뤘다고 볼 수 있다. 이 점은 특히, 미학적 판단이 계급 차별의 형태 구실을 하는 양상들에 관한 훌륭한 연구인 그의 저서 《변별Distinction》(1979)을 통해 잘 알 수 있다.

피에르 부르디외: 시장에 맞선 문명의 방어

기든스에서 부르디외로 주의를 돌리면, 우리는 다른 세계로 들어가는 것 같다. 그의 저서 《맞불Contre-feux》에 모아져 있는 개별 원고들의 발표 장소는 '제3의 길'에 대한 백악관 세미나가 아니라 독일과 그리스의 노동조합연맹 총회들이거나 더 전투적인 맥락들로서 가령 1995년 공공 부문 파업 당시 파리 시 리옹 역 집회나 1998년 1월 실업자 운동에 의해 점거된 고등사범학교 같은 곳들이다. 이 원고들은 옛날 사르트르 식의 의미로 '참여하게 된'(앙가쥬망) 한 지식인의 글들이다.

이러한 현실 개입들이 말해 주는 것은, 이 책의 부제가 암시하고 있듯이 신자유주의에 대한 열정적인 반박이다. 기든스가 논의한 동일한 과정들 중 많은 것들이 이 책에서도 나타나고 있다. 가령 금융 시장들의 전 세계적 통합, 다양한 형태의 개인주의화 과정들과 같은 것들이다. 그러나 여기서는 이러한 것들이 피할 수 없는 숙명이 아니라 오히려 저항해야만 하는 파괴적 힘(세력)들로 간주되고 있다. 세계화는 실재가 아니라 신화인 것이다. 그것도 말 그대로 강렬한 의미의 신화, 강력한 담론, "힘으로서의 관념", 즉 사회적 힘을 가지고 있고 믿음을 공고히 하는 관념이다. "그것은 복지 국가의 성과들에 반대하는 투쟁의 주된 무기다." 실제로, 이러한 신화에 의해 강요된 정책들에 저항하는 사람들은, 마치 1995년 11~12월의 파업 노동자들처럼 "문명의 파괴에 맞서 싸우고 있는 것이다. 여기서 말하는 문명이란 물론 공공 복지의 영역이 존재한다는 것, 즉 교육에 대한 권리, 건강에 대한 권리, 문화에 대한 권리, 연구에 대한 권리, 예술에 대한 권리, 그리고 무엇보다도 노동에 대한 권리에서 공화주의적 평등이 존재한다는 것과 관계 있는 것이다."*

따라서 신자유주의는 어떤 교리나 이데올로기라기보다는 사회의 재구성을 위한 정치적 기획이다. 부르디외가 주로 겨냥하는 대상은 신자유주의적 주장들을 도전할 수 없는 상식으로 전환시키기 위해 노력하는 지식인들이다. "프랑스와 영국에서는 지식인들과 언론인들과 사업가들을 한데 모음으로써 신자유주의적 전망을 자명한 것으로 강요하려는 시도가 끊임없이 행해져 왔다. 그런데 그러한 전망이

---

* P. Boudieu, *Contre-feux*, pp. 30, 39. 이 책의 많은 주제들은 그의 다음과 같은 논문에서도 반복되어 나타나고 있다. 즉, P. Boudieu, "A Reasoned Utopia and Economic Fatalism", *New Left Review*, 227 (1998).

라는 것은 본질적으로는 어느 시기에 어느 나라에서든지 경제적 합리화와 관련해서 보수주의적인 사고에 깔려 있는 가장 고전적인 전제들의 화려한 치장인 것이다." 그러나 이러한 "보수주의적 혁명"은 독일 바이마르 공화국 당시 카를 슈미트나 에른스트 융거 같은 국가주의적인 지식인들에 의해 행해졌던 것과는 달리 과거에 호소하고 있지 않다. 그것은 "1930년대 보수주의 혁명가들의 고풍스럽고 목가적인 슈바르츠발트(독일 남서부의 울창한 침엽수 산림 지대 — 역주)와는 전혀 상관 없는 것으로서, 자신을 현대성의 온갖 상징들로 치장하고 있다. 그것의 고향은 바로 시카고가 아닐까?"*

비록 부르디외의 격렬한 공격들 속에는 프랑스적인 것이 매우 많이 들어 있을지라도(거기에 대해서는 나중에 다시 논의할 것이다), 신자유주의에 대한 그의 비판에는 보편적인 무게가 실려 있다. 그는 프랑스 지식인들 사이에서 1970년대와 1980년대의 '문화적 복원 과정'을 통해 '마오 사상'을 대체하게 된 '정치학적 사고'를 "선거 전야의 정치학과 자의적인 상업적 여론조사의 느슨한 논평으로 축소된 사회 과학"으로 묘사하고 있다." 그의 이러한 논평은 영국의 우리들에게는 당연히 블레어 측근들의 지적 분위기를 환기시켜 준다. 즉, 정책 수립이라는 것이 핵심 그룹들의 조작, 경쟁 상대의 무능한 참모들을 동원하기 위한 싸움, 그리고 금전적 이익을 안겨 주는 자문 역의 획득 등으로 축소돼 있는 신노동당 정권 말이다.

---

*　같은 책, pp. 34-5, 41.

**　같은 책, p. 15.

기든스가 이러한 분위기를 장식해 주는 극소수 지식인 중 하나가 되는 것을 승낙한 반면, 부르디외는 그러한 것이 대변해 주는 모든 것들에 대해서 정반대 입장을 취하고 있다. 그럼으로써 그는 점점 나이를 먹어 갈수록 오른쪽으로 옮겨 가는 급진적 지식인들의 쓸쓸하고 따분한 생각을 뒤엎어 버리고 있다. 그러한 예들 중 하나가 가령 1968년 이후 유행하던 마오주의의 한 변형적 입장을 견지하다 1995년에는 에두아르 발라뒤르(현재 프랑스의 대표적 우파 정치인 중 하나 — 역주)의 대권 후보 도전을 지지하는 것으로 변신한 필립 솔레르스(마오주의 잡지 〈Sollers Tel quel〉의 편집자였으며 현재는 유명한 소설가 — 역주)를 들 수 있는데, 부르디외는 이 사례를 아주 경멸적으로 묘사하고 있다.* 최근에 그는 어느 텔레비전 기자회견에서 "늙어 갈수록 더욱더 범죄 쪽으로 떠밀려 가는 것을 느낀다"고 토로한 적도 있었다.** 따라서 프랑스에서 그가 세르비아에 대한 나토의 공격에 반대하는 주도적인 인물들 중 하나로 급부상한 것은 전혀 놀라운 일이 아니다.***

부르디외의 행동주의는 아주 의미심장한 것인데, 그것은 특히 서닐 킬라니가 "근래에 발생한 프랑스 지식인들의 제도권 정치 참여 중 가장 극단적이고 결정적인 재조정"이라고 부른 것, 즉 1970년대 후반

---

* "Sollers tel quel"(있는 바 그대로의 솔레르스), 같은 책, pp. 18-20.

** 1998년 5월 8일자 〈르 몽드〉 지에 인용돼 있음.

*** 1999년 3월 31일자 〈르 몽드〉 지에 실린, 부르디외 및 다른 지식인들이 서명한 편지를 참조할 것.

기에 그들 모두가 맑스주의와 좌파적인 정치적 입장을 통째로 팔아넘기고 손털었다는 일반적 사실*에 정면으로 배치되는 경우이기 때문에 더욱 그렇다. 다니엘 벤사이드 말대로, 부르디외는 "전문적이고 효율적인 지배 담론에 맞서 그 자신의 상징적·문화적 자본을 활용함으로써, 즉 '권위의 효과에 또 다른 권위의 효과로 맞섬으로써', 그리고 지배 전략들이 지배당하는 사람들을 위해 쓰이도록 방향 전환시킴으로써 저항의 발언에 다시금 정통성을 부여하고 있다.""" 그 대가로 부르디외는 프랑스 인텔리겐챠 중에서 특히 20여 년 전 자유주의적인 자본주의와 화해를 했던 그 부류들로부터 악마 취급을 받아왔다.

최근의 정치적 행로에서 부르디외와 기든슨 사이의 이러한 대조를 어떻게 설명해야 하는 것일까? 언뜻 보기에, 유력한 근거는 아마도 1995년 프랑스에서 일어난 파업의 충격을 해당 요인으로 거론하는 데서 찾을 수 있을 듯하다. 신자유주의에 대한 최근의 성공적인 집단적 저항을 통해 프랑스의 정치적 분위기가 상당히 달라졌다는 것은 의심할 여지가 없다. 그 덕택에, 타락하고 냉소적인 미테랑 정부 말기에 거의 붕괴되다시피 한 사회당이 선거에서 다시 승리할 수 있었으며, 사회당 지도자들은 자신들의 정책을 블레어와 클린턴 식의 제3의 길보다는 제법 왼쪽에 위치시킬 수밖에 없었던 것이다. 이것은

---

* S. Khilnani, *Arguing Revolution: The Intellectual Left in Postwar France* (New Haven, 1993), p. 121.

** D. Bensaïd, "Désacraliser Bourdieu"(부르디외를 탈신성화할 것), *Le Magazine littéraire*, 1998년 10월호, p. 69.

영국과는 아주 상이한 유형의 것이다. 영국에서는 1984-85년 광부 파업 패배의 기억이 노동당 지도부가 블레어의 등장을 정점으로 하는 '현대화' 과정을 촉진시킬 수 있게 한 치명적인 요인이었다.

그러나 《맞불Contre-feux》에 실린 글들 가운데 가장 이른 것들은 1991년으로 거슬러 올라간다. 따라서 1995년 11~12월의 파업은 이미 구체화되고 있던 입장을 더 견고히 하는 데 도움을 줬을 뿐이며, 새롭게 급진화된 사람들을 경청자로 제공해 줬을 뿐이다. 사회적 지배의 상이한 형태들을 이해하고자 하는 관심은 물론 1960년대부터 부르디외 저술 활동의 주된 테마 중 하나였다. 이것은 특히 "상징적 폭력"에 초점을 맞춘 저술들에서 명확히 드러나고 있다. 여기서, 상징적 폭력이란 "경제적 자본을 상징적 자본으로 전환시킴으로써 지배를 은폐하는 메커니즘"을 말하며, 상징적 자본은 "경제적 토대를 갖지만 도덕적 관계들의 베일로 은폐돼 있는 종속 관계들"을 생산한다.* 그의 저서 《변별Distinction》에 나오는 주목할 만한 구절은 그가 농민들 및 산업 노동자들과 일체감을 가지고 있음을 잘 보여 주고 있다. 이들의 "함께 살아 가는 관대함의 윤리"야말로 "사회적 위계제의 최상층이 가장 잘 알아주는, 감량을 위한 절제라는 새로운 윤리에 대한 말없는 거부"를 나타내고 있다는 것이다. 현재를 최대한 활용하는 것, 지속될 동안은 좋은 시절을 즐기는 것, 그리고 다가올지도 모르는 나쁜 시기에 대한 두려움 때문에 그러한 즐거움의 향유를 뒤로 미루는 것을 거부하는 것이야말로 "다른 사람들과의 연대

---

* P. Bourdieu, *The Logic of Practice* (Cambridge, 1990), p. 118.

를 확인하는 것"이다. 실제로 부르디외는 "노동 계급 카페"를 "동료애의 장소"로 높이 평가했다.*

그럼에도, 전체적으로 그의 이러한 공감들은 주로 위로부터의 상징적 폭력의 과정들을 연구하는 저술들 안에 대개 함축적으로 포함돼 있다고 말하는 것이 공정할 것이다. 따라서 《변별Distinction》의 주된 관심은 부르주아 계급 내의 여러 분파들이 상이한 경제적·문화적 자본으로 구성돼 있는 자신들의 자산을 상징적 자본으로 전환시키기 위해서 그리고 그 과정에서 노동 계급의 예속을 영속화시키기 위해서 벌이는 투쟁들에 할애돼 있다. 그러나, 최근에 와서는, 이러한 일반적 접근 방법은 현존하는 권력 구조들이 지배당하는 사람들에게 가하는 효과들에 대한 관심으로 점점 기울고 있다. 특히 집단적 저술인 《세계의 빈곤La Misère du monde》(1993)에서는 신자유주의적 정책들로 말미암은 "'사회적 고통"에 관심을 기울이고 있다.

그러나, 부르디외 저작의 이러한 새로운 초점 맞추기와, 신자유주의의 도전에 대한 대응 작업을 위해 그가 설정하고 있는 개념적 틀 사이에는 현저한 괴리가 존재한다. 더 구체적으로 말하면, 그 같은 도전 뒤에 놓여 있는 경제 구조와 계급 관계의 변화에 관한 정교한 분석과 같은 것이 없다는 것이다. 사실, 부르디외의 비판에는 세 가지 요소가 들어 있다. 첫째, 신자유주의는 앞에서 우리가 본 것처럼 일종의 정치적 기획, 즉 신고전파 경제학의 이론적 정리들을 사회 현실로 변환시키고자 하는 시도로 묘사되고 있다.

---

* P. Bourdieu, *Distinction* (London, 1984), pp. 179, 181, 183.

정치적 행동 강령으로 탈바꿈하는 이러한 과학적 지식의 프로그램이라
는 이름으로, 그 '이론'의 실현과 기능화를 위한 조건들의 창출을 위한 엄
청난 정치적 노력이 수행되고 있다.(물론 그러한 노력은 외관상 전적으로
부정적이기 때문에 부인되고 있다.) 그런데 그 이론이라고 하는 것은 사회
집단들을 방법상으로 분쇄하기 위한 프로그램일 뿐이다.(신고전파 경제
학은 그저 개인들을 연구 대상으로 삼고자 한다 … .)*

둘째, 이러한 프로그램의 수행이 이익이 되는 집단들에 대해서 얼
마간 고찰하고 있는데, 가령 "주식 중개인, 금융 전문가, 기업인, 재
무부의 자유방임주의자 고위 관료들의 사임[의심나는 원문 그대로]에 고
무돼 전향한 보수파 또는 사회민주주의자 정치인들"이 그러한 존재
들이다. 그리고 [셋째이자] 마지막으로는, 이러한 프로그램의 효과들이
기록되고 분석돼 있다. 이 책에서 부르디외가 다루고 있는 주요 테마
중 하나는 20세기 말 노동이 경험하는 근본적 차원에서의 '불안정성'
이다. 다양한 요인들 — 가령 대량 실업, 비상용직, 유연한 생산, "어
떤 특정 지역이나 국가와의 연계에서 탈피한 기업의 탈국경화" — 에
비추어 볼 때 "오늘날 도처에 불안정성이 존재함"은 확실하다. 그리
고 "객관적 불안정성은 오늘날 선진 경제의 중심부에서 대다수 노동
자들과 심지어 아직은 직접적인 타격을 받지 않은 사람들조차도 일
반적으로 겪고 있는 주관적 차원의 불안감을 강화시켜 주고 있다."
실로 이것은 "노동자들에게 굴종과 착취를 받아들이도록 강요하기

---

*   *Contre-feux*, pp. 109-10.

위해 불안정성을 일반화된 영속적 조건으로 만들고 있는 제도에 바탕을 둔 새로운 유형의 지배 양식"의 일부이다.[*]

부르디외는 사회가 현재 겪고 있는 변화의 위협적인 모습을 잘 묘사하고 있다. 현재 일터를 사로잡고 있는 불안정성의 구조에 대한 그의 분석은 기든스가 내세우는 '위험'에 대한 자연 법칙화되고 탈정치적인 개념과 날카롭게 대비되고 있다. 그러나 부르디외가 [기든스]보다 오래 전부터 관심을 기울여 온 것과 대부분 일맥상통하는 이러한 묘사들이 너무도 정밀하다는 것은 아마도 그다지 놀라운 일은 아닐 것이다. 신고전파 경제학을 현실화하기 위한 신자유주의의 노력에 관한 그의 묘사는 "이론 효과", 즉 사회 이론들이 현실을 이른바 자신의 이미지로 재생하는 능력에 관한 이전 토론들을 상기시켜 준다. 실제로 그는 다음과 같이 말한 적이 있다. "오늘의 사회구조가 어제의 상징적 구조가 아닐까, 그리고 가령 현재 관찰되는 바의 계급은 어느 정도까지는 맑스 작업의 이론적 효과의 산물이 아닐까 하는 생각이 더욱더 들기 시작하고 있다." 사실, "사회적 세계는 사물화된 사회학에 의해서 더욱더 점령당하고 있다. 미래의 사회학자들은(이미 우리들에게도 해당되는 말이지만) 그들이 연구하는 현실 속에서 앞의 학자들의 퇴적물들을 더욱더 많이 발견하게 될 것이다."[**]

이론과 실천의 관계에 대한 이러한 개념은 사회를 행위 주체들이

---

[*] 같은 책, pp. 95, 96-7, 99, 110.

[**] P. Bourdieu, *In Other Words* (Cambridge, 1990), pp. 18, 54. 또한 '이론-효과'에 관해서는 p. 129를 참조할 것.

희소한 물질과 상징적 재화를 차지하기 위해 경쟁하는 활동의 장들로 구성돼 있다고 보는 부르디외의 포괄적 견해에 비추어 파악할 필요가 있다. "지식의 강령"으로부터 "행동의 강령"으로 전환될 수 있는 이론을 소유하는 것이야말로 경쟁적인 투쟁에서 날카로운 무기를 갖게 되는 셈인 것이다. 그러나 행위 주체들에 의해서 활용될 수 있는 자원들을 상이한 종류의 — 즉, 경제적·문화적·상징적 — 자본들로 분류하는 일반적인 "실천의 경제학"을 부르디외가 훌륭하게 발전시키고 있다 할지라도, 그의 저서에서 경제 자체는 분석되지 않은 채 그냥 당연한 것으로 여겨지는 경향이 있다.

그러한 것은 예술 작품의 생산과 소비를 주제로 하는 연구들 — 가령 《변별Distinction》과 《예술의 규칙The Rules of Art》 — 에서는 아주 정당한 전략이지만, 그가 "경제 지상주의라는 제한된 의미에서 경제"라고 부르는 것이 중심 무대를 차지하게 될 때는 많은 문제점을 드러내게 된다.* 신자유주의의 사회·경제적 추동력에 대한 그의 고찰은 건성으로 하는 것 또는 언론 보도 수준 — 가령 위에서 언급했던 수혜자 목록과 같은 종류의 것 — 을 결코 넘어서지 못하고 있다. 그는 자유 시장 기획을 자본주의 경제의 구조 변화와 결코 연관지으려 하지 않고 있다. 그런데 그러한 구조 변화가 무엇인가에 대해서는 지난 15년 동안 맑스주의자 또는 맑스주의적 분석가들에 의해서 제기되고 반박되곤 하면서 포스트포디즘, 유연한 축적, 탈조직화된 자본주의 등과 같은 다양한 이론들 속에서 토론돼 왔다.

---

*   P. Bourdieu, *The Rules of Art* (Cambridge, 1966), p. 362, note 2.

대신에 부르디외의 책에서 우리는 신자유주의가 자신들이 변형하고자 하는 사회의 바깥에 있는 엘리트들이 강요하는 프로그램이라는 느낌을 받게 된다. 때로는 이 엘리트들은 문자 그대로 외계인과 같은 세력으로 등장하고 있다. 《맞불Contre-feux》에 수록된 가장 신랄한 글들 중 하나는 유로 화 단일 통화제의 시행을 위해서 재정 긴축과 노동 유연화를 촉구하는 독일 연방은행 총재 한스 티트마이어의 연설에 대한 비판이다.˚ 하지만 가령 "신자유주의의 침입에 대한 저항"이라는 이 책의 부제가 표현하고 있는 목적처럼 겉으로는 상반되는 몇몇 표현들에도 불구하고, 브루디외는 프랑스 민족의 보전을 옹호하는 데 어떤 관심도 보이지 않고 있다. 오히려 그는 인종 차별이나 외국인 혐오에 대한 맹렬한 적개심과 국제주의에 대한 강력한 헌신을 천명하고 있다. 가령, 1995년 대선 후보들 대부분이 프랑스에 거주하는 외국인의 권리를 옹호하는 자세가 결여돼 있다는 점을 지적하고 있으며, 선임자들에 의해서 통과된 인종 차별적인 빠스꽈-드브레(빠스꽈-드브레는 현재 시행 중인 이민 규제 법안을 만든 프랑스의 우파 정치가들 — 역주) 이민법의 폐지에 실패한 조스팽 정부를 고발하고 있다.˚˚

반면, 침입하는 엘리트들과 그들이 파괴하려 하는 문명 사이의 대

---

* 'La Pensée Tietmeyer'(티트마이어라는 사고), *in Contre-feux*, pp. 51-7.

** 'Le Sort des étrangers comme schibboleth'(이상한 나라의 알 수 없는 말과도 같은 외국인들의 운명), 그리고 'Ces "responsables" qui nous déclarent irresponsables'(책임이 없다고 우리 앞에서 선언하는 책임자들), 같은 책, pp. 21-4, 93-4.

조가 시사하고 있는 것은 후자야말로 신자유주의에 의해서 유린당하고 있는 정상 상태라는 점이다. 이러한 문명에서 중심적인 것은 집단으로 조직되고 실행되는 다양한 형태의 공공 복지다.(이에 대해서는 앤서니 기든스를 다루는 생략된 부분에서 필자가 이미 다루었다. ― 역자) 실제로 신자유주의적 정책들의 파괴적 귀결들에도 불구하고 모종의 사회 질서가 유지되고 있는 것은 바로 이러한 문명의 존속 때문이다.

자유주의를 향한 전환은 마치 대륙의 움직임처럼 감지될 수 없는 방식으로 이루어지고 있다. 따라서 그것이 장기적으로 가져올 가장 끔찍한 효과들은 관찰에서 은폐되고 있다. 그러한 효과들은 역설이게도 자유주의가 지금 여기서 일으키고 있는 저항들에 의해서도 은폐되고 있다. 즉, 구질서가 안착해 있는 재원들에 의존해서, 또는 그것이 제공해 주는 사회사업의 법률적 모델이나 실행들을 통해서, 또는 그것이 (가령 간호사나 사회복지 담당자들 사이에서) 장려하고 있는 관행들을 통해서 기존 질서를 방어하고 있는 사람들의 저항이 그러한 경우인데, 요컨대 이 경우 저항은 현재의 사회 질서가 대부분 무질서로 붕괴되는 것을 막고 있는 사회적 자본이 비축된 부분에서 일어나는 저항인 것이다.*

여기서 부르디외는 사실 변증법적 역전을 고려하고 있다. 즉, 쥐페(프랑스 우파 정치인 ― 역주)의 사회보장 '개혁'안은 특정 이익에 대

---

* 같은 책, pp. 117-8.

한 보수적이고 시대착오적인 방어로 간주될 수도 있는 1995년의 공공 부문 파업을 촉발시켰다.(영국에서도 구노동당과 현재의 신노동당 사이의 투쟁도 당연히 수사학적으로 이와 유사한 형태를 띠어 왔다.) 그런데 그러한 쥐페 시안의 지지자들이 내세운 것이 신자유주의적 정책들이었기 때문에, 그것에 보수적으로 맞선 힘은 결국 신자유주의에 대한 저항 세력들이 됐으며, 따라서 이러한 세력들은 현재 위협당하고 있는 낡은 문명이 전에 성취한 업적들을 기초로 세워지는 새로운 사회 질서의 운반자들이 될 수 있는 것이다. 요컨대, 우리가 아주 쉽사리 보수적이라고 치부해 버릴 수도 있는 "(기존 질서의) 보존" 세력들로 출발한 신자유주의 반대자들은 "전복적 세력"이 될 수 있는 것이다.

따라서 우리가 만일 어떤 온당한 희망을 여전히 고수할 수 있다면, 그것은 국가 제도들 속에 그리고 그 속에 몸담고 있는 행위 주체들(가령 프티부르주아적인 국가 공무원들 같은)의 배열들 속에 여전히 공적인 세력들이 존재하기 때문이다. 이 세력들은 소멸해 가고 있는 질서를 방어하고 있다는 직접적 비난에도 불구하고 실제로 자신들에게 가해지는 시련에 저항하기 위해서는 일종의 새로운 사회 질서를 건설하고 창조하기 위해서 일해야만 한다. 이 때 그러한 사회 질서라는 것은 개인의 이윤욕이나 이기주의적인 이해관계의 추구를 유일한 법률로 하지 않는 질서일 것이며, 따라서 그것은 공동으로 창안되고 승인되는 목표들의 합리적 추구를 지향하는 집단들을 위한 공간을 마련해 줄 수 있는 질서가 될 것이다. 이러한 집단들, 연합들, 노동조합들, 정당들 가운데 당연히 특별한 위치를 차지할 수밖에 없는 것이 바로 국가다. 그리고 그것은 금융 시장에서 실현되는 이익들을 효과적으로 통제하고 거기에 세금을 부과할 수 있는 국민국가, 또는 그보다 나은 것으로서(세계 국가를 향한 일보 전진으로서) 초국민국가다. 또한 이것은 무엇보다도 노동조합들의 도움을 받아 공공 이익의 창출과 방어를 조직함으로써 금융 시장이 노동 시장에 가하는 파괴적인 힘을 막을 수 있는 국가일 것이다 … .*

나는 이 마지막 구절을 좀 길게 인용했는데, 왜냐하면 부르디외가 신자유주의 정책에 맞서 선호하는 대안으로서 제시하는 몇 안 되는 비교적 자세한 설명 중 하나이기 때문이다. 다른 구절들에서는 그는 다음과 같은 다양한 쟁점들에 관해서 더 구체적인 조처들을 유럽 규모에서 제안하고 있다. 가령 최저 임금, 부패·탈세·사회적덤핑 방지 행동, 실업자에게 최소한의 수입을 보장하는 사회적 권리, 직업과 주거의 권리, 금융 시장에서 단기적 이익의 극대화를 지향하는 것과는 근본적으로 다른 "일반의 이익에 부합하는 유럽 공동의 투자 정책"의 개발 등이 그러한 것들이다. 이러한 조처들은 아래와 같은 것을 추구하고 있다.

(우리는) 신자유주의적 사고의 숙명론과 단절하고자 한다. 그것을 정치화함으로써, 그리고 신자유주의의 자연화된 경제를 행복의 경제로 대체함으로써 그것을 "탈숙명화시키고자" 한다. 여기서 행복의 경제학이란 인간

---

* 같은 책, pp. 118-9.

의 주도와 의지에 근거해서 자기 성취의 이익과 고통의 비용을 손익 계산에 포함시키는 경제학을 말한다. 그런데 생산성과 이윤에 대한 엄밀한 경제학적 숭배는 바로 이것을 무시하고 있다.[*]

공정하게 이야기하자면, 나의 생각으로는, 이러한 강령과 그것이 함축하고 있는 사회 질서에 관한 비전은 유럽 사회민주주의의 주류 사고와 아주 손쉽게 맞아떨어질 법하다. 특히, 시장을 공공의 통제에 종속시키는 수단으로서 국가를 바라보는 것은 케인스 이래로 물론 사회민주주의 전통의 중심이 돼 왔다. 비록 신노동당에 의해서 문전박대를 당해 왔을지라도 영국에서 케인스주의는 윌 허튼과 래리 엘리어트의 노력 덕택에 최소한 부분적으로나마 지적으로 복권됐다. 그리고 유럽이라는 무대에서는 잠시나마 독일의 재무 장관을 역임한 오스카 라퐁텐 같은 강력한 지지자를 가졌다.[**]

그러나 케인스주의의 이러한 부활 — 여기에는 아시아 경제의 붕괴와 그것이 전 세계에 미친 파장에 대한 정치적 반발에 의해서 장려된 면도 있다 — 에도 불구하고, 시장 경제의 통제와 조절을 위한 국가의 개입에 바탕을 두는 어떠한 정책 구상도 일련의 도전적인 문제들에 직면해야만 한다. 그 중 가장 중요한 문제들 중 하나가 경제의

---

[*] 같은 책, pp. 74-6.

[**] 다음의 글들을 각각 참조할 것. W. Hutton, *The State We're In* (London, 1995), L. Elliott & D. Atkinson, *The Age of Insecurity* (London, 1998), O. Lafontaine, "The Future of German Social Democracy", *New Left Review*, 227 (1998).

세계화 시대에 국민국가의 생존 가능성에 관한 것이다. 특히, 더욱더 커져만 가는 화폐 자본의 국제적 유동성이 수요 관리에 기초한 케인스 식의 정책들을 비효과적인 것으로 만들지 않았는가 하는 의문이 있다. 이에 대해서 부르디외는 다음과 같이 유럽을 자신이 선호하는 정책 형성의 장으로 만듦으로써 어려움을 암묵적으로 인정하고 있다. 즉, 그의 견해에 따르면, "만일 국민국가에 반대하는 투쟁을 하려면, 그것이 수행하고 있는 '보편적 기능들'을 고수하는 것이 필요하다. 국제적인 규모의 경제적 힘들과 일국적인 경제적 힘들로부터 상대적으로 자율적이고 유럽 제도들의 사회적 차원을 발전시켜 나갈 수 있는 … 초국민국가도 — 비록 더 잘하지는 못할지라도 — 그러한 보편적 기능들을 수행할 수 있다"는 것이다.[*] 그러나 이것은 더한 층의 물음들을 던지게 한다. 왜냐하면 단일한 유럽 건설의 현실적 경로는 적어도 1980년대 초 이후부터는 신자유주의의 더한층 강화를 향해 나아가고 있기 때문이다. 이 점은 부르디외도 독일 연방은행을 반박하는 논쟁에서 실제로 인정하고 있는 바다. 공화주의 국가에 관한 프랑스 신화를 일반 이익의 구현으로서 유럽 규모에 투영하고자 하는 그의 생각은 국가 간의 갈등과 사회적 긴장으로 찢겨져 있는 유럽 연합의 현실과는 거의 상관 없는 생각이다.[**]

그러나 부르디외는 "지배당하는 사람들이 국가를 옹호하는 데,

---

[*]   Bourdieu, *Contre-feux*, p. 47.

[**]   이 점에 대해서는 다음을 참조할 것. A. Callinicos, "Contradictions of European Monetary Union", *Economic and Political Weekly*, 1998년 8월 29일자.

특히 그것이 갖는 사회적 측면을 옹호하는 데 이해관계를 지니고 있다"고 역설한다. 그리고 이것을 다음과 같은 근거에 입각해 정당화한다.

국가는 모호한 실체다. 단순히 그것이 지배자들의 도구라고 말함으로써 만족할 수만은 없다. 의심할 여지 없이 국가는 지배자들로부터 완전히 중립적이지도 또 완전히 독립적이지도 않다. 그러나 그것은 자율성을 지니고 있다. 이 자율성은 국가가 오래 됐을수록, 더 강력할수록, 자신의 구조에 가장 중요한 사회적 성과들을 등재하고 있을수록 더 커진다. … 국가는 갈등의 장소인 것이다(예를 들면, 재무부와 사회 문제들에 책임을 져야 하는 복지부 사이의 갈등과 같은).*

국가를 잠재적으로 자율적인 전장으로 간주하는 이러한 개념은 니코스 풀란차스의 마지막 저서인 《국가, 권력, 사회주의》(백의 출판사 발행)를 강하게 상기시킨다. 풀란차스와 마찬가지로, 부르디외는 아래로부터의 압력들에 대한 국가의 반응에 구조적 한계들이 있는가 하는 문제와 직면해야 한다.** 이 문제는 특히 중요한 문제인데, 신자유주의에 대한 대중의 반감 때문에 독일과 프랑스라는 두 주요 나라에서 사회민주주의 정당들이 선거에서 승리하고 유럽 공동체 대부

---

*   Bourdieu, *Contre-feux*, pp. 39, 46.

**   다음의 글을 참조할 것. C. Barker, "A 'New' Reformism?", *International Socialism*, 2:4 (1979).

분에 걸쳐 사회민주당 정부들이 통치하게 된 현 시점에서는 더욱 그렇다. 부르디외 자신도 지적하고 있듯이, 이 정부들은 그들의 정책을 미심쩍어하는 금융 시장에 특히 취약하다.* 금융 위기는 많은 사회민주주의 강령들이 딛고 있던 발판이 어떻게 무너져 내리는지를 아주 잘 보여 줘 왔다. 가령 지난 20년 동안에 훨씬 더 대규모로 진행된 금융 시장 통합보다 전의 시기인 1931년, 1947~49년, 1964~67년, 1974~76년에 있었던 영국 노동당의 집권 경험도 이 사실을 잘 보여 주고 있다.

좌파 정부가 직면할 수 있는 저항을 실제로 아주 잘 보여 준 것이 최근에 라퐁텐을 실각시키기 위해 독일의 대기업가들과 유럽의 중앙은행 총재들 그리고 영국의 선정적 신문들이 일으킨 성공적인 캠페인 사례다. 그러나 많은 사회민주당 내각들의 경험이 확인해 주고 있듯이, 그러한 저항은 국가기구 자체 내에서, 특히 그 상층부에서 발생한다. 여기서 우리는 지난 한 세기 동안 국제 노동 운동이 씨름해 왔던 질문, 즉 자유주의적 의회 국가가 사회 변혁의 믿을 만한 도구인가라는 질문과 직면하게 된다.

정책과 전략에 관한 이러한 문제들에 추가될 수 있는 것이 이론적 질문들이다. 부르디외의 "행복의 경제학"은 신고전파 경제학의 계산 속에서는 들어설 자리가 전혀 없는 인간 실존의 차원들을, 특히 고통과 자아 실현의 경험들을 명시적인 방법으로 고려하고자 한다. 그러나 이러한 경험들은 시장 경제에 의해 특권화되고 있는 화폐의 이

---

* Bourdieu, *Contre-feux*, pp. 44-5.

익 및 손실과 어떻게 비교될 수 있는 것일까? 모든 것을 계량화하고 자 하는 신자유주의 경제학의 경향들에 대한 지칠 줄 모르는 반박 을 통해 부르디외는 이러한 비교에서 어떠한 측정 방법도 사용될 수 없다는 자신의 믿음을 명백히 하고 있다. 따라서 만일 양적인 것과 질적인 것이 동일한 기준을 통해 비교될 수 없는 것이라면, "행복의 경제학" 속에서는 과연 공공의 것과 사적인 것이, 그리고 국가와 시 장이 어떻게 서로 연관돼야 하는 것일까? 그리고 이러한 경제학은 계 획 경제를 향한 운동을 과연 포함할까? 한다면 어느 정도까지 포함 하는 것일까?

그러므로 부르디외는 기든스가 만족스러운 대답을 하지 못하고 있는 것과 똑같은 질문들에 직면할 수밖에 없다. 물론 이것들은 까 다롭고 커다란 난제들로서, 가령 최근에는 시장 사회주의에 관한 논 쟁 속에서 광범위하게 제기된 바 있다. 여기서 부르디외를 변호해서, 그가 이론적 저술이라기보다는 시사적인 글들의 모음에 불과한 책에 서 그처럼 복합적이고 때로는 당혹스럽게 만드는 주제들에 관해 해 명하기를 기대하는 것은 무리라고 이야기할 수도 있다. 이러한 변호 는 완전히 정당하다. 그럼에도 그 같은 난제들을 제기하는 데는 두 가지 타당한 이유가 있다. 첫째, 그 같은 문제들에 주의를 돌림으로 써 우리는 부르디외가 그의 정치적 행로를 통해 사회주의적 이론과 전략에 대한 고전적 토론의 장에 위치하게 됐다는 점을 부각시킬 수 있다. 자유 시장 신봉주의에 대한 공개적이고도 체계적인 대립에 자 신을 위치시킴으로써 사실상 그는 여기서 제기한 질문들이 당연히 그 자신에게도 부과될 수 있는 활동의 무대에 입장한 것이다. 만일 그 질문들에 그가 효과적으로 대답할 수 없다면, 그가 신자유주의에 던진 도전은 심각하게 약화될 것이다.

둘째, 다년간 사회 이론의 주류 전통 바깥에 위치하는 이론적 입장에 서 있다가 갑자기 치고 나온 부르디외의 자세는 이러한 대결에서 도움이 되기보다는 장애가 된다. 특히, 그는 맑스주의와 고전적 사회학 전통 사이의 논쟁과 관련해 자신을 규정하려는 어떠한 시도도 경멸적으로 거부해 왔다. 그래서 "상징적 투쟁들에 관해서 이야기할 때 당신이 맑스주의자라는 생각이 드는가 아니면 베버 식의 사회학자라는 생각이 드는가?"라는 질문에 그는 "결코 그러한 식으로 생각해 본 적이 없다"라고 응수했다.* 더구나 그가 맑스주의로부터 거리를 두는 데 특별한 관심을 기울여 왔다는 것은 명백한 일이다. 그것은 그가 맑스주의를 "우리가 알고 있는 가장 경제 지상주의적인 전통"으로 치부해 버렸기 때문이다.**

이러한 자세가 문제가 되는 것은 지금은 부르디외가 일종의 정치경제학 비판이라고 불릴 수 있는 일에 착수했기 때문이다. 그리고 사실은 이 일이 예전에 행해졌다는 것이다. 따라서 신자유주의가 경제적 관계들을 자연화시키면서 그것들을 인간 행위와는 상관 없는 자율적인 것처럼 비치게 한다는 그의 비판은 필연적으로 상품 물신숭배에 관한 맑스의 이론을 상기시킨다. 그러나 부르디외는 맑스주의

---

* Bourdieu, *In Other Words*, p. 21.

** P. Bourdieu & T. Eagleton, "Doxa and Common Life", *New Left Review*, 191 (1992), p. 114.

와 신자유주의를 똑같이 "생산력의 물신숭배"에 기초한 동일한 "경제 지상주의적 숙명론"의 사례들로 취급하고 있다.[*] 비록 역사 유물론 내의 결정론적인 징후들에 대한 이러한 가혹한 견해를 일리 있다손 치더라도 맑스주의 전체를, 특히 자본주의 생산 양식 이론을 무시하기 위해서 그러한 평가를 사용하는 것은 전혀 근거 없는 주장일 따름이다. 그렇게 하는 것이 부르디외에게는 이론적으로, 그리고 정치적으로도 완전히 참신한 입장을 내세우는 듯한 효과를 가져다 줄 수는 있다. 그러나 이러한 자세가 그의 사회학적 저술들 속에서는 어떠한 결실을 낳든지 간에 지금 그 효과는 그가 막 착수한 싸움에서 소중한 — 필수적이라고까지 말하고도 싶은 — 지적 자본을 빼앗아 가고 있다.

지식인의 형상

여기서 하고자 하는 비판들은 부르디외의 새로운 행동주의에 대한 전반적인 환영 분위기와 그것이 가져다 주는 광범위하고 유익한 충격을 일소해 버리기 위한 것이 아니다. 이 행동주의는 — 그와는 대조적인 기든스의 행로와 함께 — 지식인의 상이한 형상들과 그것이 함의하고 있는 정치적 참여의(또는 외관상 비참여의) 형태들에 관해서 성찰을 불러일으킨다. 정치적으로 참여하는 지식인에 관한 사

---

[*] Bourdieu, "A Reasoned Utopia (…)", *New Left Review*, I/227, p. 126.

르트르 식의 형상은 최근에 와서 완전히 쓰레기처럼 폐기됐는데, 그것은 특히 프랑스 문화계에서 자행된 맑스주의에 대한 대대적인 절교의 결과였다. 그 결과 1980년대 초에 들어서면 파리는 페리 앤더슨의 말대로 "유럽의 지적 반동의 수도"가 된다.[*]

 "진리와 정의의 주인 자격으로 말했고 그러한 권리를 인정받았던 보편적 지식인"의 소멸을 푸코가 공표한 것은 바로 위와 같은 분위기에서였다. "보편적인 것의 대변인으로 경청됐거나 경청된다고 주장했던 보편적 지식인"은 이제 "권력-지식"(power-knowledge)이라는 근대적 기구를 사용하는 특별한 능력에서 비롯한 정치적 참여를 하는 "특수적 지식인"에 의해 대체되고 있다는 것이다. 즉, "법률가들과 정신병리학자들, 의사들과 사회 복지 활동가들, 실험실 기술자들과 사회학자들은 각자 자신들의 분야에서 그리고 서로 의견 교환과 지원을 통해서 지식인들의 정치화의 세계적 과정에 참여할 수 있게 됐다"는 것이다.[**] 얄궂은 점은 푸코 자신이 스스로 백조의 노래를 불러 준 바 있던 바로 그 "보편적 지식인"이 됐다는 것이다. 비록 그가 자신의 신망을 대여해 준 정치적 대의들이 1968년 직후에는 〈인민의 대의la

---

[*]   Anderson, *In the Tracks* (…), p. 32. 이러한 일반적 경향의 특히도 경멸적인
    예가 토니 쥬트(Tony Judt)의 저서, 《과거 미완료》(Past Imperfect, Berkeley/
    Los Angeles, 1992)이다. 쥬트는 1980년대 파리에서 유행하던 냉전 시대적인 자
    유주의의 기준들에 의거해서 1950년대 파리의 좌파적 정치 문화를 덜떨어진 것으
    로 단정하고 있다. 그러나 그는 자신의 관점 — 이것을 그는 '우리 세기의 마지막
    몇 년이 갖는 특권적인 전망'이라고 칭하고 있다(p. 2) — 또한 역사에 의해서 압도
    당하게 될 것이라는 최소한의 반성적 자각도 보여주지 못하고 있다.

[**]   M. Foucault, *Power/Knowledge* (Brington, 1980), pp. 126, 127.

Cause du peuple〉라는 기관지로 표방되던 극단적 마오주의자들의 좌익주의적 대의들로부터, 1970년대 중반에는 일련의 감옥 운동들을 거쳐, 1984년 사망 몇 년 전인 말년에는 이란의 이슬람주의자들과 폴란드의 파업 노동자들로 점차적으로 옮겨 갔을지라도, 그 예상 외의 결과는 어쩔 수 없는 사실이었다.*

그러면 영어권 문화는 지식인의 삶의 어떤 다른 형상을 제공해 줄 수가 있는 것일까? 널리 지적돼 온 것처럼, 비전문적인 청중들이 이해할 수 있는 언어로 중대한 사안들을 논의할 수 있었던 대중적 지식인들이 쇠퇴한 반면, 더 넓은 사회로부터의 차단이 용이한 신비스러운 전문적 언어를 수단으로 엄청나게 확장된 아카데미가 우세를 떨치게 됐다.** 작고한 아이제이아 벌린은 1990년대까지 살아남았던 대중적 지식인의 드문 경우이다. 그러나 그의 기능은 기성 체제에 도전하기보다는 그들을 안심시키는 것이었다. 더 정확히 말하면, 벌린의 공적인 전기작가조차도 숨길 수 없었던 것처럼, 그의 기능은 "조그만 유대인 마을 랍비들"의 후손들과 속물적이고 반유대적인 영국 상류계급 사이의 상호 안심시키기 과정에 종사하는 것이었다. 여기서 후자는 자신들이 어쨌든 알고 있던 것, 즉 자신들의 가치가 팔려고 내놓은 것 중에서 최상의 것이라는 것을 해박한 웅변으로 확인시켜 주

---

* 그의 활동들에 관해서는 가령 다음을 참조할 것. D. Eribon, *Michel Foucault* (Cambridge MA, 1991), Part III.

** 이에 대해서는 특히 다음의 저서를 참조할 것. R. Jacoby, *The Last Intellectuals* (New York, 1987).

는 벌린을 환영했던 것이다.*

현재 훨씬 더 영향력 있는 형상은 대서양 양안의 정책 지식인의 모습이다. 그것은 최소한 1960년대 케네디와 존슨 행정부 이래로 워싱턴에서는 익숙한 모습이며, 지금은 또한 대처(1979~91년도간 영국 총리를 지낸 강경 우파 정치인 — 역자) 혁명과 그것을 지속해 나가는 블레어 덕분에 화이트홀(런던 중앙 관청가 — 역주)의 유복한 거주민의 모습이기도 하다. 이러한 유형은 아주 쉽게 알아볼 수 있다. 즉, 그는 고결한 중도계의 따분함, 정책 토론 회의에 떼지어 몰려 다니는 두뇌집단들, 그리고 각종 학술 회의나 세미나에 대부분의 지면을 할애하는 잡지들(금방 《대외 문제Foreign Affairs》나 《전망 Prospect》과 같은 잡지들이 떠오를 것이다)의 기고자인 것이다. 그런데 이러한 데서 견해 차이의 스펙트럼이라는 것은 현재의 부당한 사회 구조를 그대로 놔두고자 하는 자들과 그것을 더 악화시키고자 하는 자들 사이에 위치하고 있다. 기든스의 현재 입장을 요약해서 말한다면, 그는 바로 이러한 정책 지식인이 돼 가고 있는 위험에 처해 있다는 것이다.

이와는 대조적으로, 부르디외는 쉽게 말해서 그러한 유형의 지식인들을 멸시하고 있다. 실제로, 《예술의 규칙》에서 그는 고전적인 "보편적 지식인"에 관한 빼어난 분석을 제시하면서, 그러한 형상이 가능해진 것은 제2제정 치하에서 특히 플로베르와 보들레르가 비평가 및 작

---

* M. Ignatieff, *Isaiah Berlin* (London, 1998). 베를린의 공적인 역할에 대한 이러한 평가는 지적인 역사가로서 그의 기여가 갖는 의미를 축소하려는 의도가 아니다.

가의 전형으로 활동한 결과 문학이 자율적인 "생산의 장"으로 발전할 수 있었기 때문이라고 주장한다. 그러나 이러한 "지식인의 창조"에 결정적인 역할을 한 것은 물론 드레퓌스 사건에 개입했던 졸라였다.

> [거기서] 그는 자신의 권위를 정치적 대의에 대한 봉사에 활용함으로써 문필가에게 걸맞은 독립성과 존엄의 자세를 심사숙고된 그리고 정당한 선택으로서 구현해 냈다. 이것을 성취해 내기 위해서 졸라는 예언자적 전복이라는 사명을 예술가를 위해 창출함으로써 지적인 것과 정치적인 것이 분리될 수 없는 새로운 형상을 만들어야 했던 것이다.*

공공의 삶에 이러한 형태의 개입이 갖는 특징은 문화적인 것이 정치적인 것에 종속되지 않고 오히려 완전한 독자성을 달성해 낸다는 데 있다. "따라서, 역설이게도, 문학의 장에 속하는 규범의 이름으로 작가가 정치의 장에 개입하는 것, 즉 자신을 지식인으로 규정하는 단초적 행위를 가능하게 만드는 것은 바로 지식의 장이 갖는 자율성에 있다."** 문학의 장을 넘어서 정치에 개입할 수 있는 권위를 졸라에게 부여한 것은 바로 소설가로서의 그의 업적이었던 것이다. 이것은 후에 작가이자 철학자였던 사르트르에게서도 그랬으며, 철학 역사가로서 푸코의 경우에도 마찬가지였다.

《예술의 규칙》의 결론부에서는 부르디외가 이 책에서 지식인의 삶

---

* Bourdieu, *The Rules of Art*, pp. 129, 130.

** 같은 책, p. 130.

과 공공의 삶 사이의 특정한 결합 형태에 관한 사회학적 또는 역사적 분석 이상의 것을 제시하고 있다는 점이 명확히 나타난다. 그러한 분석을 그는 아래와 같이 일반화시키고 있다.

지식인들은 그들이 존중하는 특정한 법칙들로 구성돼 있는 자율적인(즉, 종교적·정치적·경제적 권력으로부터 독립적인) 지적 세계가 수여하는 특정한 권위를 갖추고 있지 못할 때는, 그리고 그 권위를 정치적 투쟁 속에 담아 내지 못할 때는, 존재하지도 존속하지도 못하는 이차원적 인물들이다. 통념적으로 믿고 있는 것처럼 (소위 '순수' 분야로서의 예술이나 과학 또는 문학을 특징짓는) 자율성의 추구와 정치적 효율성의 추구 사이에는 이율배반적 관계가 존재한다는 것은 사실과는 거리가 먼 말이다. 문화 생산의 장에 고유한 논리에서 목적과 수단이 비롯하는 정치적 행동의 효과를 지식인들이 증가시킬 수 있는 것은 바로 자신들의 자율성을 확대함으로써인 것이다.(그리고 무엇보다도 먼저 지배적인 권력들을 비판하는 자신들의 자유를 확대함으로써인 것이다.)*

---

* 　같은 책, p. 340. 이것과 앞의 인용문이 잘 보여주고 있듯이, 부르디외는 자신의 논증 과정에서 암묵적으로 문학의 경우로부터 일반화를 시도하고 있다. 《예술의 규칙》의 제1부에서 역사적으로 그리고 경험주의적으로 초점을 맞춰 다루고 있는 것도 바로 문학의 예이다. 이로부터 시작해서 그는 과학뿐만 아니라 넓은 의미에서의 예술들까지도 포함되는 문화적 도입의 장이라는 개념화로 나아간다. 이러한 일반화에 있어서 그는 가령 다음과 같은 사실로부터 발생하는 난점들을 고려하지 못하고 있다. 즉, 과학에서는, 비록 특정한 영역에 한정된 경우라 할지라도, 성공과 실패의 기준이 진리에 관한 암묵적인 규범에 의해 지배받고 있으며, 바로 이러한 규범이야말로 예술의 모더니스트적인 자율화가 탈출하고자 하는 목적이었다고 말할 수도 있을 것이다.

그러나 지금 "문화 생산 세계의 자율성"은 "예술과 돈 사이의 더욱 더 점증하는 상호침투"에 의해 위협당하고 있다. 이러한 위험과 관련해서 부르디외가 더 최근에 쓴 정치적 저술들의 주된 관심사를 살펴보자. 그가 옹호하고 있는 대응 방식에는 보편적 지식인의 형상의 복권이 포함돼 있는데, 그것은 이번에는 (통상) 그의 권위가 비롯하는 문화 생산의 자율성을 보존하기 위해서다. 그가 요구하는 것은 "이성의 현실정치(Realpolitik)", 즉 지식인들이 문화의 장 자체를 지키기 위해 궐기하는 일종의 "보편자의 단체주의"다. 다시 말해서, "문화적 생산자들은 자신의 고유한 이해 관계를 지키기 위해 협동적인 방식으로 일하는 데 동의하지 않는다면 사회 안에서 자신의 자리를 차지할 수 없게 될 것이며, 지식인들은 따라서 '유기적 지식인'이라는 신화와 단호하게 단절해야 된다는 것이다.(물론 그 반대급부로서 세상만사에 초연한 이방인의 신화에 빠져서도 안된다.)"*

실제로는, 근래의 부르디외의 정치적 개입들은 《예술의 규칙》에서 제안했던 "보편자의 단체주의"라기보다는 오히려 훨씬 더 졸라와 사르트르 식의 유형에 빠져들고 있다. 《맞불Contre-feux》에서 부르디외가 주된 관심을 기울이고 있는 것은 단순히 문화 생산의 장의 자율성만이 아니라 문명 전체의 보존이다. 그의 정치적 참여가 촉발시킨 대중매체 내의 격렬한 논쟁 속에는 사실 그의 비판가들에 의한 다음과 같은 비난들도 들어 있다. 즉, 부르디외와 그의 협력자들이 이미 신용이 추락된 지식인 형상을, 그리고 심지어 "스탈린주의적" 형상을

---

* 같은 책, pp. 344, 348.

복권시키려고 한다는 것이다. 이와 함께, "사회학적 테러 행위"라는 더 난해한 고발도 들어 있다.*

　부르디외의 분석이 갖는 특별히 프랑스적인 반향들에도 불구하고, 우리는 영어권 내에서 그와 상응하는 인물들을 생각해 볼 수 있다. 노엄 촘스키의 경우, 미 제국주의에 대한 그의 세밀한 그리고 지칠 줄 모르는 비판을 우리는 그가 이룩한 언어 이론의 근본적인 혁신에 의해 그에게 부여된 권위와 분리해서 생각할 수 없다. 정치적 급진주의는 촘스키의 활동 경력의 일관된 특징이다. 이와는 아주 대조되는 경우가 해럴드 핀터(Harold Pinter)인데, 그는 침묵과 섬세한 잔혹함의 시인으로부터 세계 곳곳에서 자행되고 있는 인권 침해에 서구가 공모

---

* 가령 Béroud et al., *Le Mouvement social en France*, pp. 44-47에 기록된 의견 교환들과, 그리고 *Le Magazine littéraire*, 10월호에 수록된 광범위한 비판의 글들을 참조할 것. 제라르 모제(Gérard Mauger)는 다소 성자전과 같지만 흥미로운 논문인 "L'Engagement sociologique"(사회학적 참여)에서 지식인에 관한 부르디외의 개념을 상세하게 고찰하고 있다. 그는 부르디외를 사르트르와 차별화시키고 대신에 푸코와의 연속성을 강조하고자 한다. 가령, "보편자의 단체주의"에 대한 호소는 "특수적 지식인들"을 향한 것이라는 것이다. 즉, 자신들의 영역에서 인정받고 있는 예술가들이나 작가들 또는 학자들이 그들의 일과 결부돼 있는 능력과 가치들의 이름으로 정치적 영역에 개입하는 것들을 겨냥하고 있다는 것이다(p. 8). 그러나 설령 부르디외의 말대로 지식인들의 권위가 자율적인 문화의 장 내에서의 그들의 위치로부터 도출되는 것이라고 할지라도, 그들은 "윤리적·과학적 보편주의의 특정 형태의 이름으로" 정치적 개입을 하는 것이다. 그리고 "이러한 보편주의는 일종의 도덕적으로 엄격한 공정함의 토대를 구성할 뿐 아니라 그러한 가치들을 촉진시키기 위한 싸움에 제반 집단들을 동원하는 데도 유용하다."(Bourdieu, *The Rules of Art*, p. 342.) (모제에 의해 인용된) 이 구절이 명확히 보여 주고 있듯이, 부르디외는 지식인들을 여전히, 가령 푸코의 용어를 따르자면, "보편적인 것의 대변자"로 간주하고 있다.

하고 있다는 사실을 고발하는 사회 운동가로 변모한 경우다. 그러나 지식인에 관한 부르디외의 모형에 해당되는 실제 인물들이 없지는 않지만, 그럼에도 그 모형은 다른 여러 가지 점에서 문제를 안고 있다.

치명적인 어려움은 이론과 실천 사이의 관계라는 오래된 문제로부터 발생하고 있다. 지식인의 이론적 분석들은 정치적 실천에 대해서 그 분석들이 갖는 함의와 관련해 어느 정도까지 정밀한 비판적 검토를 받을 수 있는 것일까? 그리고 지식인 자신은 자신의 공공적 개입에 대해서 어떻게 책임져야 하는 것일까? 부르디외의 고찰에 따르면, 이 두 영역은 — 지식인의 삶과 공공의 삶은 — 오직 지식인 자신의 인격 속에서 만나게 된다. 비판의 엄정함은 자율적인 문화 생산의 장이라는 영역에 속하게 된다. 공공의 영역에서 주목을 받을 수 있는 근거를 제공해 주는 것은 바로 그 같은 영역의 장에서의 성취인 것이다. 그러므로 지식인의 정치적 권위라는 것은 정치 외적인 것으로부터 도출돼 나오며, 따라서 거기서 해당 지식인을 경청하는 정치적 청중들은 그들 스스로가 제대로 자격을 갖추지 못한 경우에는 그를 따라갈 수 없게 된다.

이것은 물론 만족스럽지 못한 것이다. 필시 촘스키의 변형 문법 이론에 제대로 도전하기 위해서는 심오한 언어학 이론에 통달해야 한다. 그러나 그의 정치적 주장과 개입들은 공공의 영역에 참여할 수 있는 사람이면 누구나 — 원리상 모든 성인이 — 비판할 수 있는 여지가 분명히 있다. 부르디외는 지식인의 삶과 공공의 삶이 만나서 고유한 정치적 논점들을 주제로 잡는 영역, 즉 정치적 담론이 자신의 고유한 합리성을 지니고 있는 영역을 고려하지 못하고 있는 듯하다.

자기 자신의 실천과 관련해서는, 부르디외는 "집단적 지식인"의 개념을 발전시키고자 했다. 더 젊은 협력자들과 함께 그는 1995년 12월에 "레종 다쥐르"(Raisons d'agir; 행동하는 이유들 — 역주)라는 그룹을 설립했다. 이 그룹은 투쟁적인 연구와 출판에 관한 야심찬 프로그램을 수행해 왔다. 그러나 "레종 다쥐르"는 부르디외의 더 이론적인 텍스트들 속에 내재한 지식인들과 정치 사이의 분리를 재연하고 있다. 이 그룹은 한편으로는 부르디외가 "신자유주의 삼두마차 블레어-조스팽-슈뢰더"라고 부르는 것에 맞서 "1995년부터 발전돼 온 사회 운동들"을 위해 투쟁하고 있다.[*] 다른 한편으로, 이 그룹을 대표해서 크리스토프 샤를은 "가치에 대한 애착을 배제하지 않는 사리에 맞는 접근법 및 비판의 독자성이라는 이중의 선택"을 옹호하고 있다.^{**} 이와 유사하게 제라르 모제도 "자신의 비판자들에 대해서와 마찬가지로 동맹자들에 대해서도 자유로운, 그리고 모든 도구화의 시도에 저항하고자 노력하는 자율적인 집단적 지식인"을 옹호하고 있다. 그의 말에 따르면, 요컨대, "자율성을 위한 우리 투쟁에서는 … '손을 깨끗히 하는 것'보다는 '손을 자유롭게 하는 것'이 중요한 문제"라는 것이다.^{***}

---

* Bourdieu, "Pour une gauche de gauche"(진정한 좌파를 위하여), *Le Monde*, 1998년 4월 8일자.

** C. Charle, "Apprendre à lire, réponses à quelques critiques"(제대로 읽는 법을 배울 것 — 몇몇 비판들에 대한 응수), 같은 신문, 1998년 5월 8일자.

*** G. Mauger, "Ce qui échappe aux procureurs de Pierre Bourdieu"(피에르 부르디외를 고발하는 자들이 놓치고 있는 것), 같은 신문, 1998년 6월 26일자.

부르디외와 그의 협력자들이 이처럼 강하게 주장하고 있는 자율적 지식인이라는 생각이 사회 운동들의 탈정치화에 일조하게 될지도 모른다는 점도 그들에게 호의적인 두 명의 비평가에 의해서 아래와 같이 지적된 바 있다.

사회 운동 속에서 순수한 행동가들과 자유로운 지식인들은 … 사회적 투쟁이 갖는 정치적 양상을 불신하고 있는데, 아마도 그들은 그렇게 함으로써 좌파가 사회주의적인 부분과 자유주의적인 부분으로 해체되는 것을 체념적으로 받아들이는 데 자신들이 어쩔 수 없이 일조하고 있다는 사실을 깨닫게 될 것이다. 로비 활동에만 전념함으로써 그들은 실제로는 분업 앞에서 고개를 숙이고 있는 셈이다. 즉, 현재 통치하고 있는 정당들만을 유일한 "유효한 대화 상대"로 정당화시키고 있는 셈이며, 정치적 대표성의 전권을 그들에게 내맡기고 있는 셈이다. 장기적으로 볼 때, 정치적 행동으로부터의 이러한 무기력한 퇴각에서 이익을 볼 수 있는 것은 바로 극우파들이 아닐까?[*]

정치에 대한 이러한 경멸은 아마도 부르디외의 사회학이 밝혀 주고 있는 심층적 비관론을 반영하는지도 모르겠다. 그에 의하면, 사회적 활동의 장이라는 것은, 아래의 인용문에서 보여 주듯이, 희소한 물질과 상징적 자원들을 얻기 위한 끊임없는 투쟁들로 구성돼 있는 것이다.

---

[*] D. Bensaïd & P. Corcuff, "Le Diable et le Bourdieu"(악마 대 부르디외), *Libération*, 1998년 10월 21일자.

사회의 특정한 상태는 언제나 일시적 균형 상태일 뿐이다. 즉, 분배와 그리고 그것과 결부된, 혹은 제도화된 차별화 사이의 조절이 끊임없이 붕괴되고 재복구되는 역동적 과정 속의 한 계기일 뿐인 것이다. 분배의 원칙 자체인 투쟁 속에는 희소한 재화들을 전유하기 위한 투쟁과 분배에 의해 드러나는 권력 관계들을 정당한 것으로 인지하도록 강요하는 투쟁이 서로 풀 수 없게 뒤얽혀 있다. 특히 권력 관계에 대한 이러한 합법적인 표상은 자신의 고유한 효율성을 통해서 기존의 권력 관계들을 영속시키거나 또는 전복시키는 데 일조할 수 있다.*

그러나 우세한 지배 형태의 어떠한 전복도 자기 표상을 성공적으로 강요할 수 있는 새로운 형태의 지배만을 낳게 될 뿐이다. 맑스주의의 경우에는, "우리 의식이 갖고 있는 능력으로서의 저항 능력이 과대평가됐다. … 내가 젊은 학자였을 당시 해당 지역의 프롤레타리아들 중에서 공장 노동자들이 그랬던 것처럼 열악한 조건들 속에서 살아 가고 있는 사람들을 우리 눈으로 직접 목격하게 될 때, 그들이 우리가 상상할 수 있는 것보다 훨씬 더 많은 것을 기꺼이 감수하고 있다는 사실은 명확해진다."** 이처럼 대중들이 일상적 통념에 갇혀 있기에, 지식인들은 비판을 행하는 데서 그야말로 없어서는 안 되는 존

* Bourdieu, *The Logic of Practice*, p. 141. 그의 사회 이론에 대한 더 자세한 비판은 다음의 글들을 참조할 것. Callinicos, *Social Theory*, pp. 287-95, 그리고 "Autour de Pierre Bourdieu", *Actuel Marx*, 20 (1966), 특별호.

** Bourdieu & Eagleton, "Doxa and Common Life", p. 114.

재가 되는 것이다.*

　이러한 견해는 초기 프랑크푸르트 학파가 예시했던, 급진적 지식인에 대한 지극히 전통적인 개념과 일맥상통한다. 그러나 지식인의 다른 형상들도 존재하는 법이다. 부르디외와 그의 협력자들은 혁명적 사회주의 정당을 노동 계급의 유기적 지식인들로 간주하는 그람시의 개념을 배척하고 있다. 물론 그람시의 이러한 생각에는 여러 문제점들이 있다. 그러나 그것은 한 가지 중요한 점에서는 부르디외가 내세우는 개념을 능가하고 있다. 그람시의 경우, 이론과 실천은 끊임없는 대화 상태 속에서 설명되고 있다. 즉, 지식인의 실천은 배타적으로 문화 생산의 영역에만 속하는 것이 아니라 더 넓은 정치 활동 속에 통합됨으로써 지속적으로 시험을 받게 되며, 따라서 비판적으로 검토되고 수정을 받게 된다. 바로 이 점에서 정치 조직은 루카치의 말대로 "이론과 실천 사이의 매개 형태"인 것이다. 즉, 이론가는 공공

---

* 　부르디외의 최근 저서인, 《남성에 의한 지배》(La Domination masculine, Paris, 1998)에서는 이러한 입장이 다소 수그러들고 있다. 이 책에서 그는 여성에 대한 억압을 상징적 지배의 한 예로 해석하고자 하는 아주 고도로 논쟁적인 자신의 시도를 정당화시키는 데서 '어떠한 대상이라도 제한없이 다룰 수 있는 권리를 통해 과학 공화국(the Republic of sciences)의 초석 중의 하나를 구성하고 있는 보편주의'에 호소하고 있다(p. 123, note 4). 그러나 이와 동시에 부르디외는 다음과 같이 주장하고 있다. '동성애의 분석은 권력의 관계로부터 성의 관계의 근본적인 차별화를 추구하는 성의 정치학(혹은 유토피아)으로 유도될 수 있으며'(p. 131), 또한 레즈비언과 게이의 해방 운동은 당연히 '전복적인 정치적 그리고 과학적 운동들의 (…) 전위'에 속하게 된다(p. 134). 그의 이러한 평가는 최소한 몇몇 지배의 관계들의 전복을 위한 전망과 관련해서 보다 낙관적인 견해를 암시하는 것 같다. 그러나 그 점을 다루려면 너무나 복잡하고 광범위한 논점들이 제기되기 때문에 여기서는 적당하지 않은 것 같다.

의 집단적인 방식으로 고찰을 받게 되며, 실천 활동은 합리적 비판을 받게 되는 장소가 되는 것이다.*

헤겔 철학에 영향을 받은 1920년대 맑스주의자들에 의해 제시된 당 조직의 이러한 모형은 20세기 국제 사회주의 운동의 실천에서 물론 스탈린주의적 형태와 사회민주주의적 형태 양자 모두에 의해서 삭제당해 왔다. 이론과 실천 사이의 이러한 대조적 차이를 우리가 어떻게 설명하든지 간에, 여기서 그람시와 루카치를 상기시킴으로써 최소한 앞에서 우리가 이미 지적한 바 있는 논점을 강조할 수는 있을 것이다. 즉, 신자유주의에 대한 투쟁에 참여함으로써 부르디외는 이론과 전략에 관한 고전적인 사회주의적 논쟁들의 지반 위에 위치하게 된 것이다.

오래된 문제

현재의 정치적 참여 행위들에서 부르디외와 기든스 사이의 많은 차이점들에도 불구하고, 실제로 양자 모두 대단히 유사한 일련의 질문들과 마주하고 있다는 사실은 놀라운 일이다. 가령, 시장과 계획 사이의 관계에 대한 이론적 질문이나 심지어 자유민주주의 국가들의 활동에조차도 자본이 부과하는 구조적 한계들에 대한 정치적 질문 등이 그러한 것들이다. 그리고 이로부터 알 수 있는 것처럼, 현재 사

---

* G. Lukács, *History and Class Consciousness* (London, 1971), p. 299.

회민주주의가 직면하고 있는 문제는 어떻게 자신을 '갱신'하거나 '재창조'해 내느냐 하는 문제가 아니라 애당초 출발 당시부터 자신을 괴롭혀 온 문제라는 것이다. 즉, 과연 어느 정도까지 자본주의의 구조들이 노동하는 다수의 상대적인 지위의 꾸준한 개선을 용인해 줄 수 있느냐 하는 문제이다.

라퐁텐의 극적인 실각은 그러한 관용의 한계를 가혹하게 상기시켜 줬다. 〈파이낸셜 타임스〉 지의 표현대로, "독일 산업계의 지도자들은 전리품으로서 머리 가죽을 요구했던 것이다."* 이에 대응하는 데서 좌파들은 이전의 역습들에 대해서 그랬던 것처럼 두 가지 행로 중의 어느 하나를 따라가게 될 것이다. 첫 번째 것은 자기 기만적인 수사법에 의해 부풀려지는 미미한 개선책을 모색함으로써 기존 질서에 적응하는 것이다. 이것은 본질적으로 기든스가 택한 행로이다. 게르하르트 슈뢰더가 《제3의 길》의 독일어 번역판 출간 기념 세미나에 가는 도중에 라퐁텐의 사임 소식에 대해서 보고받았다는 사실에는 어떤 상징적인 점이 있다.** 또 다른 행로는 자본주의의 지배 구조에 도전할 수 있는 힘(세력)들을 정확히 규정하고 강화시키는 것을 추구하는 길이다. 부르디외는 이 둘째 선택을 향해 모색하고 있는 듯하다. 그렇게 하는 데서 효과적이기 위해서는 혁명적 맑스주의 전통과 진지하게 대면하는 것이 그에게 요구될 것이다.

---

*   *Financial Times*, 1999년 3월 13일자.

**   W. Hutton, "The Last Days of Oskar", *Observer*, 1999년 3월 14일자.

한-EU FTA: 신자유주의 유럽연합

차기 총리 내정자인 고든 브라운과 보수당 지도자 데이비드 캐머런은 둘 다 심각한 EU 회의론자들이다. 브라운은 EU가 철저한 규제 완화와 시장 자유화 확대에 실패하자 노골적으로 불만을 터뜨렸다.

이 우파적 EU 회의론에 질린 일부 노동조합원들과 좌파들은 노동당과 보수당이 옹호하는 자유시장[신자유주의] 정책들의 대안으로 EU를 내세우려 한다.

그러나 연금, 퇴직 연령, 노동권, 부자들을 위한 빈민들의 조세 부담 중대 등을 우려한다면 EU에 대해서도 우려해야 한다. 그것도 아주 많이 우려해야 한다.

영국은 유로화를 받아들이지 않았고 유럽 화폐 통합에 가입하지도 않았다. 그러나 영국은 여전히 어느 나라가 연금은 가장 적고, 퇴

크리스 뱀버리. 〈맞불〉 43호, 2007년 5월 9일. https://wspaper.org/article/4136.
2007년 5월 7일 한-EU FTA 협상이 시작됐다. 영국의 혁명적 반자본주의 주간지 〈소셜리스트 워커〉 편집자인 크리스 뱀버리는 EU도 미국과 마찬가지로 신자유주의 세계화의 핵심 동력이라고 주장한다.

직 연령은 가장 높고, 법인세율은 가장 낮을 것인지를 둘러싸고 다른 EU 회원국들과 경제적 경쟁을 하는 것에서 헤어나오지 못하고 있다. EU는 영국의 최대 무역 시장이다.

한편, EU는 미국이나 중국과 치열하게 경쟁하고 있다. 유럽의 평균소득은 미국보다 30퍼센트 낮지만, 유럽 노동자들의 노동시간이 미국보다 훨씬 더 짧고 생산성이 더 높다.

유럽 전역에서 노동시간 증대, 생산성 제고, 임금 억제 경쟁이 심해지고 있다. EU 집행위원회는 최근 "노동법 현대화"에 대한 토론문을 제출했다. 그 핵심은 기존의 고용 보호 조항들을 점차 폐지하는 것이다.

이탈리아에서는 노동조합이 획득한 합법적 고용 보호 조항들을 회피하는 개별적·비정규직 계약들이 급증했다.

이것은 흔히 청년 노동자들의 "불안정" 고용이 급증했다는 뜻이다. 그들에게는 상시 고용이나 연금 혜택이 보장되지 않는다. 그들은 소득도 더 낮고 휴가도 거의 또는 전혀 누리지 못한다. 이 때문에 은행 대출을 받기도 어렵고 집을 사기도 힘들다.

불안정

체코 공화국이 제정한 새 노동법은 잔업 증대를 허용하고 고용주들의 채용·해고 권한을 강화했다. EU의 어느 한 국가가 그런 조처들을 도입하면, 다른 국가들도 다 잽싸게 따라한다. 이른바 "바닥을 향한 경쟁"이다.

EU의 각 회원국은 대기업들에게 최상의 이윤 창출 조건을 제공하기 위해 서로 경쟁한다. 영국에서 진행중인 연금 삭감은 우리의 노후 보장 제도를 점차 무너뜨리려는 EU 각국 정부의 끊임없는 노력의 일부다.

영국은 사유화의 길로 훨씬 더 멀리 나아갔지만, 영국과 경쟁하는 EU 각국도 보건의료·교육 등의 서비스에 시장을 도입하고 있다. EU는 시장을 위해 창설된 연합이다.

EU가 세계화와 앵글로-색슨 형 자유시장[영미식 신자유주의] 자본주의의 최악의 폐해에서 유럽의 시민들을 어떻게든 보호한다고 묘사하는 것은 EU가 새로운 신자유주의 세계 질서를 창출하는 원동력 가운데 하나라는 사실을 은폐하는 것이다.

유럽 시장 창설에서 이득을 얻는 것은 다국적기업들이다. 그들은 EU 회원국들이 가장 낮은 비용과 가장 높은 이윤을 제공하기를 기대한다. 그 대가는 사회 기층민들이 치른다.

유럽 전역에서 빈부격차가 더 커졌다. 노동자들은 더 낮은 임금, 노동조건 악화, 제2차세계대전 뒤 획득한 복지국가[사회보장제도]의 해체를 감수하라는 말을 듣고 있다.

EU의 공동농업정책 덕분에 일부 프랑스 농민들이나 그리스의 올리브 재배농이 거액을 벌었다는 이야기들이 있지만 농촌의 소규모 생산자들은 점차 그들을 지배하는 다국적기업들에 밀려 쫓겨나고 있다.

그리고 EU 평균 남녀 간 소득 격차는 여전히 15퍼센트다. 심지어

33퍼센트나 되는 나라들도 있다.

EU의 또 다른 피해자는 이주노동자들이다. 그들은 유럽 경제에 결정적으로 중요하지만 점점 더 엄격해지는 이민법 때문에 피해를 보고 있다.

3월 24일 EU 회원국 정부 수반들은 로마조약 50주년을 기념하려고 베를린에 모일 것이다. 현재 EU 의장국인 독일의 우파 총리 앙겔라 메르켈이 새 조약의 기초가 될 [EU의] "사명과 가치"를 승인하는 선언을 발표할 것이다. 메르켈은 이 선언이 2년 전 프랑스와 네덜란드 국민투표에서 부결된 유럽헌법을 대체하기를 바란다.

유럽헌법을 새 조약으로 대체하면 굳이 국민투표라는 골치 아픈 절차를 거치지 않아도 되기 때문이다.

영국에서는 프랑스와 네덜란드 국민투표 결과를 단지 유럽에 대한 거부쯤으로 이해한다. 그러나 유럽 대륙에서는 유럽헌법이 옹호한 신자유주의 모델이 대중에게 거부당한 것이라는 공감대가 널리 형성돼 있다.

부결

유럽헌법은 "경쟁이 자유롭고 규제되지 않는 국내 시장"을 약속했다. 유럽헌법이 부결됐지만, EU의 새 회원국인 불가리아와 루마니아는 EU 가입[올해 1월 1일] 전에 자국에서 "시장 경제가 작동하고 있음"을 입증해야 했다.

그리고 유럽헌법이 없는 상황에서도 자유시장 유럽을 건설하려는 노력이 더한층 빨라지고 있다.

또한, EU는 유럽의 다국적기업들을 위해 남반구를 희생시켜 세계 시장을 "자유롭게"하는 과정도 주도했다.

지난주에 EU 통상 담당 집행위원 피터 맨덜슨은 대부분 옛 유럽 식민지였던 아프리카·카리브해·태평양 연안의 78개국에게 그들이 유럽 시장에 주요 농산물을 수출할 때 유리한 조건을 허용하던 협정을 올해 말까지 폐지하겠다고 말했다.

그런 나라들은 EU산 수입품에 대한 규제를 폐지하고 서비스를 사유화해서 유럽 기업들이 그런 서비스를 인수하도록 허용해야만 유럽 시장에 접근할 수 있게 될 것이다.

그리 되면 현지의 공업과 농업은 파괴될 것이고, 일부 최빈국들의 교육·보건의료 서비스는 더한층 악화할 것이다.

식민주의

한편, "유럽의 요새화" 때문에 남반구와 유럽 접경 지대가 점차 군사화해서, 유럽의 해군 함정들이 지중해를 순찰하고 리비아에는 감금 수용 시설이 설치됐다.

그 목표는 유럽의 대기업들이 의존하는 이주노동자들의 입국을 금지하려는 것이 아니라 그들이 누릴 수 있는 권리를 더욱 축소해서 사실상 시민권을 허용하지 않으려는 것이다.

이와 대조적으로, EU 집행위원장은 아프리카 출신 고급 두뇌 학생들에게 즉시 유럽 시민권을 제공하겠다는 계획을 발표했다.

남아공의 국회의원 카다르 아스말은 이 계획을 비난하며 이렇게 말했다. "그것은 두뇌 유출이 아니라 남반구의 지적 능력을 파괴하는 것"이고 "교활한 식민주의"이다.

EU는 신자유주의 세계화의 핵심 동력이다. 또한, EU는 매우 비민주적이다. 주요 결정들은 27개 회원국 정부 지도자들의 회의인 유럽이사회에서 비밀리에 내려진다.

우리가 선출한 유럽의회는 유럽이사회의 결정들에 대해 매우 제한적인 거부권만을 갖고 있다. 브뤼셀에서 약 1만 5천 명의 "로비스트들"을 고용하고 있는 재계·금융계의 소수 특권층의 힘이 훨씬 더 강력하다.

유럽 중앙은행은 민주적 통제를 전혀 받지 않는다. 유럽 중앙은행의 임무는 오직 금리를 올리거나 내려서 인플레이션을 통제하는 것뿐이다. 유럽 중앙은행의 금리정책으로 유로화 사용 지역의 [공식] 실업률은 무려 10퍼센트나 되게 됐다.

유로화 사용 지역 안에는 정부 지출을 제한하는 공동 한계가 설정돼 있다. 이 규정을 위반하는 국가는 유럽 화폐 통합에서 축출될 수 있다.

비교적 저항이 약할수록 유럽 자본은 더 쉽게 신자유주의 유럽을 건설할 수 있다. [현재의] 약한 저항은 부분적으로 1980년대에 유럽 노동운동이 겪은 패배를 반영한다.

영국에서 사태가 훨씬 심각했지만, 마거릿 대처가 광부 등의 노동자들을 상대로 승리를 거둔 덕분에 다른 나라 정부들이 쉽게 그 본보기를 따랐다.

그러나 더 중요한 것은 신자유주의 정책들을 온전히 받아들인 사회민주주의 정당들에게 노동조합원들과 사회운동들이 여전히 충성을 바쳤다는 것이다. 이런 식의 제 무덤 파기는 영국에서 절정에 달했지만, 그것은 더 광범한 패턴의 일부였다.

신자유주의에 맞선 저항의 수준은 영국보다 유럽 대륙에서 더 높았다. 그러나 그런 저항은 대체로 하루 파업과 시위로 제한됐고, 저항운동의 지도자들은 양보안이 제시되자마자 이를 얼른 받아들였다.

사회주의자들인 우리는 영국과 유럽 전역에서 저항을 만들어내야 한다. 또한, 우리는 반신자유주의, 국제주의, 반인종차별주의, 반제국주의를 비타협적으로 고수하는 새로운 급진 좌파를 만드는 데 집중해야 한다.

영국의 사회주의자들은 영국의 EU 가입에 반대해야 한다. 왜냐하면 EU가 부자들의 클럽이기 때문이다. 그러나 우리는 "바닥을 향한 경쟁"도 거부해야 한다. 그리고 EU 안에서 누릴 수 있는 최상의 사회복지 수준을 모든 EU 회원국 시민들에게 확대 적용하라고 요구해야 한다.

다시 말해, 우리는 최상의 연금, 가장 많은 최저임금, 가장 짧은 노동시간, 무상교육, 가장 엄격한 환경 규제가 모든 EU 회원국에 적용되기를 원한다.

이것은 브라운·캐머런·메르켈이나 자크 시라크의 뒤를 이어 프랑스 대통령이 될 후보 어느 누구도 원하지 않는 유럽의 모습이다.

시장경제의 신화를 들춰낸 경제학자 케인스

　세계 경제와 한국 경제의 위기가 계속되면서 노벨 경제학상 수상자이자 전 세계은행 부총재 스티글리츠, 전 경제부총리 조순 서울대 명예교수, 장하준 케임브리지대학교 교수 등 비주류 친자본주의 경제학자들은 물론 독일 좌파당 지도자 오스카 라퐁텐, 또한 수전 조지와 월든 벨로 같은 저명한 반신자유주의 운동가들도 존 메이너드 케인스(1883~1946)의 사상에서 해결책을 찾으려 하고 있다. 유철규·신정완·이병천 교수들도 케인스 학파에 속한다고 할 수 있다.

　케인스는 자본주의 역사상 가장 심각한 공황기였던 1930년대에 자본주의를 혹독하게 비판하는 글들을 썼다. 그가 자본주의를 비판한 건 자본주의를 구출하기 위해서였다. 그는 결코 사회주의자가 아니었다. 그는 마르크스주의에 매우 적대적이었다. 그는 권세가 집단에 속했다. 특권층 자녀들이 다니는 사립기숙학교 이튼 스쿨에서

　최일붕. 〈맞불〉 11호, 2006년 9월 4일.

중등교육을 받았고, 권세가들의 추천을 받아야 선임되는 케임브리지 대학교 특별연구원이었고, 주식시장 투기를 해 꽤 돈을 벌기도 했다.

케인스는 경제가 금융시장에 따라 좌지우지되는 불합리함을 비판했다. "마치 거품이 그렇듯이 투기꾼들이 기업의 견실한 흐름에 아무 해악을 못 미칠지라도 기업이 투기의 소용돌이 속에서 거품으로 변하면 상황은 심각해진다. 나라의 자본이 카지노의 움직임이 낳는 부산물로서 성장하면 일이 잘못되기 쉽다."

선진 공업국들의 실업률이 거의 30퍼센트에 육박했던 1933년에 케인스는 이렇게 말했다. "윤택해지는 것이 '이익이 되지' 않는다는 이유로 우리는 계속 가난한 채로 있어야 한다. 궁전을 짓는 것이 불가능해서가 아니라 그렇게 할 '경제적 여유가 없다'는 이유로 우리는 오두막에서 살아야 한다. … 전후 영국에서 실업수당으로 지급한 돈이면 우리의 도시들을 세계에서 인간이 이룩한 가장 위대한 업적으로 만들 수도 있었다. … 우리의 경제 체제 때문에 우리는 기술 진보가 제공하는 경제적 부를 이룰 가능성을 최대한 이용하지 못하고 있다."

케인스는 오늘날 '신자유주의'로 일컬어지는 경제정책의 이론적 기초(신고전파 경제학)를 일부 깨부줬다. 신자유주의자들은 정부와 노동조합이 개입하지만 않으면 자본주의는 결코 불황에 빠지지 않을 것이고 언제나 완전고용을 이룩할 것이라고 말한다. 이 주장의 전제는 재화의 수요(사람들의 재화 구매 능력)가 재화의 공급과 항상 일치한다는 것이다. '과잉생산' 같은 일은 절대로 일어날 수 없다고 한다.

이런 주장은 저축이 언제나 투자로 돌려진다는 가정에 바탕을 두고 있었다. 그러나 케인스는 그 가정을 비판했다. 일부 사람들이 저축한다 해도 다른 사람들이 투자를 위해 그 돈을 빌리지 않는다는 것이다. 자본가들은 대부분 사업상의 모험을 감수하기는커녕 장차 이윤을 더 많이 얻을 수 있다고 확신할 때만 투자한다. 불황이 닥칠지 모른다는 걱정이 들면 그들은 투자를 취소하기 쉽다. 그리 되면 상품은 팔리지 않게 되고, 그 상품을 만든 기업들은 손해를 보거나 파산해 노동자들을 해고하게 된다.

1930년대 초 전 세계 지배자들은 경제 위기에 직면해 노동자 임금 삭감이 이윤을 회복시켜 경제를 위기에서 끌어내는 길이라면서 임금 삭감과 금리 인상 정책을 채택했다. 오늘날 임금 인상을 강력히 억제하고 있는 노무현 정부도 비슷한 주장을 하고 있다.

케인스는 이를 맹비난했다. 개별 기업은 노동자 임금을 삭감함으로써 이윤을 높게 유지할 수 있다. 그러나 모든 자본가들이 그렇게 한다면 노동자 임금은 전반적으로 낮아진다. 그리 되면 노동자들은 그들이 생산하는 상품을 살 수 없게 된다. 그러면 경제는 위기의 악순환에 돌입한다. 가장 약체인 기업들부터 파산하게 되고, 실직 노동자들은 더 많아진다.

시장은 자원을 효율적으로 배분하는 것이 아니라, 만성 실업과 투자 부진의 원인이 된다. 케인스는 이렇게 썼다. "유연한 임금 정책을 통해 완전고용 상태를 지속시킬 수 있다는 생각은 전혀 근거가 없다. 경제 체제는 이런 식으로 자동 조절될 수 없다."

그가 옳았음이 1930년대를 겪으면서 입증됐다. 지배계급의 금리 인상과 임금 삭감 정책은 공황을 더 심화시켰다.

오늘날 케인스주의자들은 국가의 경제 개입을 통해서만 시장이 만들어내고 있는 파괴를 막을 수 있다고 주장한다. 안타깝게도 그들은 케인스 이론의 약점들도 되풀이하고 있다. 케인스는 한결같이 자본주의에 충성했고, 경제 위기에 대한 그의 해결책은 단편적이고 불충분했다.

그는 공황이 닥치자 금리 인하를 정부에 요구했다. 금리가 인하되면, 생산에 참여하지 않으면서 은행에 맡겨둔 돈으로 풍족하게 사는 부유한 '금리 생활자'에게 가는 돈이 적어진다. 케인스는 금리가 낮아지면 자본가들이 은행에서 돈을 더 많이 빌려 신규 투자를 하게 될 것이라고 생각했다. 그리 되면 자본가들은 노동자들을 더 많이 고용하게 되고, 그러면 재화 구매도 늘어나게 돼 경제는 불황에서 탈출하게 될 것이라는 것이다.

그러나 자본가들이 경제 불황을 우려하고 있을 때는 금리가 인하된다 해도 돈을 빌리지 않을 것이다. 예컨대 1930년대 초에 금리 인하만으로는 새로운 투자 순환이 일어나지 않았다.

케인스는 정부 자신이 돈을 빌려 경제의 수요를 증대시키는 데 써야 한다고 생각했다. 이런 일은 1930년대 말에 제2차세계대전이라는 조건 하에서 막대한 무기 생산이 이뤄지고 나서야 비로소 효과를 냈다.

1970년대에 케인스주의 정책들은 위기를 막지 못했다. 당시에 각국 정부는 경제를 부양하기 위해 돈을 퍼부었다. 하지만 자본가들은 생산을 증대시키지 않았고, 노동자들을 더 많이 고용하지도 않았다. 모든 생산부문을 지배하는 소수 대기업들이 물가를 인상해 스

태그플레이션(경기 부진과 물가 인상이 동반하는 현상)을 일으켰을 뿐이다.

그러나 케인스 자신은 경제 위기에서 벗어날 수 있는 훨씬 더 급진적인 길을 힐끗 보여 주었다. 그는 1936년에 출판한 저작 《고용, 이자 및 화폐의 일반 이론》(비봉출판사)의 몇 대목에서 "완전고용을 보장하는 유일한 수단"으로 "얼마간 포괄적인 투자 사회화"를 요구한다. 이것은 노동자들을 대량 해고하고 서민 대중에게 필요한 재화를 생산하지 않으려 하는 기업들을 정부가 인수하는 것을 암시한다.

1998년 'IMF 경제공황' 때 사회주의자들은 정리해고가 급증하고 있는 사태에 직면해 그러한 정책을 주장했다. 자본가들이 사회를 위해 생산하지 않으려 한다면 그들의 생산 통제권을 박탈해야 한다. 파산 위기에 놓인 사기업을 공기업화하면 기업주의 재산과 그 기업의 이윤을 세금으로 징수할 수 있고, 원자재를 구입할 수 있고 계속 노동자들에게 임금을 줄 수 있다.

임금 삭감 없는 노동시간 단축을 통해 일자리를 훨씬 더 많이 만들 수 있고 나아가 사회적으로 유용한 재화의 시장도 확대할 수 있다.

이러한 조처들은 기업주들의 이윤과 재산을 잠식하며 그들의 경제 지배를 위협한다. 그들은 저항할 것이다. 자신들의 돈을 해외로 빼돌리고 심지어는 33년 전 칠레에서처럼, 그러한 좌파적 개혁 조처들을 실행하려는 정부를 전복하려 할 것이다.

바로 이 때문에 대중 투쟁이 필요하다. 특히 노동자들은 대량 해고 위협에 직면한 공장을 점거하고 지배자들의 정책에 도전함으로써 아래로부터 이러한 조처들을 강제해야 하는 것이다. 이러한 조처들은 노동자들의 처지를 즉시 개선해 줄 것이다. 또한 이러한 조처들은 자본주의를 전복하는 혁명적 투쟁을 수반할 수 있다.

케인스는 결코 이러한 결론에 도달하려 하지 않았다. 게다가 '정설적' 케인스주의자들(제2차세계대전 이후 1970년대 중엽까지 주류 경제학으로 득세했던 조류)과 '신'케인스주의자들(오늘날 그레고리 맨큐로 대표됨)은 "투자 사회화" 주장을 케인스가 몇 차례 단편적이고 불충분하게 언급했을 뿐이기 때문에 별로 심각하게 생각하지 않는다. 케인스처럼 아래로부터의 투쟁에 비우호적인 것은 말할 것도 없다.

반면, '급진적' 케인스주의자들(수전 조지, 윌든 벨로, 라퐁텐 등)은 "투자 사회화"를 비교적 진지하게 받아들인다. 하지만 그것을 위로부터 실행해야 한다고 생각한다. 그래서 그들은 서구 사회민주주의나, 심지어 옛 동구와 일부 제3세계의 국가통제주의 경제를 지지했다.

사회주의자들은 이들 사회화·공공성 지지자들과 함께 한미FTA 반대 등 반신자유주의 공동전선을 건설할 필요가 있다.

케인스주의가 긴축의
진정한 대안이 될 수 있을까?

[세계경제가 여전히 위기를 헤어나지 못하면서 주류 시장주의 경제학에 대한 비판이 인기를 얻고 있다. 서점가에서는 폴 크루그먼, 스티글리츠 등 케인스주의 관련 책이 베스트셀러다. 자유시장에 대한 케인스주의적 비판은 분명히 타당하고 활용할 측면이 있다.

그러나 2008년 이후 계속되는 위기는 국가 개입도 자유시장도 고장난 자본주의를 고치지 못한 과정이기도 했다. 한계와 모순을 드러낸 양적완화, 아베노믹스 같은 돈 풀기도 사실 케인스주의적 성격이 있다. 마르크스주의 경제학자 마이클 로버츠가 케인스주의의 약점을 날카롭게 비판한다.]

근래 긴축에 반대하는 많은 주장들은 케인스주의적이었다.

이것을 보면, 마치 마르크스주의적 분석은 1930년대 대공황과 그

마이클 로버츠. 〈레프트21〉 110호, 2013년 8월 24일. https://wspaper.org/article/13475.

뒤를 따랐던 장기 불황을 설명하거나 혹은 무엇을 할지에 대해 별 기여를 하지 않은 것 같다.

내 생각에 자본에 반대하는 사람들이 케인스주의 이론에 의존하는 것은 문제다.

먼저 경제학에 케인스가 핵심적으로 기여한 부분을 살펴보자. 케인스가 거시경제에 초점을 맞추면서 제출한 국가 수입과 지출에 관한 일련의 공식을 보면, 국민소득은 국민지출과 같다.

그리고 국민소득은 이윤과 임금의 합이고 국민지출은 투자와 소비의 합이라고 한다. 그래서 이윤과 임금을 더한 것은 투자와 소비를 더한 것과 같다. 임금을 모두 소비에 사용한다고 가정하면, 이윤과 투자는 같아야 한다.

케인스는 별도의 논거 없이 투자가 이윤을 창출한다고 말한다. 그렇다면 무엇이 투자를 낳는가? 케인스는 개별 기업인의 주관적 결정이라 말한다.

무엇이 그들의 결정에 영향을 미치는가? 케인스는 [기업가의] "야성적 충동"이나 투자 보상에 대한 여러 기대 같은 것들 때문이라고 답한다.

이 생각은 앞뒤가 바뀐 것이다. 마르크스주의자들은 이윤이 투자를 낳고, 자본에 의한 노동력 착취가 이윤의 원천이라고 본다. 그래서 마르크스주의는 개별 인간 행위를 정신분석하는 것이 아니라 특정한 형태의 계급사회에 기반해 인과관계를 객관적으로 분석한다.

이윤이 투자를 낳기 때문에 이윤이 증가하지 않으면 투자는 증가할 수 없다. 그래서 자본주의적 투자는 이윤을 직접 만들지 않는 정부 지출을 제한하게 된다. 케인스주의 정책 결론과 반대로, 자본주의는 정부 지출이 아니라 정부 저축을 필요로 한다.

그러나 케인스주의자들은 이윤이 아니라 산출량을 위주로 본다. 그들은 경제에서 정부 지출의 모든 변화가 소비와 국가 경제에 산출량 변화를 일으키기 때문에 정부 지출이 삭감되면 국내총생산이 작아진다고 주장한다. 이것이 이른바 재정승수*다.

케인스주의의 세계적 권위자 폴 크루그먼은 블로그에 "유로존의 긴축 경험을 보면 아주 커다란 케인스주의적 효과를 확인할 수 있다"고 썼다. IMF도 그리스 정부가 지출을 삭감할수록(16퍼센트) 실질 국내총생산은 그보다 더 많이 하락(19퍼센트)했다며 같은 주장을 했다.

그러나 케인스주의가 말하는 이 승수효과**에는 문제가 있다. 〈파이낸셜 타임스〉의 분석을 봐도 IMF의 주장은 잘못됐다.

> 〈파이낸셜 타임스〉가 IMF의 작업을 재현해 보[니] … 대상 국가나 시기를 바꾸면 바로 [승수효과가] 사라진다는 것을 알 수 있었다. … 그리스와 독일을 제외하고 계산하면 [승수효과가 크다는] IMF 결론은 통계적으로 무의미하다.
>
> IMF는 자신의 결과가 대상 시기와 무관한 것처럼 발표했지만 실제로는

---

* 정부가 돈을 1달러 지출했을 때 경제가 활성화되며 늘어나는 경제생산량을 정량화한 것.

** 정부가 돈을 풀면 그것이 다시 소비와 투자를 진작해 애초 지출한 돈보다 더 많이 경기 부양 효과를 낸다는 주장.

특정 기간에만 해당되는 것이었다. … 2010년 재정적자 규모 전망치는 2010년이나 2011년의 경제성장을 예측하는 데 도움이 안 됐다.

과거의 케인스주의 승수효과를 분석해 보면, 대상 시기에 따라 재정승수가 크게 달라진다는 것을 알 수 있다. 그래서 IMF도 "선진 경제에서 2009년까지 30년 동안 평균 재정승수가 0.5에 가깝다"고 인정했다. 정부지출과 세금의 변화가 30년 동안 경제 성장에 거의 영향을 미치지 못했다는 뜻이다.

인과관계

케인스주의는 무엇이 원인이고 무엇이 결과인지 제대로 말하지 않는다. 불황이 적자와 부채를 키워서 정부를 긴축으로 내모는가 아니면 그 반대인가? 긴축이 대공황을 유발한 것이 아니라 대공황이 긴축으로 이어졌다는 것은 확실하다.

이와 반대로, 대규모 재정 적자와 높은 부채가 GDP 성장을 불안정하게 만든다고 주장하는 긴축주의자들의 연구도 엄청나게 많다. 공공부채 비율이 더 빠르게 줄어들수록 지속 가능한 성장으로 더 빨리 돌아갈 수 있다는 것이다.

불황이 높은 부채를 유발하기 때문에 부채를 줄이는 유일한 길은 성장을 촉진하는 것뿐이라는 케인스주의자들의 설명이나, 높은 부채가 불황을 유발하기 때문에 성장을 회복하는 유일한 길은 부채를 줄이는 것뿐이라는 긴축주의자들의 설명은 모두 증거가 없다.

나는 1998년 이래 일본, 미국, 유로존의 GDP 대비 재정적자와 실질 GDP 성장을 비교해 봤다. 대다수 경제학자들이 지적하듯, 1998년은 일본 관료들이 케인스주의적 정부 지출 정책에 집중하기 시작한 해이다. 결과는 어땠는가?

1998~2007년, 일본의 실질 GDP 성장은 평균 1퍼센트인 반면, 평균 재정적자는 GDP의 6.9퍼센트였다. 같은 기간 미국 재정적자는 GDP의 2퍼센트로 일본의 3분의 1도 안 되는 반면, 실질 GDP 성장은 연 3퍼센트로 일본보다 세 배 높았다. 유로존의 재정적자는 심지어 더 적은 GDP 대비 1.9퍼센트였다. 그러나 실질 GDP 성장은 여전히 연 평균 2.3퍼센트로 일본의 두 배 이상이었다. 2002~07년의 신용호황 기간 동안 일본 정부는 미국이나 유로존보다 훨씬 많은 돈을 지출했는데도 실질 GDP 성장은 가장 낮았다.

케인스주의는 지출(수요)을 늘리거나 줄이는 것이 GDP에 미치는 영향을 측정한다. 마르크스주의는 이윤에서 자본주의적 투자로, 투자에서 고용·임금·소비로 나아가며 경제를 분석한다. 소비와 GDP 성장이 투자 이윤율에 종속되지 그 반대가 아니다.

마르크스주의적으로 오늘날의 경제를 분석하는 것이 옳은지 확인하려면, 정부가 지출과 세금을 늘리거나 줄이는 것이 이윤율을 높이는지 낮추는지를 따져 봐야 한다. 이윤율을 올리지 못한다면 추가 정부 지출로 GDP가 잠깐 올라간다 해도 더 긴 저성장과 불황으로 돌아갈 것이다.

정부 지출을 늘려 주로 사회적 소득 배분과 복지에 투자하면, 자본가들에게 부담을 지울 것이고 새로운 가치를 창출하지 않기 때문에 이윤율을 낮출 것이다.

정부가 교육과 의료 같은 공공 서비스에 투자하면, 장기적으로 노동생산성을 높일 수도 있지만 이윤율을 높이는 데는 도움이 안 될 것이다.

정부가 사회기반시설에 투자하면, 그 계약을 얻는 자본 부문의 이윤율은 높아질지도 모른다. 그러나 그 비용을 이윤에 더 높은 세금을 매겨 조달한다면 전체적으로 이윤율은 올라가지 않는다.

심지어 노동자 임금에 더 무거운 세금을 매기고 다른 정부 지출을 삭감해 정부 재정을 마련한다 해도, 지출이 노동 대비 자본 비율이 낮은 부문으로 가는 경우에만 (사회기반시설 프로젝트에서는 흔하지 않다) 전반적으로 이윤율이 높아질 것이다. 정부가 지출 비용을 빌려온 돈으로 마련하면, 금리가 올라 이율율 회복을 제한할 것이다.

그러므로 정부 지출이 는다고 이윤율이 높아진다는 아무런 보장이 없고, 그 반대가 더 사실에 가깝다.

마르크스주의적 예측

1997년 이후 대다수 선진 자본주의에서 이윤율은 하락하기 시작했다. 마르크스주의적 분석으로는 이윤율이 하락하면 투자 성장율이 떨어지고 GDP 성장도 느려질 것이라고 예측할 수 있다.

1998년부터 2001년의 가벼운 불황까지 4년 동안 미국의 실질 투자 성장률은 6.1퍼센트였는데 그 기간 미국 정부 재정은 흑자였고, 실질 GDP 성장은 한 해 3.6퍼센트였다.

그러나 2001년의 불황 이후 2002~07년 신용 호황 동안, 미국 실질 투자 성장율은 한 해에 2.2퍼센트까지 낮아졌다. 정부는 연평균 GDP 대비 3.6퍼센트에 달하는 재정 적자를 유지하며 돈을 풀었지만, 실질 GDP 성장은 연평균 2.6퍼센트까지 낮아졌다. 유럽도 같은 상황이었다.

경제의 생산적 부문에 대한 자본주의적 투자의 추이 변화는 더 흥미롭다. 1998~2001년 생산적 부문들에서 미국 실질 투자는 1년에 7.2퍼센트 올랐으나 2001~07년에는 그 전의 절반인 연평균 3.5퍼센트에 불과했다. 유럽도 역시 같은 상황이었다.

정부 지출을 늘리는 것이 자본주의 경제에서 장기적으로 투자나 경제 성장을 이끌 것이라는 어떤 증거도 없는 것 같다. 반대 증거가 더 많다.

그렇다고 긴축이 옳다는 것은 아니다. 라트비아와 에스토니아 같은 나라들을 인용하면서 긴축이 옳다는 (연봉 47만 불에 세금도 내지 않는) IMF 총재 크리스틴 라가르드의 주장은 정말 헛소리다. 이 조그만 자본주의 나라들은 다른 나라보다 사정이 약간 나을 뿐이다.

그것도 '구제금융'을 받은 그리스보다 훨씬 더 거대한 규모의 재정 이전을 받았기 때문이다. 에스토니아는 예산의 대략 20퍼센트를 유럽연합의 기금으로 충당한다. 은행이 긴급 구제를 받은 것은 아니고,

스웨덴과 다른 북유럽 은행들이 에스토니아 은행들을 소유하고 있기 때문이다. 애초에 정부 부채가 높았던 적도 없다.

재정 긴축 때문에 이들 경제가 호전된 것이 아니다. 노동권을 파괴했기 때문에 고용주들의 이윤이 늘었던 것이다. 그러나 아주 많은 국민들이 일자리를 찾아 다른 유럽 지역으로 떠나서, 숙련 노동인구가 사라졌다. 1991년에 라트비아 인구는 2백70만 명이었는데, 최근 인구조사 결과를 보면 인구가 2백만 명으로 떨어졌다. 실제로는 이보다 더 적을 것이다.

영국 정부는 긴축에 매달리지만 효과를 보지 못하고 있다. 그러나 긴축이 영국 경제 침체의 유일하거나 가장 주요한 원인인 것은 아니다.

경제가 성장하지 않은 진정한 원인은 영국 지대추구 자본주의의 실패다. 경제의 생산적인 부문들에서 생산성이 침체하고 투자는 붕괴했다. 자본 소유자들은 현금을 쌓아 놓고, 해외로 보내거나 금융 자산을 구입하고 있다. 그러나 투자는 하지 않고 있다. 그래서 실물 경제는 침체하고, 민간 부문이 지배하기 때문에 관료들은 아무것도 할 수 없다.

영국 기업들이 국내에서 투자하지 않는 이유는 경제의 생산적 부문인 제조업에서 이윤율이 1997년 이래 계속해서 하락했고 1990년대 초 이래로 보지 못한 저점을 치고 있기 때문이다.

장기 불황에 대한 올바른 대안은 무엇인가? 마르크스주의자들은 자본주의 생산이 충분한 이윤을 만드는 데 실패한 것이 위기의 근원이라고 본다. 그래서 수익성을 회복하기 위해 낡거나 "죽은" 자본(고용인들, 오래된 기술, 수익성이 없는 약한 자본주의 기업들)을 충분히 파괴하고 다시 시작할 수 있을 때까지 자본주의가 약화할 것이다. 이런 장기 불황 속에서 또 다른 커다란 경기 침체가 올 수도 있다.

케인스주의적 정부 지출은 노동계급의 고통을 일부 완화할 수도 있다. 그러나 이것은 이윤율을 증가시키는 것이 아니라 희생해야 가능할 것이다. 자본주의가 사회적 생산의 지배적인 형태인 한, 정부 지출 증가는 자본주의를 회복시키는 것이 아니라 지연시킬 뿐이다.

장기 불황을 끝장내고 커다란 침체를 피하고 싶다면, 자본주의 생산양식을 끝내고 민주적으로 통제되고 계획되는 사회적 생산으로 자본주의를 대체해야 한다.

미국경제 - 실패한 패러다임

지난 40년 동안에 가장 오래 지속된 경제 성장기, 1970년대 이래 가장 낮은 실업률, 2년 전에 비해 두 배로 뛰어오른 주가 지수. 주류 경제학자들은 이런 사실들에 주목하면서 미국이 (그리고 그 정도가 약간 덜 하지만 영국도) 전례 없는 자본주의 팽창기에 접어들었다고 주장한다. 그들이 주장하는 "새로운 경제 패러다임"에 의하면 불경기와 실업과 인플레이션은 지나간 옛 이야기다.

맑스주의자들은 자본주의가 성공을 거두고 있다는 주장을 의심하며 믿으려 들지 않기 쉽다. 특히 〈파이낸셜 타임즈〉 같은 신문들이 아시아 경제 위기로 체제가 "완전히 실패할" 것인지 여부를 고민했던 때가 겨우 16개월 전이었다는 사실을 떠올려 보면 더욱 그렇다. 하지만 의심만으로는 충분치 않다. 주류 경제학자들이 지적하는 사실들을 부정할 수는 없다. 특히 미국 경제는 1990년대 초부터 새 천

이 글은 《국제정치경제논집》(2000년 4월)에 실린 것이다.

년이 될 때까지 어찌 됐든 계속 성장했다.

우리는 이 성장에 대한 해석을 둘러싸고 서로 다른 견해를 개진해 왔는데, 그 논쟁에서 한 가지 중요한 점이 흐려지고 있다. 최근 미국 경제의 성장은 2차대전 후 25년 동안 지속됐던 장기 호황과는 현저하게 다르다.

평균 성장률은 1960년대 초보다 여전히 낮다. 1995년 이래 연평균 성장률은 3.25퍼센트였지만, 1960년대 호황기에는 연평균 5.25퍼센트였다. 경제정책연구소의 최근 연구를 보면 알 수 있듯이, 경제 성장이 대중의 생활 수준에 미친 영향은 완전히 다르다. "1947년과 1973년 사이에 평균 가계 소득은 … 104퍼센트 … 연평균 2.8퍼센트 성장했다. 하지만 1973년이 지나가고부터는 성장률이 뚜렷하게 낮아졌다. 1973년에서 1997년까지 24년 동안 평균 가계 소득은 연평균 0.35퍼센트 늘어났다. 이런 비율이라면 가계 소득이 두 배로 되는 데 198년이 걸릴 것이다." 1998년에는 "인플레이션을 고려하면 성인 남성 평균 소득이 1969년보다 더 낮았다. 성인 남녀의 노동 시간이 증가하지 않았다면, 가계 형편이 훨씬 나빠졌을 것이다." 평균 임금이 조금이라도 회복된 것은 겨우 지난 2년 동안이었다. 작년에는 약 4퍼센트 성장했고 1980년대 말 수준으로 되돌아갔지만, 아직도 25년 전보다는 더 낮다.

이런 대조는 아주 중요하다. 전후의 대호황은 수천만 미국 노동자들의 생활을 변모시켰고 그 때문에 자본주의가 사람들의 생활을 향상시키고 아메리칸 드림을 실현시킨 것처럼 보였다. 최근 몇 년의 호황은 결코 그와 같은 효과를 가져오지 못했다. 정말이지 미국 사람

여덟 명 가운데 한 명은 빈곤선 아래서 생활하고 4천5백만 명은 의료보험조차 없다. 1979년 이래 미국의 가구 가운데 상위 5퍼센트의 소득은 64퍼센트 증가했지만 하위 60퍼센트의 소득은 정체해 왔으며 하위 20퍼센트의 소득은 오히려 줄어들었다.(1998년 최저임금의 가치는 1968년보다 대략 22퍼센트 낮다.)

"새로운 패러다임"에 관한 논의에서는 1990년대 내내 자본주의가 직면했던 국제적인 문제들도 흐려지고 있다. 2차대전이 끝난 다음부터 1970년대 중반까지 전 세계 경제는 호황을 구가했다. 선진 공업국들 모두가 성장했다. 전에는 '후진적'이었던 많은 나라들(이탈리아·스페인·포르투칼·동유럽)이 공업화됐다. 심지어 제3세계의 많은 나라에서조차 공업을 위한 사회 기반 시설이 건설됐고 평균 수명이 높아졌다. 이와 대조적으로 1990년대에는 세계 2위의 경제 대국(일본)이 경기 침체에 시달려 왔고, 한때 경제 대국 서열 2위를 놓고 일본과 다투던 나라(러시아)가 엄청난 쇠퇴를 겪었으며, 과거 일본의 성장을 모방하고자 했던 동아시아 경제가 갑자기 위기로 빠져들었다. 세계 경제에서 또 다른 커다란 비중을 차지하고 있는 서유럽은 지난 10년 동안 10퍼센트 이상의 실업률을 유지한 채 정체와 지지부진 사이에서 헤매고 있다.

마이크로칩과 인터넷과 관련된 새 기술들이 생산에 미친 영향은 지나치게 과장하면서도 이런 요소들을 무시하는 것은 미국의 호황을 설명해 주는 몇몇 가장 중요한 요인들을 도외시하는 것이다.

자본의 비용

"새로운 패러다임"을 옹호하는 사람들은 이런 기술들이 실제로 미국의 생산성을 비할 바 없이 향상시키고 있다고 주장한다. 그들은 경제 통계들이 이런 주장을 입증하지 못한다면 그것은 그 통계가 진상을 보여 주지 못하기 때문이라고 반박한다. 특히 그런 수치들은 컴퓨터 기술 자체의 엄청난 진보를 충분히 고려하지 않는다는 것이다.

이런 주장은 컴퓨터가 다른 컴퓨터의 생산을 허용하는 것을 통해 헤아릴 수 없이 대규모로 생산성을 향상시켰다고 말하는 것이나 마찬가지다. 하지만 사실은 컴퓨터와 컴퓨터 칩 관련 산업 자체는 미국의 생산고에서 작은 부분에 지나지 않는다. 미국 경제가 작동하는 데 중요한 것은 다른 상품들을 생산하는 자본가들에게 컴퓨터 칩 관련 산업이 비용을 얼마만큼 절감시켜 줄 수 있는가 하는 점이다. 장기적으로는 그런 비용을 절감할 수 있는 상당한 가능성이 있다. 하지만 그렇다고 해서 체제의 문제들이 마술적으로 해결되지는 않을 것이다.

자본가들의 비용은 세 가지로 구성된다. 노동비용, 고정자본(공장과 기계) 비용, 유동자본(원자재와 운송 중이거나 사용대기 중인 부품들, 판매하기 전의 완제품 재고, 마케팅 비용).

자동차 공장의 로봇에서 길거리의 현금 자동 입출금기에 이르기까지 첨단 기술을 바탕으로 한 마이크로칩 때문에 십여 년 동안 많은 산업에서 노동력 감축이 있었다. 하지만 이것은 자본주의의 역사에서 근본적으로 새로운 것은 아니다. 그것은 단지 1770년대의 최초

방적 공장에서 시작하여 1차대전 전의 최초 생산 라인을 거쳐 1950년대의 자동화에 이르기까지 자본 축적의 패턴이 지속된 것일 뿐이다.

게다가 이러한 선행 변화처럼, 기술 혁신에 따른 고정자본의 변모는 모순적이다. 기계류의 개별 가격은 (더 적은 노동력을 고용하여 생산이 이루어지기 때문에) 하락하는 경향이 있다. 하지만 더 많은 기계가 도입되는 경향이 있고 더 자주 교체해야 할 필요가 있기 때문에 고정자본의 총비용은 증가한다. 비근한 예로, 20세기 대부분의 기간 동안 신문과 책을 조판한 기계 설비는 주조한 납의 사용에 의존했다. 1970년대와 1980년대에는 가격 인하 속도가 빠르고 저렴한 기계들을 사용하는 컴퓨터 시스템이 이를 대체했다. 하지만 기계들은 더 자주 교체될 필요가 있었다.(사용 수명이 6년 이상 되는 기계가 드물었다. 이것은 많은 구형 조판 기계들의 수명이 50년 이상이었던 것과 극명히 대조된다.) 더구나 보통 값비싼 네트워크 시스템으로 점차 통합되는 경향이 있었다. 이런 패턴은 대부분의 산업으로 번져 나갔다. 노동에 대한 고정자본의 비율은 새 기술이 확산됨에 따라 증대했다. 미국 경제에 관한 가장 최근의 IMF 보고서에 딸린 흥미있는 부록을 보면 이 사실을 알 수 있다. 장기 호황기에 미국의 생산성 향상은 많은 부분 "기술적으로 중립"이었던(즉 최신 설비에 대한 거액의 투자에 의존하지 않았던) 반면에, 1970년대 말부터 1990년대 말까지 있었던 생산성 향상은 전부 "투자에 비례하는 기술 변화"에 의존했다.

새 기술, 특히 인터넷이 자본주의에 매우 유리하다는 것을 보여 주려는 더 진지한 시도들 가운데 일부는 셋째 요소, 즉 유동자본 비용에 초점을 맞춘다. 여기서 의미심장한 것은 부풀려 보도되고 있는 인터넷 판매의 성장이 아니다. 인터넷 판매는 결국 노동 집약적인 배달업에 의존한다. 즉, 21세기형 정육점 주인, 제과점 주인, 촛대 만드는 사람 들이 생겨나는 것일 뿐이다. 서류가 없는 사무실, 노동인력이 필요 없는 소매 부문 따위는 순전한 신화다. 이것은 마치 전자우편으로 크리스마스 선물을 주문하는 사람들이 우편 배달 업무가 폭주하면 제 시간에 선물을 받지 못하는 것과 비슷하다.

훨씬 더 중요한 것은 전산화된 통신 덕분에 기업 내부에서 또는 기업 상호 간에 이동이 쉬워질 수 있는 가능성이다. 상품 운송과 저장 문제라면 비용 절감의 잠재력이 엄청나다. 예컨대 어떤 계산에 따르면 영국의 도로 위를 달리는 트럭 가운데 40퍼센트는 배달이 끝나면 텅텅 비어 있다. 전산화 덕분에 기업들은 화물 자동차를 추적하여 이 수치를 획기적으로 낮출 수 있다. 전산화는 또한 '적시 생산' 방식 [재고 비용을 최소화하기 위해 입하된 재료를 곧바로 제품 생산에 투입하는 상품 관리 방식 — 옮긴이]을 훨씬 더 현실적인 것으로 만든다. 공연히 부품 비축으로 비용을 낭비하지 않고도 부품이 필요할 때 부품을 공급받을 수 있고, 그 과정에서 기업들을 부품 생산자들과 연결시켜 주는 중간 단계의 많은 기업들이 잘려 나갈 수 있고 그렇게 되면 최종 생산자들의 수익성에 유리하게 된다.

하지만 이 모든 것들은 대부분 여전히 미래의 일이다. 아직까지 그런 변화들을 일정한 규모로 실행한 기업들은 거의 없었다. 그리고 중요한 것은 그들이 그렇게 할 때 그 변모는 선례가 없는 것이 결코 아닐 것이라는 점이다. 예를 들어 1920년대에 유동자본의 회전 속도가 엄청나게 빨라졌다. 기업들 간에 더 빠른 통신 수단이 생겨났고 장거리 전화와 전신 타자기 시스템이 처음으로 널리 퍼졌다. 그 충격은 오늘날은 저리 가라였다. 마차를 거의 완벽하게 대체한 트럭들이 부품과 원자재를 운반함으로써 운송 속도가 엄청나게 증대한 것처럼 도저히 예견할 수 없었던 것도 있었다. 냉장 보관 덕분에 많은 제품의 저장 방식이 경제적으로 바뀌었다. 전력선과 전동기의 보급으로 공업이 석탄과 증기력에 의존하는 정도가 줄어들었고, 시장에 더 가까운 곳에서 경공업 생산이 이루어질 수 있었다. 그리고 적어도 미국에서는 라디오, 전축 등이 급속하게 보급되고 처음으로 자동차를 사용하면서 대규모 신규 시장 또한 개척됐다.

많은 친자본주의 경제학자들이 이 놀라운 발명품들을 보고 '새 시대'가 열렸다고 반응했던 것은 놀라운 일이 아니다. 마치 오늘날 '새로운 패러다임'에 대해 얘기하는 것과 마찬가지다. 하지만 그 "새 시대"인 1920년대 말 미국과 세계 자본주의가 최악의 경제 공황에 빠지는 것을 피할 수는 없었다. 그러나 최근의 미국 경제 호황을 새 기술 덕택으로 설명할 수 없다면, 무엇으로 설명해야 할까?

세 가지 상호 연관된 요인들이 작용해 왔다.

첫째, 1980년대에 미국 자본가들은 유럽과 특히 일본의 경쟁적 도전이 심화된 것에 대해 지속적인 합리화와 설비 교체로 대응했다. 제라드 바커는 〈파이낸셜 타임스〉(1999년 12월 13일치)에서 "1990년대에 생산자들의 내구 설비 투자는 1960년부터 1980년까지 줄곧 6퍼센트 가량을 유지해 온 연간 증가율이 12퍼센트 이상으로 증대했다."고 언급했다. IBM, 포드, 제너럴 모터스 같은 기업들이 파산할 뻔한 때가 있었던 1980년대 말은 미국 산업에 대한 '황화(黃禍)'[황색 인종이 서양 문명을 압도한다는 근거 없는 공포심]의 위협에 관해 미국이 편집 증적인 반응을 보인 시기였다. 그러나 미국의 산업은 일본 경쟁자들이 지니지 못한 이점을 지니고 있었다. 그것은 미국 산업이 군수 조달 계획을 매개로 세계에서 가장 강력한 국가와 연계하고 있다는 것이었다. 1990년대 말에 미국은 핵심 산업 부문에서 우위를 지키거나 회복했다. 항공 우주 산업의 보잉, 컴퓨터 소프트웨어 산업의 마이크로소프트, 농업 관련 산업의 몬산토가 그 예들이었다. 제너럴 모터스조차 과거의 지위를 어느 정도는 회복했다.

이런 일을 가능하게 한 둘째 요인은 미국 노동자들에 대한 착취율이 조야하고 낡은 방식으로 막대하게 증대한 것이었다. IMF의 보고서는 다음과 같이 말한다. "국민소득에서 노동자들의 몫은 과거의 주기에 비해 매우 급격하게 하락했다. … 현재의 팽창이 낳은 한 가지 뚜렷한 결과는 국민소득에서 노동자들의 몫이 꾸준히 하락해 왔다는 것이다." 호황 내내 생산성 상승의 혜택은 노동자들이 아니라 자본에게 돌아갔다.

마르크스라면 '상대적 잉여가치'라고 불렀을 이러한 생산성 상승은 다른 일과 함께 일어났다. '절대적 잉여가치' — 노동자의 생활수준을 유지하는 데 필요한 노동시간 — 가 믿을 수 없을 만큼 증가했다. 《분열된 10년Divided Decade》의 저자들은 이렇게 설명한다. "1983년과 1997년 사이에 기혼 가정 어머니들의 연평균 유급 노동은 2백23시간 — 거의 6주 — 늘어났다. 같은 기간에 아버지들의 노동은 158시간, 즉 4주 늘어났다."

지난 10년 동안 미국의 주요 산업의 국제 경쟁력 부활을 설명하는 데서 이러한 장시간 노동은 자본 투자 수준 만큼이나 중요하다. 미국의 인구 1인당 생산량은 다른 나라보다 상당히 높다. 1996년에 영국의 1인당 생산량을 100이라고 했을 때, 프랑스는 105, 독일은 113, 미국은 137이었다.

그러나, 지난해 말에 〈파이낸셜 타임스〉(1999년 11월 11일치)에서 새뮤얼 브리턴이 지적했듯이, 미국은 노동시간당 생산량에서는 뒤지고 있다. 영국의 시간당 생산량을 100이라고 했을 때, 프랑스는 132, 독일은 129였던 반면, 미국은 121에 지나지 않았다. 이것은 프랑스와 독일에서 각각의 노동시간에 투자된 자본이 영국보다 30~40퍼센트 높았고, 심지어 미국보다도 15~20퍼센트 높았기 때문이었다.

미국이 누리고 있는 이점은 미국 노동자들이 유럽 상대국들의 노동자들보다 훨씬 더 오래 일한다는 사실로 설명할 수 있다. 미국 노동자들은 프랑스 노동자들보다 40퍼센트, 독일 노동자들보다 29퍼센트, 영국 노동자들보다 13퍼센트 더 오래 일한다. 일본 노동자들만이 미국 노동자들과 똑같이 1년에 2천 시간 일한다.

미국의 호황은 투자에 달려 있었다. 그리고 투자는 1970년대 말과 1980년대에 급격하게 감소한 이윤율의 회복에 달려 있었다. 상대적·절대적 잉여가치가 대량으로 증가한 덕분에 1990년대 미국의 이윤율은 대략 1970년대 초 수준을 회복했다. 그러나 1950년대와 1960년대 수준에는 못 미친다.

이런 식으로 도달한 이윤율에 의존해 호황을 지속하는 것은 이중으로 힘이 든다. 그러한 호황은 노동자들이 더 이상 높은 수준의 착취를 받아들이지 않는 순간 위협받는다. 2년 전 UPS 파업 당시 노동자들이 임금 손실을 만회하기 시작하자 이윤율이 떨어지기 시작했고, 잠깐 동안 제조업의 쇠퇴가 일어났다. 지난해에는 임금인상 폭이 작았기 때문에 이윤에 대한 자신감이 회복됐다. 그러나 이런 상황이 무한정 지속될 수는 없다. 자본가들은 자신들이 과거에 기대했던 이윤 수준을 달성하려면 실질 임금을 전보다 훨씬 더 많이 삭감해야 할 것이기 때문이다.

IMF의 보고서는 흥미로운 계산을 제시하고 있다. 보고서는 폭등하고 있는 주가지수를 살펴보고 나서 이것이 미래의 기대 이윤이라는 관점에서 무엇을 가리키는 것인지 묻고 있다. 그 결론은 "투자자들은" 자신들의 실질 "소득"이 "1년에 6.25~7.75퍼센트 늘어날" 거라고 믿고 있다는 것이다. 보고서는 이렇게 경고한다. "그러나 그렇게 되기 위해서는 GNP에서 기업 이윤이 차지하는 몫이 지속적으로 늘어나는 비현실적인 일이 일어나야 한다." 그 때문에 미국 노동자들이 더한층의 대폭적인 착취율 증가를 받아들이지 않는다면 호황은 위험에 처한다.

그러나 호황은 이러한 착취율 증가가 일어나더라도 위험에 직면한다. 미국 경제의 생산물 증가분은 기업의 투자로만 돌아가고 있는 것이 아니다. 그것은 소비로도 돌아가고 있다. 임금인상 수준이 낮은데도 보통의 미국인들의 부채가 대규모로 증대했기 때문에 소비는 계속 늘어 왔다. 1990년대에 '회전 신용' — 그 대부분은 신용카드 빚이다 — 총량은 세 배로 늘어났다. 1999년에 미국 소비자들의 총 소비는 그들의 총 수입을 5퍼센트 상회했다. 물론 인구의 20퍼센트, 아니 심지어 인구의 5퍼센트가 소비의 대부분을 행했다. 그러나 채무자의 대부분은 하위 60퍼센트에 속해 있다. 이윤을 떠받치는 데 필요한 수준까지 그들의 생활수준[실질임금 — 옮긴이]을 떨어뜨린다면, 그들은 대부분의 소비재 시장이 파괴될 정도로 소비를 줄이지 않으면 안 될 것이다.

호황은 파산할 것인가?

호황은 두 측면에서 위협받고 있다. 착취율이 증대하지 않음으로써 이윤율이 떨어진다면 호황은 지탱될 수 없다. 그러나 이윤을 높게 유지하는 데 필요한 착취율 증가는 노동자들의 실질 소득 하락으로 이어진다.

그래서 대부분의 주류 경제학자들이 '경직된 노동 시장' 때문에 호황에 '위협'(즉, 임금 인상)이 되는 인플레이션이 일어날까 봐 전전긍긍하고 있는 한편으로, 어떤 경제학자들은 소비자들의 소득 수준을 떨어뜨리는 데 필요한 소비자 지출 축소(소위 '마이너스 저축에 대한 교정')가 경제를 불황에 빠뜨릴까 봐 근심하고 있다. 동전을 던져서 앞면이 나오든 뒷면이 나오든 그들은 내기에 질 것이다.

호황을 지탱하는 셋째 요인은 이처럼 개인 소비가 소득을 상회하고 있는 일과 관련 있으며, 마찬가지로 불확실하다. 그것은 미국 자본주의가 미국의 지위를 지탱하는 데 일조하고 있는 다른 나라 자본가들에 의존하고 있다는 점이다. 1990년대 미국 산업의 경쟁력 회복은 이라크와 전쟁을 벌인 뒤로 주요한 무기 계약을 따내는 일에서부터 WTO 창립으로 이어진 장기간의 협상을 통해 미국판 '자유 무역'을 강요하는 일에 이르기까지, 그리고 IMF와 세계은행에 대한 지배를 통해 미국 은행들의 이윤을 보호하는 일에서부터 미국 상품의 경쟁력을 증대시키는 달러 환율을 받아들이도록 일본과 유럽 열강들을 설득하는 일에 이르기까지 국제 협상을 좌우할 수 있는 미국의 능력과 관련이 있다.

그렇다 해도 미국의 수입은 수출보다 더 빨리 증가해 왔다. 현재 미국의 국제수지 적자는 1991년에 0에서 1999년에 3퍼센트로 증가했다. 미국 자본주의는 다른 주요 경제들에서 빌린 돈이 기업과 은행에, 그리고 그것들을 통해 소비자들에게 끊임없이 대량으로 유입돼 왔기 때문에 적자에 대처할 수 있었다. 1990년대 초에 그러한 돈의 최대 원천은 일본이었다. 최근에는 유럽에서 빌린 돈이 일본에서 빌린 돈에 필적할 정도로 늘어났다. 이것은 유럽 경제들이 정체해 왔기 때문에 투자자들이 미국에서 더 높은 이윤을 기대해 왔다는 점을 보여 준다. 실질 임금이 정체했는데도 미국의 소비가 계속 늘어날 수 있었던 것과 미국의 산업 투자가 기업 이윤의 '저축분'을 상회할 수 있었던 것은 이러한 빌린 돈 덕분이었다. IMF의 보고서에 따르면, "나머지 세계의 총저축에서 미국의 저축 결손이 흡수하는 몫은 1997년 이래로 급격하게 늘어났다. 그것은 1998년에 4.5퍼센트에 달했고, 1999년에는 5.5퍼센트에서 6퍼센트로 더한층 증가할 것으로 추정된다."

세계 전역의 자본가들이 자국 내에서는 이윤을 얻어 낼 가능성을 걱정해 자국에 투자하지 않고 미국의 호황에서 돈을 긁어 낼 수 있다고 믿었다는 것이 실제로 일어난 일이었다. 지금까지 이것은 스스로 성취되는 예언이었다. 그들이 미국의 주식을 사는 데 돈을 쏟아부으면서 주가가 더욱 높아졌고, 그 덕분에 세계 전역의 금융 기관과 부자들은 막대한 서면상의 이윤 — 어떤 경우에는 현금으로 전환된 이윤 — 을 벌어들일 수 있었다. 그 이윤의 규모가 너무나 막대한 나머지 호황이 지속될지를 의심하는 금융기관들조차 경쟁자들에게 지지 않기 위해 주가가 더 오를 거라는 데에 단기적인 내기를 걸고 있다. 그 이윤 가운데 얼마간은 미국의 자본가들과 미국 중간계급의 유복한 부문에게 돌아가면서 미국의 산업 투자와 소비 모두의 성장을 더한층 부양해 왔다.

그러나 용기를 내서 호황의 표면상의 외관 밑을 들춰 본 주류 경제학자들은 자신들이 본 것에 혼비백산하고 있다. 그들은 주식시장이 미국 산업의 실제 수익성과는 어떠한 관련도 갖지 않게 됐다고 지적한다. 역사상 미국에서 주가와 이윤의 비율은 15대 1 정도였다. 지난 10년 동안 그 비율은 35대 1로 늘어났다. 이렇게 된 것은 자본가들의 이윤 욕심이 적어졌기 때문이 아니라, 자본가들이 자기들이 만들어 낸 사기에 자기들이 매료된 나머지 이윤이 마술적으로 오를 거라고 생각하기 때문이다. 이런 미망이 실현되지 않을 때 주식시장은, 그리고 십중팔구 경제 전체는 비참하게 붕괴할 것이다.

새뮤얼 브리턴은 〈파이낸셜 타임스〉에서 "거시경제적 시한폭탄이 재각이고 있다"고 쓰고 있다. 윈 고들리와 빌 마틴은 "정책 입안자들을 쉽사리 압도"할 수 있는 "충격"을 경고하고 있다. 국제결제은행은 "세계가 미국의 성장 지속에 의존하고 있는 데서 근심할 이유를 발견하고 있다. … 달러와 월 스트리트 모두 급격한 추락에 취약하다." IMF조차 의구심을 갖고 있다. IMF는 "시장의 거품에 관한 걱정과 그런 거품이 터질 때 경제에 미칠 잠재적으로 불리한 결과"에 주의를 환기시키고 있다.

대부분의 주류 경제학자들은 미국 경제에 상당한 인플레이션 압력은 나타나지 않고 있기 때문에 이 호황이 불황으로 이어지지는 않을 것이라고 주장하면서 그런 경고를 무시하고 있다. 그들은 선견지명은 말할 것도 없고 기억력조차도 없다. 일단 거품이 존재하면, 인플레이션 말고도 온갖 종류의 것들이 그 거품을 터뜨릴 수 있다. 역사상 가장 유명한 붕괴인 1929년의 붕괴는 오늘날처럼 주가와 부동산 가격은 뛰었는데도 물가가 전반적으로 오르지는 않은 시기 뒤에 찾아왔다. 다음 번의 붕괴가 어떤 식으로 일어날지, 또는 그 붕괴가 세계 경제에 얼마나 큰 충격을 가하게 될지는 아무도 예견할 수 없다. 그러나 분명한 것은 1970년대 중반 이래로 우리가 겪어 온 장기간의 위기가 절대로 끝나지 않았다는 것이다. 세계 최대의 경제[미국]는 1990년대에 그 경쟁자들을 괴롭힌 종류의 문제들을 영원히 피할 수는 없다. 그 문제들은 경제적 결과만이 아닌 막대한 정치적·이데올로기적 결과를 낳게 될 것이다.

위로 흐르는 물방울(The trickle up effect)

● 1990년대 미국의 경제 회복은 오로지 부자들에게만 혜택을 가져다 주었다. 1990년대 말에 소득 분배 상위 20퍼센트 가계의 연평균 소득은 13만 7천5백 달러였다. 이것은 하위 20퍼센트 가계의 연평균 소득보다 10배나 더 많은 것이었다. 이들 가계의 평균 소득은 1만 3천 달러였다.

● 고용이 유연화한 캘리포니아에서는 1999년에 겨우 3분의 1의 노동자만이 단일하고 종신직이고 정규적인 일자리를 갖고 있었고, 겨우 5분의 1 가량의 노동자만이 그런 일자리에 최소 3년을 재직했다.

아메리카 온라인?

● 1973년에서 1998년 사이에 생산성이 46.5퍼센트 상승했다.

● 같은 기간에 평균 임금은 8퍼센트 하락했다.

● 임금이 생산성과 함께 올랐다면 1998년에 평균 임금은 11.9달러가 아닌 17.27달러여야 했다.

— C 콜린즈, C 하트먼, H 스클러, 《분열의 10년》

우리 사회는 왜 이토록 불평등할까?

  우리가 살고 있는 사회가 지독하게 불평등하다는 것은 거의 상식에 가깝다. 많은 사람들은 특히 부의 불평등에 대해 심각한 박탈감을 느끼고 있다. 보수 우파 신문인 〈조선일보〉가 실시한 여론조사에 따르면, 90퍼센트 이상의 사람들이 빈부격차가 커졌다고 생각한다. 또, 77퍼센트의 사람들은 빈부격차가 해결될 수 있을 것인가에 대해 회의적 반응을 보였다.

  실제로 통계청 조사에 따르면, 1979년 이래로 빈부격차가 가장 심화됐다. 또, 1999년 11월에 류정순 씨(상명대 강사)가 발표한 우리나라의 빈곤율은 심각하다 못해 끔찍하다. 1인당 최저 생계비(월 23만 원) 이하로 살아가는 빈곤 인구수가 1천만 명을 넘어 빈곤율이 18퍼센트에 이른다.

  찰스 디킨즈의 《올리버 트위스트》에나 나올 법한 빈민굴이 고층

김인식. 《열린 주장과 대안》 2호, 2000년 5월 1일. https://wspaper.org/article/9.

빌딩들과 나란히 존재한다. 하룻세가 4천~7천 원인 쪽방이 서울에만 5천~6천 개가 넘는다.

그러나, 빈곤의 다른 한편에는 부의 거대한 증가가 있다. 부자들은 주식 투자 등을 통해 전보다 더 많은 부를 축적했다. 지난해에 현대 그룹의 정몽준은 현대 그룹 직원들에게 액면가 5천 원짜리 주식을 5만 2천 원에 양도해 1천9백82억 원을 벌었다. 하루에 5억 4천만 원을 번 셈이다.

부의 불평등 심화는 비단 우리 나라만의 현상은 아니다. 세계적 차원에서도 거대한 부의 불평등이 존재한다.

1998년 유엔 인간개발보고서에 따르면, 세계 최고의 갑부 225명은 지구 인구의 절반 가까운 사람들이 벌어들이는 것보다 더 많은 재산을 갖고 있다. 겨우 225명이 1조 달러가 넘는 재산을 보유하고 있다. 이것은 세계 인구의 가장 가난한 47퍼센트(약 25억 명)의 연간 수입 총액과 맞먹는다. 세계 최고의 갑부들인 빌 게이츠와 월마트의 월튼 일가, 투자가인 워런 버핏은 세계의 극빈국들이 가진 부의 총액보다 더 많은 돈을 갖고 있다.

이토록 어마어마한 부는 상상할 수조차 없는 비참한 가난과 공존한다. 10억 명이 넘는 사람들이 생존에 필요한 가장 기본적인 필수품조차 얻지 못하고 있다. 개발 도상국의 44억 인구 가운데 3분의 2는 하수도 시설 같은 기본 위생 설비조차 갖추고 있지 못하다. 3분의 1은 안전한 식수를 공급받지 못하고 있다. 4분의 1은 형편 없는 주택에서 살고 있다. 5분의 1은 영양실조에 걸려 있다. 5분의 1은 의료혜택을 받지 못하고 있다.

UN은 이들에게 기본적인 교육, 보건, 식수 등을 제공하는 데 4백억 달러가 필요하다고 추산했다. 빌 게이츠가 이 돈을 기부하더라도 — 단연코 그럴 일은 없겠지만 — 그는 여전히 세계 최고 갑부의 자리를 유지할 수 있다.

부유한 서방과 가난한 제3세계 간의 빈부격차도 심각하지만, 선진 공업국 내부에도 심각한 부의 불평등이 존재한다. 가장 심각한 나라는 다름아닌 최대 부국 미국이다. 공식적으로 3천만 명이 영양실조에 시달리고 있다. 또, 인구조사국은 미국인 다섯 명 가운데 한 명이 빈곤선 이하의 생활을 하고 있다고 추정했다.

이런 경제적 불평등은 다른 모든 종류의 차별과 억압 — 예컨대, 여성 억압, 인종 차별, 민족 억압 등 — 의 근원이기도 하다. 그렇다면 우리가 살고 있는 세계는 왜 이토록 불평등하고 불합리할까?

불평등은 어디에서 비롯할까?

가난과 기아에 대한 흔한 설명(특히 제3세계에 대한)은 지도자들의 실정이나 자연 재앙 때문이라는 것이다. 그러니, 우리가 할 수 있는 최상의 일은 자선 기금을 내거나 구호 활동을 돕는 것이라는 것이다.

그러나, '천재'가 기아의 근본 원인은 아니다. 예컨대, 1980년대 초에 31개의 아프리카 나라들이 심각한 가뭄을 겪었지만, 5개 나라만이 기근을 경험했다.

식량 부족이 근본 문제인 것도 아니다. 높은 수준의 곡물 가격을 유지하기 위해 대략 2억 4천만 톤의 곡물이 전 세계의 창고에 쌓여 있다. 이 정도면 지구상의 모든 사람들에게 하루 3천6백 칼로리를 공급할 수 있다. 이것은 선진 공업국 국민인 영국인의 1일 평균 섭취량보다 4백 칼로리가 높은 것이다.

가난과 기아의 진정한 원인은 다른 곳에 있다. 20세기 말의 '빈곤의 세계화'는 세계 역사상 전례가 없는 것이다. 현재의 빈곤은 인적·물적 자원의 '부족'에서 비롯된 것이 아니다. 오히려 실업과 전 세계적인 노동비용 최소화를 기반으로 한 범세계적인 과잉생산 체제의 결과다.

오늘날 우리가 살고 있는 사회는 자본주의다. 자본주의는 이제 전세계적으로 가장 유력한 경제 체제다. 자본주의는 과거 사회와 비교해 볼 때, 비할 데 없는 재화와 부를 만들어냈다. 불과 몇 백 년 전만하더라도 상상할 수조차 없었던 일들이 오늘날에는 지극히 자연스럽고 당연한 걸로 여겨질 정도로 생산력의 거대한 발전이 이뤄졌다.

그러나, 동시에, 우리가 살고 있는 세계는 심각한 문제를 안고 있다. 우리 사회가 상품을 만드는 과정은 자원 낭비와 비효율적 생산을 동시에 수반한다. 잘 알고 있듯이, 기업들은 이윤을 위해 끊임 없이 다른 기업들과 경쟁을 해야 한다. 그래서 원료를 낭비하고 노동자들로 하여금 광고 같은 비생산적 활동에 종사하도록 강요하는 경쟁에 몰두한다.

예를 들어 보자. 전 세계에는 자동차를 갖고 싶어하는 수백만의 사람들이 있다. 하지만 자동차 회사 사장들은 모든 사람들이 차를 한 대씩 소유할 수 있도록 생산하기보다는 최대 이윤을 위해 자동차를 생산한다. 그 때문에 자동차 회사들은 끊임 없이 신차를 도입하게 되고 더 많은 돈을 벌기 위해 불과 몇 년이 지나지 않아 기존 차종의 생산을 감축 또는 중단한다.

제조업이 아닌 보험 회사나 증권거래소에도 엄청난 돈과 노력이 몰려간다. 그런데, 이것들은 사람들이 필요로 하는 어떤 것도 만들어 내지 않는다. 오로지 이미 돈을 갖고 있는 사람들을 위해 더 많은 돈을 만들어 낼 뿐이다.

더 많은 이윤을 향한 끊임 없는 몰이는 자본이 유용한 물건을 만드는 데 투자될지 말지를 순전히 운에 맡기게 만든다. 또는 완전히 쓸모 없는 이윤 행위를 추구하도록 만든다. 일례로, 1970년대 초에 일시적으로 호황을 맞이한 서구 나라들에서는 사무실용 고층 빌딩들이 우후죽순처럼 건축됐다. 그러나 몇 년 뒤 경제 상황이 악화되면서 사무실에 대한 수요가 급격하게 줄어들자, 대부분의 사무실들은 텅텅 비게 됐다.

자본주의의 무계획성과 비효율성이 가장 노골적으로 드러나는 시기는 경제 위기 때다. 공장들은 쓸모 없게 되고, 사무실들은 텅텅 비며, 사람들은 실업 수당을 받거나 심지어 노숙자 처지로 내몰리게 된다.

한편, 우리 사회의 부 가운데 어마어마한 돈이 군비에 투자된다. 무기는 모든 자원 가운데 가장 낭비적인 요소다. 무기는 인류에게 전혀 유용한 것이 아니며 오히려 인간을 살상하는 데 이용될 뿐이다.

1980년에 전 세계적으로 무기를 생산하는 데 5조 달러가 들어갔다. 즉, 1분에 1백만 달러(10억 원)가 무기 생산에 투자된 셈이다. 자국의 영향력을 유지하기 위해, 모든 나라들은 거대한 자원들을 엉뚱한 데 사용한 것이다.

또, 지난해 나토의 세르비아 폭격 때 사용됐던 미국의 B-2 스텔스 전폭기는 한 대에 22억 달러(2조 6천억 원)다. 스텔스 전폭기 열 대 가격이면 전 세계의 굶주리는 사람들 거의 모두에게 1년 동안 기본적인 의료와 필요한 식료품을 공급할 수 있다. 다섯 대 가격이면 전 세계의 모든 아동들에게 초등교육을 시행할 수 있다. 크루즈 미사일 한 대 가격은 1백만 달러다. 이 돈이면 제3세계의 빈농 50만 명이 1년 동안 먹을 식량을 재배하는 데 필요한 씨앗과 농기구를 제공할 수 있다.

불평등을 어떻게 해결할 수 있을까?

자본주의는 무계획적이고 혼돈에 찬 세계다. 이 체제는 평범한 대다수 사람들의 통제 밖에 있고 오직 생산수단을 지배하는 극소수의 이익에 봉사한다.

자본주의 하의 낭비는 비효율적이며 완전히 쓸모 없는 물건들을 만드는 데서 비롯한다. 그리고 자본주의 사회에서는 이런 낭비가 불가피하다. 제조업에서의 이윤 극대화는 조만간 구닥다리가 될 싸구려 상품들을 만든다는 것을 뜻한다. 세상에 대한 거대한 통제력을 유지한다는 것은 군사비에 어마어마한 투자를 한다는 것을 뜻한다.

대부분의 나라들에서 국방비가 국가 예산 가운데 가장 커다란 비중을 차지한다. 물론 가끔은 교육과 보건 의료 부문에 투자되기도 하고, 그 결과 사람들의 삶이 조금은 개선될지도 모른다. 하지만 사회의 우선 순위가 명백히 대중의 삶을 개선하고 복지를 늘리는 것에 있다면, 훨씬 더 빠르게 상황을 개선할 수도 있을 것이다.

하지만 이것은 지속적인 투쟁 없이는 이뤄질 수 없다. 왜냐하면, 정부와 사장들은 자신의 이익을 기꺼이 희생하면서까지 평범한 사람들의 삶을 개선하려 하지 않기 때문이다. 더 많은 이윤 획득이 지상 목표인 정부와 사장들은 양보하는 것이 양보하지 않는 것보다 덜 손해라고 생각할 때 비로소 양보한다.

우리 사회가 불평등하다는 것만큼이나 지속적인 투쟁만이 부의 불평등을 완화할 수 있다는 것 또한 점차 상식이 돼 가고 있다. 그래서 자본주의가 낳은 부의 불평등에 대한 반감과 분노가 세계적 차원에서 — 특히 선진 공업국들 내에서 — 자라나고 있다.

지난해 12월 미국의 시애틀에서는 WTO 각료회의에 반대하는 거대한 시위가 있었다. 지난 4월에는 국제통화기금(IMF)과 세계은행(IBRD)의 워싱턴 연례회의에 반대하는 시위가 벌어졌다. 시위대들은 두 금융기관이 세계화의 첨병 역할을 하면서 빈국들의 기아와 빈곤, 환경 파괴 등을 심화시켰다고 비판했다.

우리 나라에서도 민주노총을 중심으로 부의 불평등 심화에 반대하는 캠페인이 벌어지고 있다. 노동시간 단축과 사회복지예산 확충은 고용안정과 부의 불평등 완화에 기여할 수 있다.

부의 불평등에 대해 반대한다면, 민주노총 노동자들의 투쟁에 동참할 필요가 있다. 작업장에서의 변화와 개선은 사회 전체의 변화와 개선에 도움이 될 것이기 때문이다.

왜 많은 사람들이 굶어 죽는가?

기아는 우리가 살고 있는 체제의 야만성을 가장 잘 보여 준다.

전 세계에서 해마다 1800만~2천만 명이 굶어 죽는다. 기아에 허덕이는 인구는 8억에 이른다. 아시아, 라틴아메리카, 아프리카에서는 흉작이 들지 않아도 5억이 넘는 사람들이 '절대적 빈곤'에 놓여 있다. 아프리카의 인구 5억 3천만 명 가운데 1억 명이 건강을 유지하는 데 필요한 만큼의 음식을 먹지 못한다.

체제의 옹호자들은 "인류의 오랜 꿈을 실현한 자본주의 발전의 경이로움"을 칭송하지만, 바로 그 순간에 몇 천만의 사람들이 굶어 죽고 있다. 얼굴에 달라 붙은 파리를 쫓을 기력도 없이 누워 있는 앙상한 뼈만 남은 어린 아이들, 그리고 아이들에게 먹을 것을 줄 수 없는 부모들의 비참한 광경이 인류의 오랜 꿈이란 말인가?

굶주림은 세계 몇몇 지역의 특수한 문제는 아니다. 미국에서조차 3천만 명이 영양실조로 고통받고 있다. 남한에도 한 달에 고작 16만 원으로 생계를 꾸려 나가야 하는 사람들이 약 2백만 명이나 된다.

그런데 오늘날 기아가 해결될 기미는 보이지 않는다. 오히려 세계에서 절대 빈곤층은 올해 13억 명에서 20세기말에는 15억 명으로 늘어날 것으로 예측되고 있다.

식량이 부족한가?

흔히 사람들은 식량이 모자라서 기아가 발생한다고 말한다. 하지만 몇몇 통계만 인용하더라도 이것이 거짓말임을 금방 들통낼 수 있다.

지난 30년 동안 세계 식량 생산은 인구보다 매년 평균 16% 많이 증가했다. 모든 성인 남녀와 어린이들에게 하루에 3600칼로리를 제공할 수 있을 만큼 충분한 곡물이 자란다.(활동적인 성인은 하루에 2700칼로리가 필요하다.)

지금은 주기적 흉작과 기근에 시달렸던 17세기가 아니다. 더욱이 기술의 발전 덕택에 적은 노동력으로 많은 식량을 생산할 수 있게 되었다.

미국의 전체 인구 가운데 겨우 4%만이 280만 개의 농장에서 일한다. 전체 농장 가운데 단지 4%의 농장에서 생산되는 식량만으로도 모든 미국인에게 필요한 식량과 수백만 톤에 이르는 수출용 식량의 50%가 충당된다.

이러한 사실을 못 본 척할 때만 식량이 충분하지 않다는 주장을 할 수 있다.

1960년대에 미국은 식량 생산력이 거대하게 발전하여 세계시장에서도 다 처분할 수 없는 막대한 잉여농산물을 쌓아두고 있었다. 그러자 미국 정부는 2천만 헥타아르에 이르는 농지를 놀렸고, 1973년 봄까지 농민에게 생산조정보상금을 지불했다. 이 때 미국의 농업생산력은 극히 일부밖에 가동되지 않았다.

1970년대의 끔찍한 기근의 원인으로 꼽히는 1972년 '대흉작' 때조차 수확량은 그 때까지 최고였던 1971년보다 겨우 1%가 감소했을 뿐이었다. 1970년대 기근의 진정한 원인은 세계 4대 곡물생산국이 1960년대 '과잉생산'의 위기에서 벗어나고자 1968~1970년 사이에 경작지의 3분의 1을 놀린 결과였다.

유엔식량농업기구(FAO) 사무국장은 1974년에 열린 세계식량회의에서 인도, 파키스탄, 방글라데시, 탄자니아 및 사하라 사막 주변 국가들의 '최악의 사태'를 막으려면 8백만~1200만 톤의 밀이 필요하다고 말했다. 그런데 이것은 세계총수확량의 채 1%도 안 되는 양이었다.

기아에 시달리는 나라들이 자기 국민들에게 필요한 만큼의 식량을 생산하지 못하는 것도 아니다. 인도는 국내 식량 생산의 6%만을 재분배해도 굶주리는 사람들에게 충분한 음식을 제공할 수 있다. 아프리카는 탄자니아 식량 공급의 8%와 세네갈, 수단 두 나라의 식량 공급의 2.5%만으로도 대륙 전체의 기아를 없앨 수 있다.

미국의 한 경제학 교수는 "과거 50년 동안 미국의 농업에서 '정책'이라고 할 수 있는 것이 있었다면, 그것은 농산물 가격의 하락을 방지하기 위해 농업 생산성을 낮추려고 한 것뿐이었다."고 말했다.

식량 가격을 높은 수준으로 유지하는 가장 좋은 방법은 식량을 생산하지 않는 것이다. 이것은 미국과 캐나다 등의 주요 식량생산국이 즐겨 써먹는 수법이다.

1972년에 미국은 전체 농지의 15%에 달하는 6천만 에이커를 놀리기 위하여 농민에게 보조금을 지불했다. 1975년 10월 〈가디언〉 지는 미국 정부의 비밀조사를 인용하면서 "만약 미국, 아르헨티나, 캐나다, 오스트레일리아가 경작 면적을 줄이지 않고 종래의 생산수준을 유지하였다면 1969년부터 1972년에 걸쳐서 합계 9천만 톤 이상의 밀을 여분으로 생산했을 것이다." 하고 폭로했다.

유럽경제공동체는 초과 이윤을 얻기 위해 농산물의 3분의 1을 버리고 있다. 1980년대에 영국 농부들은 2천 톤 가량의 식량을 파괴하는 대가로 돈을 받았다. 그런데도 식량 재고는 증가했다.

1979년에는 밀의 재고가 1백만 톤이었는데 2년 후에는 470만 톤으로 증가했다. 버터 재고는 25만 톤에서 120만 톤으로 증가했고, 쇠고기는 25만 4천 톤에서 510만 4천 톤으로 늘어났다.

기아가 계속 늘어나는 것과 함께 식량 재고도 늘고 있었던 것이다. 그리고 기아에 허덕이는 사람들이 더 많아지는 동안 은행가들, 경영가들, 식량 판매 소유주들, 그리고 비료와 농업 설비 공급자들의 배는 점점 불뚝해졌다.

먹을 입이 너무 많은가?

"인구는 기하급수적으로 늘어나는 데 비해 식량은 산술급수적으로 늘어난다."는 토머스 멜서스의 주장은 오늘날 가장 널리 퍼진 신화 가운데 하나이다.

그의 주장은 당시에 산업자본주의가 낳은 끔찍한 조건을 정당화하는 데 널리 이용되었다. 오늘날에도 이런 주장들이 좀 더 세련된 형태로 제기되고 있다.

서방 정부는 기아를 제3세계의 많은 인구 탓으로 돌리곤 한다. 서구의 녹색운동은 대가족을 막기 위해, 두 번째 자녀에 대한 혜택을 폐지하자고 주장했다. 제3세계 정부들은 강제로 출산을 통제하고 있다.

하지만 몇 가지 수치만 살펴보아도 기아의 원인을 많은 인구 탓으로 돌리는 주장이 얼마나 터무니없는지 금새 드러난다.

끔찍한 기근에 시달리는 대표적인 나라인 에티오피아는 1평방킬로미터(㎢)당 39명이 산다. 이에 비해 남한은 1평방킬로미터(㎢)당 424명이 산다. 이탈리아는 1평방킬로미터(㎢)당 191명, 네덜란드는 361명, 영국은 234명이 산다.

대다수 제3세계 나라들은 인구밀도가 비교적 낮다. 예컨대 차드, 콩코, 수단, 소말리아, 파라과이, 볼리비아 같은 나라들은 모두 인구밀도가 1평방킬로미터(㎢)당 10명도 채 안 된다. 그런데도 절망적인 빈곤에 허덕인다.

강제적인 인구 통제 정책을 실시하기로 유명한 인도와 중국도 마찬가지다. 두 나라 모두 남한보다 인구밀도가 낮다. 인도는 1평방킬로미터(㎢)당 242명이고, 중국은 115명이다.

인구밀도와 농업용 토지 사이의 관계를 살펴보면, 이 주장의 허구성이 더욱 분명하게 드러난다.

네덜란드에는 단지 1인당 0.06헥타아르(ha)만 경작되고 있는데 반해, 볼리비아와 인도에서는 각각 1인당 0.63과 0.3헥타아르(ha)가 경작되고 있다. 그런데 인도에서는 많은 사람들이 굶주림의 고통을 겪고 있고, 네덜란드는 순식량수출국이다.

인구가 가장 많은 대륙인 아시아를 보더라도, 인구당 경작지 비율이 낮은 나라와 기아 사이에 아무런 관련이 없음을 알 수 있다.

중국은 1인당 0.13헥타아르(ha), 남한은 0.07헥타아르(ha), 태국은 0.06헥타아르(ha)인데 반해, 영양실조가 만연한 다른 아시아 국가들 가운데 하나인 파키스탄은 0.4헥타아르(ha), 방글라데시는 0.16헥타아르(ha), 인도네시아는 0.15헥타아르(ha)이다.

20년 전에 인구가 5억일 때 중국은 거의 매년 기아를 경험했다. 그런데 인구가 11억으로 늘어난 오늘날 예전과 같은 대기근은 사라졌다. 인구 규모는 기아와 빈곤을 설명하는 데 아무런 도움이 되지 않는다.

맬서스의 후예들이 외치는 공포스런 경고에도 불구하고, 전 세계 농경지의 44%에서 생산되는 식량만으로도 지금 인구의 10~12배를 충분히 먹여 살릴 수 있다. 게다가 삼림 벌채와 같은 심각한 환경훼손만 없다면 지금 생산량의 50%를 증산할 수도 있다.

'자연적' 재난들이 문제인가?

기아를 가뭄이나 홍수, 또는 돌림병 같은 '자연적' 재난 탓으로 돌리는 주장도 있다. 미국 서부에서는 가뭄이 주기적으로 일어나는데, 그 때문에 기근이 발생했다는 얘기는 들어 보지 못했다. 그러나 아프리카 사헬 지역에서 가뭄은 가장 처참한 결과를 낳는다.

스웨덴 적십자사가 조사한 바에 따르면, 해마다 자연적 재난으로 죽는 사람들의 수가 1960년과 1970년대 사이에 6배나 증가했다. 이것은 인구나 재난보다 훨씬 더 큰 증가다.

1975년 〈내셔널 지오그래픽〉(National Geographic)은 가뭄 때 사헬에서 햇볕에 탄 저지대 목초지 한가운데 싱싱한 풀이 무성한 육각형의 섬이 형성되어 있는 것을 위성사진과 함께 보도했다. 이 육각형의 섬은 부유한 지주와 외국 농업회사가 소유한 25만 에이커의 근대적 대목장이었다.

그 농장들은 근대적 농경시설들 — 관개, 살충제 등 — 이 잘 갖춰져 있어서 비가 적게 오는 '자연적' 재난이 큰 문제가 되지 않았다.

'자연적 재난'이 기아의 원인이 아님을 보여 주는 또 다른 예는 1974년 대홍수 이후의 방글라데시에서 찾을 수 있다. 대홍수로 식량은 큰 피해를 입었지만, 여전히 4백만 톤의 쌀이 남았다. 하지만 대홍수의 피해를 입은 대다수 사람들은 쌀을 살 수가 없었다.

유엔(UN) 구제사무국의 말로는, 4백만 톤의 쌀은 2배의 값을 받을 수 있는 인도로 밀수출되었다. 순식간에 물가가 치솟아 쌀을 포함한 식료품 가격이 2배에서 5배까지 뛰어 올랐다. 방글라데시의 부자들은 굶주린 빈농이 최후의 수단으로 내놓은 농지를 터무니없는 헐 값에 사들이려고 등기사무소 앞에서 밤새 장사진을 쳤다.

베르톨트 브레히트가 "기근은 자연현상이 아니라, 곡물상인의 조작이다." 하고 말했듯이, '자연적 재난'이 아니라 가난한 사람들과 부자들의 관계가 문제이다.

지독한 가뭄은 사헬 주민들에게 전혀 새로운 일이 아니다. 하지만 오늘날과 같은 대기근은 확실히 새로운 현상이다. 이러한 '인재'(人災)는 유럽 자본주의의 팽창과 식민주의에서 비롯했다.

전통적으로 사헬은 40년 동안 곡물을 창고에 저장했고, 3년 동안 저장된 것만 먹었다. 그들은 이렇게 식량을 비축하여 기후 변동에 대비할 수 있었다.

그러나 식민지 착취와 세금 부과로 인해 변화가 생겼다. 세금을 강요한 결과 환금작물 재배가 늘어났다. 환금작물 농지가 늘어난 결과 생존에 필요한 곡물을 경작할 수 있는 토지는 더욱 줄어들었다. 그리하여 가뭄이 닥치면, 많은 사람들이 굶주리게 되었다.

기아와 굶주림은 불리한 자연 환경의 결과가 아니라 불합리한 사회 환경의 결과이다. 인류는 이제 더 이상 자연의 힘에 종속되어 있는 게 아니라, 다른 인간들에게 종속되어 있다.

식민지

16세기 이전에 '제3세계' 빈곤과 같은 일은 없었다. 굶주림으로 죽는 것은 아프리카, 아시아 그리고 라틴 아메리카에서만큼 유럽에서도 광범했다. 제3세계가 만약 열강의 침략을 받지 않았다면 당시 유럽보다 훨씬 더 부유했을 것이다.

유럽인들은 제3세계 나라들을 여행하면서 그들의 부유함에 경탄했다. 1770년대에 에티오피아를 여행한 한 스코틀랜드 귀족은 에티오피아 왕실이 아주 강력하고 화려하며, 왕의 보병은 3만이나 되고 기병대는 쇠비늘 갑옷을 입고 있었다고 기록했다.

'구제국'의 '영광'은 유럽 자본주의의 시작과 함께 파괴됐다. 유럽 열강들은 15세기부터 4세기 동안 라틴 아메리카에서 시작해 서인도, 아프리카, 인도 그리고 중국까지 체계적으로 약탈했다.

이 대륙들은 단지 유럽 국가들의 금·은광이 되는 것으로 그치지 않았다. 자본주의가 점점 확립됨에 따라 더욱 복잡한 세금을 내고 무역 협정을 맺게 되었고 토착 수공업이 파괴되었다.

노동자들은 국제 경쟁을 위한 고된 노동으로 '대량 학살'되었다. 동인도 회사의 한 총통은 1835년에 "직조공들의 뼈가 인도의 평야를 하얗게 물들이고 있다."고 썼다.

이윤의 또 다른 원천은 노예였다. 2세기에 걸쳐 아프리카는 마르크스의 말대로 "흑인 사냥터"로 전락했다. 미국에 살아서 도착한 흑인의 수는 약 1천만에서 1억 명에 이르고, 도중에 20% 이상이 사망한 것으로 추정되었다.

노예 사냥꾼들이 가장 건강하고 젊은 사람들을 붙잡아 갔기 때문에 아프리카의 생산의 토대와 능력이 뒤흔들렸다.

식민 질서의 종말이 곧장 식민지 국가들에게 독립을 가져다 주지는 않았다. 서방은 옛 식민지 나라에 대한 통제의 고삐를 늦추지 않았다.

서방은 대부를 통해 제3세계를 통제했다. 예를 들어, 자메이카는 오늘날 수입의 절반 이상을 빚을 갚는 데 쓰고 있다. 자이르는 빚이 무려 86억 달러인데, 독립 이후 임금이 90%나 하락하여 인구의 80%가 절대 빈곤에 놓이게 되었다.

제3세계 나라들은 서방에게 진 빚을 갚기 위해 국민생산의 많은 부분을 원료 채취나 환금작물 생산에 투자할 수밖에 없다.

브라질의 한 시사 해설자는 "브라질 북동쪽에는 마사프라는 거대한 땅이 있는데, 전 세계에서 가장 비옥한 지역 가운데 하나이다. 1억 명을 먹이는 일본의 경작지보다 9배나 크다. 하지만 이 땅에서 우리가 얻는 것이라고는 고작 사탕수수와 몇 가지 기본적인 생산품뿐인데, 그 지역 주민 2300만 명의 필요량에도 훨씬 못 미친다."

1973년에 에티오피아에 닥친 기근은 유목민들의 전통적인 방목지에서 환금작물을 재배한 데에서 비롯했다. 어디에서도 그들의 가축들을 먹일 수 없었고, 가뭄이 닥치자 가축들이 죽어갔다. 이 때 연이은 기근으로 무려 10만 명 이상이 죽었다.

또한 농산물의 세계시장 가격 변동은 공산품보다 훨씬 더 크다. 1950년대 후반에 코코아 가격은 한 해에 톤당 1천 달러에서 다음해는 4백 달러로, 그 다음해에는 1천 달러, 그리고 다시 6백 달러 미만으로 떨어졌다.

돈을 벌어들일 것이라곤 코코아 재배밖에 없는 나라의 사람들은 수년 동안 전망있는 계획을 전혀 세울 수 없었다.

제국주의 질서를 유지하기 위한 원조

잠비아는 대외 소득의 97%를 구리에 의존한다. 그런데 1974년에 구리 가격이 거의 70%나 하락하자 1975년부터는 이전 수입의 55%로 살아야 했다.

반면, 서방이 생산한 제조품들은 항상 가격이 올랐다. 많은 무역

협정들은 제3세계 정부들에게 가격 부풀림이 가장 심한 서구의 설비를 사도록 강요했다.

따라서 이들 나라는 대부와 떨어진 생산가격을 원조로 메울 수밖에 없다. 그러나 원조는 형편없이 적었다.

서방의 원조기구들은 철저하게 자신들의 정치적·경제적·전략적 이해에 따라 움직인다.

1985년 미국 국무장관 조지 슐츠는, "대외지원계획은 우리의 외국 정책 목표를 이루는 데서 아주 중요하다."고 말했다.

미국의 대외원조는 국내 산출량의 0.2%에 지나지 않는다. 전체 서방원조는 선진국 산출량의 0.3%다. 반면 전 세계에서 무기에 지출되는 비용은 한 해에 무려 8천억 달러가 넘는다.

미국이 1981~1985년에 각국에 지원한 원조액만 보아도 '원조'가 인도주의와 얼마나 거리가 먼지를 금방 알 수 있다. 1위인 이집트에게 54억 4110만 달러, 2위인 이스라엘에게 52억 1500만 달러, 3위인 엘살바도르에게 12억 8610만 달러, 4위인 파키스탄에게 11억 5307만 달러, 5위인 터키에게 11억 350만 달러가 지원되었다.

이 기간 동안 이집트와 이스라엘은 미국 원조의 3분의 1을 받았다. 이스라엘은 한 명당 286달러를 받았다.

반면 10대 빈국들은 1975년에 미국의 총원조액의 5% 미만을 받았다. 사하라 이남 아프리카 48개국이 한 명당 1년에 고작 3달러를 받는 동안, 중미에 있는 미국의 동맹국 — 온두라스, 엘살바도르, 코스타리카 — 들은 한 명당 69달러를 받았다.

그나마 미국의 외국 원조에서 단지 14%만이 식량 형태다. 긴급 구조용도 10%에 불과하다. 게다가 미국의 식량 원조 가운데 절반 이상이 무상이 아니다. 미국은 왕실이나 부패한 정부에게 식량을 외상으로 팔고, 원조를 받은 정부는 다시 그것을 다른 사람들에게 판다. 예를 들어 인도네시아는 식량 원조로 한 해 4500만 달러를 받는데, 그 가운데 90%를 다시 판다.

세계 '원조'의 4분의 3이 각종 대부와 무역협정에 묶여 있다. 그러한 '원조'는 기부한 나라의 제조업을 위한 일종의 보조금과 같은 역할을 한다. 1981년에 영국은 유니세프(UNICEF)에 1180만 달러를 주었다. 다음해 유니세프(UNICEF)는 1170만 달러어치의 영국 상품을 주문했다.

수잔 조지는 《세계 식량위기의 구조》에서 "식량원조가 일 인당 소득의 10%만 되어도 대략 미국 농산품을 21%나 더 팔아먹는 효과를 낳는다."고 썼다.

그나마 이런 원조조차 서방의 심기를 건드릴 경우 여지없이 삭감된다.

1983년 짐바브웨는 유엔에서 미국을 지지하지 않았다는 이유로 원조액이 절반으로 깎였다. 1970년대에 아옌데 민중전선 정부의 칠레나 산디니스타 민간 정부가 통치하던 니카라과는 식량 원조를 한 푼도 받지 못했을 뿐 아니라, 경제 봉쇄까지 당했다.

서방의 원조는 가난한 사람들을 먹이는 데 거의 이용되지 않는다. 원조의 3분의 2가 군대를 증강하기 위한 예산을 지원하는 데 쓰인다.

레이건 정부의 군사 원조는 전체 원조에서 가장 큰 비중을 차지했다. 1985년에 군사 원조는 22%에서 37%까지 증가했다. 미국은 제 2차세계대전 이후 제3세계에 470억 달러어치의 군사 장비를 공급했다.

〈네이션〉(Nation) 지에 따르면, 1970년대 방글라데시에 보낸 식량 원조 가운데 3분의 1이 군대, 경찰 그리고 관공서에 돌아갔다. 다른 3분의 1은 정치적으로 민감한 지역에 사는 중간계급의 배급 카드로 보내졌다. 나머지 3분의 1이 시골의 가난한 사람들에게 지정되었지만 실제로는 모두 암시장으로 흘러 들어갔다.

기술 원조도 이윤을 얻기 위한 것이었지 받는 사람들을 위한 것이 아니었다. 이십 년 전 찬양받았던 '녹색 혁명'도 비료 회사들의 은행 수지 균형을 위한 '혁명'이었을 뿐이다.

사회주의적 해결책

기아는 더 이상 우리가 통제할 수 없는 '자연 현상'이 아니다. 언론이 기아 문제를 보도하면서 내비치는 비관적이고 우울한 전망은, 자본주의에 대한 도전 대신 체념과 절망을 강요한다. 지배자들과 언론은 기껏해야 대다수 평범한 사람들 — 기아에 허덕이는 수많은 사람들의 고통에 진정으로 가슴 아파하는 — 의 동정심을 자선 냄비로 끌어내는 얄팍한 술수를 부릴 따름이다.

진정한 문제는 대다수 사람들의 필요가 아니라 이윤을 위해 식량 생산과 가격을 통제하는 자본주의 체제이다. 오늘날 단지 2.5%의 토지 소유자들이 세계 토지의 4분의 3을 소유하고 있고, 0.2%가 절반이 넘는 땅을 통제하고 있다. 또한 전 세계 전체 식량 생산의 55% 이상을 네 회사가 통제한다.

아일랜드에서는 1845년 대기근 때 영국으로 식량을 수출하는 것을 저지하는 폭동이 항구도시에서 일어났다. 1985년에는 자메이카에서 등유가격이 인상되자 폭동이 발생했다. 노동자 대중은 "자본주의는 미쳤다!"고 소리치며 바리케이드 위에서 저항의 춤을 추었다.

제3세계의 비참함은 세계자본주의 질서 때문이다. 기아를 끝장내려면 반드시 체제를 파괴해야 한다.

1917년에 러시아 노동자들은 굶주림과 전쟁에 반대하여 혁명을 일으켰다. 1917년 러시아 혁명으로 생겨난 노동자평의회는 이윤 대신 필요에 따라 식량을 분배하고 자원을 배분했다. 노동자들은 공장을 점거하고 농민들은 지주의 땅을 빼앗았다.

당시에 러시아 노동자들은 전체 인구의 7%에 지나지 않았다. 하지만 오늘날 노동자들의 사회적 비중은 훨씬 더 커졌다.

제3세계에서 가장 후진적인 소말리아나 에티오피아에조차 1917년 러시아보다 훨씬 더 많은 노동자들이 있다. 전체 인구 가운데 노동자 비율은 소말리아가 35%, 자이레가 38%, 앙골라 27%, 리비아 68%, 나이지리아 34%, 인도네시아 27%, 에티오피아 12%, 볼리비아 50%, 필리핀 41%이다.

남한에만 마르크스가 살던 시대의 전 세계 노동자보다 훨씬 많은 노동자들이 있다.

우리에게 필요한 것은 동정심이나 자비가 아니다. 식량 문제는 종종 위대한 사회 혁명의 도화선이 되곤 했다. 1917년 러시아 혁명이나 1919년 독일 혁명이 그랬고, 최근에 1986년 필리핀 혁명도 그랬다. 사회주의는 가능할 뿐 아니라 반드시 쟁취해야 할 우리의 미래다.

저들이 민영화를 추진하는 이유

1980년대 이후 전 세계에서 거의 모든 정부가 민영화를 추진해 왔다. 미국의 레이건 정부와 영국의 대처 정부는 이를 이끈 대표 사례일 뿐이다.

민영화는 1970년대 이후 침체에 빠진 세계경제에 새로운 활력을 불어넣을 조처로 여겨졌다. 경제 위기에서 벗어나고자 하는 전 세계의 거의 모든 정부한테 민영화는 거스를 수 없는 대세였다.

그러나 전 세계적인 민영화 조처에도 경제 위기는 사라지지 않았다. 부분적이고 일시적인 경기 회복이 있기는 했지만, 세계 자본주의는 여전히 1970년대 이전 수준의 이윤율을 회복하지 못하고 있다.

무엇보다 오늘날 세계경제는 1930년대 대공황 이후 최대 규모의 경제 위기를 겪고 있다. 이 경제 위기가 언제 끝날지는 아무도 모른다.

〈레프트21〉 98호, 2013년 2월 16일. https://wspaper.org/article/12510.

따라서 이런 물음이 제기되는 것은 당연하다. 수십 년 동안 민영화가 체제 전체에 진정으로 끼친 영향은 무엇이었는가? 도대체 저들은 왜 여전히 민영화를 추진하려 하는가?

이 물음에 답을 얻으려면 좀 더 장기적인 관점에서 체제 전체를 봐야 한다.

1930년대 대공황 시기부터 '장기 호황' 시기(제2차세계대전에서 1970년대 초까지)에 이르기까지 약 50년 동안, 대세는 민영화가 아니라 국유화였다. 히틀러뿐 아니라 유럽 대부분의 나라에서 국가가 주요 산업을 국유화했다.

각국 정부들은 1930년대 대공황을 겪으면서 두 가지 중요한 교훈을 얻었다.

그중 하나는 거대 자본들이 치열하게 경쟁하는 세계 시장에서 국민국가의 뒷받침이 매우 중요하다는 것이었다. 다른 하나는 지배계급이 낱낱의 사적 소유주로서 착취하기보다 그들이 장악한 국가를 이용해 집단으로 착취할 때 훨씬 효과적이었다는 것이다.

주요 산업을 국유화하는 흐름은 1970년대까지 계속됐는데, 구소련과 동유럽 같은 나라들뿐 아니라 동아시아에서 서방 자본주의의 보루 구실을 한 한국과 대만에서도 국가가 통신·정유·항만·조선 등 주요 산업을 운영하는 것이 당연하게 여겨졌다.

세계경제가 호황을 누리는 동안 이런 믿음은 현실로 뒷받침되는 것처럼 보였다.

그러나 마르크스가 지적한 것처럼 이윤 추구 드라이브는 자본주의에 연속적인 변화를 낳는다. 한때는 당연시되던 것들이 의문시된다.

1960년대 말에 체제 전체의 이윤율이 추락하면서, 자본가들이 기존 투자에서 거두는 이익이 줄었다. 새로 투자할 곳도 찾을 수가 없었다. 정부는 즉각 기업에 대한 세금을 낮추라는 압력을 받았다. 설상가상으로 경기가 침체하면서 조세 수입 자체가 줄었지만, 실업자가 늘면서 복지 지출은 오히려 늘었다.

그 결과 나라 빚(재정적자)이 늘면 이는 다시 국내 기업의 경쟁력을 갉아먹게 될 것이라는 위기감이 높아졌다.

감세와 복지 삭감, 공공부문 민영화 등으로 이 늪에서 벗어나야한다는 목소리가 커지게 됐다. 오늘날 신자유주의라고 알려진 정책들이 주류로 자리 잡게 된 배경이다.

민영화는 한편에서는 국가 지출을 줄이고 다른 한편에서는 자본에 새로운 투자처를 제공할 수 있는 대안으로 여겨졌다.

신자유주의

오늘날에도 민영화를 추진하는 자들이 가장 큰 명분으로 삼는 것은 비용 절감과 효율 증대다. 그들은 국영 기업이 노동자를 필요 이상으로 고용해 방만하게 운영되고 있다고 비난한다.

그러나 민영화의 효과를 평가한 국내외 연구에서 민영화로 생산성과 효율이 높아졌다는 결과를 얻은 경우는 거의 없다.

오히려 2011년 12월 한국조세연구원이 발표한 '공기업 민영화 성과평가 및 향후과제'를 보면 "실증분석 결과 공적지분율이 높을수록 노동생산성이 큰 것으로 나타났다 … 즉 공적소유권 기관의 경우 노동 투입 대비 효율성이 좋다."

또 민영화를 통해서 수익성을 올린 경우는 정부 통제를 벗어나 가격을 맘대로 올려서인 경우가 많다. 통신사와 석유 등 에너지 기업 민영화가 대표적이다.

1990년대 중반 영국에서 발표된 연구 결과를 보면, 민영화를 위한 매각 준비 단계에서 대규모 정리해고와 임금 삭감을 통해 수익성을 올린 경우도 많다.

그런 효과는 대개 4년을 넘기지 못했다. "11개 기업 중 7개는 경제 전체 성장률보다도 성장률이 낮았다."

결국, 민영화는 경제를 살리지도 못했고 효율을 높이지도 못했다. 일시적이고 부분적인 수익성 향상조차 민영화의 결과가 아니라 노동자들을 해고하고 노동강도를 높여 얻은 것일 뿐이다.

노동자들이 민영화 정책에 맞서기 시작하고 자신을 지킬 방법을 습득하면서 이런 효과는 더욱 반감됐다. 반대로 KT처럼 정부와 사측이 노동조합을 체계적으로 파괴해 노동조건이 크게 후퇴한 경우 다른 민영화 사례보다 더 큰 수익을 거뒀다.

그러나 어떤 경우에도 민영화는 마르크스가 자본주의의 최대 골칫거리라고 지적한 이윤율 저하 경향을 거스르지 못했다.

그렇다면 도대체 왜 정부는 여전히 민영화를 추진하려 하는가.

결론부터 말하자면 자본가들의 '근시안적' 태도 때문이다. 위기가 체제 전체로 확산될수록 자본가들은 장기적 계획보다 즉각적 대응에 매달린다. 개별 자본이나 국가의 관점에서 보면 세계 자본주의 체제의 지속가능성보다는 그 자신이 경쟁에서 살아남는 것이 더 중요하기 때문이다.

경제 위기 이후 재생에너지 사업이 하향세로 접어들고 석유 기업인 엑손모빌이 애플을 제치고 시가총액 1위 자리를 탈환하는 현상이 이를 잘 보여 준다. 체제 전체를 위해서는 자본가들도 기후변화를 멈춰야 한다고 생각하지만 누구도 나서서 십자가를 짊어지려 하지는 않는다.

오늘날 국내외 대자본들은 국유 부문에 돈벌이 기회가 없는지 눈을 돌리고 있다. 이들과 수천 가닥의 연줄로 연결된 국가 관료들과 주류 정치인들은 이들의 요구에 귀를 기울인다. 철도나 전력 기업을 나누고 매각하는 과정에서 노동자들의 힘을 약화시킬 수 있다면 일거양득이다.

장기적으로 재정 적자를 줄일 수 있다면 재벌·부자 감세도 더 늘리거나 오래 유지할 수 있다.

마지막으로 지배계급 전체로 보자면 이데올로기적 필요도 중요하다. 지배자들은 자본주의 체제 자체가 아니라 공공부문을 경제 위기의 원인처럼 보이도록 하려 한다. 이런 속죄양 삼기를 통해 시장과 경쟁이 최선이라는 믿음을 퍼뜨리려 한다.

위에서 언급한 것들은 모두 노동계급에는 재앙이다. 민영화를 막아야 하는 까닭이다.

닥쳐온 민영화, 무엇이 왜 문제인가?

박근혜 당선인께서 대통령으로 당선된 지 이틀 뒤인 12월 21일에 새누리당이 공식 트위터에서 "박 대통령이 당선되었으므로 앞으로 KTX, 철도, 가스, 전기, 한국우주항공공사 등의 민영화가 급속히 추진될 것이라는 내용이 일부 SNS와 언론을 통해서 유포되고 있다. 그러나 이는 명백한 허위 사실이다." 하고 이야기했습니다.

그리고 "박근혜 당선인은 효율성만을 가지고 경쟁 체제를 도입하지 않을 것이며 국민의 합의를 거쳐서 추진할 것이다", 이렇게 얘기했습니다. 이 두 가지는 무엇을 말하는 것일까요?

첫째, 박근혜 당선인이 당선되자마자 국민들이 SNS를 통해 민영

우석균. 〈레프트21〉 98호, 2013년 2월 16일. https://wspaper.org/article/12518. 이 글은 2월 12일 노동자연대다함께와 〈레프트21〉이 공동주최한 토론회에서 우석균 보건의료단체연합 정책실장이 한 발표를 녹취·정리한 것이다. 민영화의 배경, 문제점 등을 구체적으로 풍부하게 설명한 이 글이 민영화 반대 운동 건설에 큰 도움이 될 것이다.

화에 대한 우려를 표명했고 이를 여러 언론에서 다룰 정도로 광범위했다는 것입니다. 그게 새누리당 공식 트위터에 발표될 정도로 널리 퍼져 있었다는 거죠.

둘째, 여기서 또 하나 확실한 사실은 공기업 민영화를 하지 않겠다고 밝힌 것이 아니라는 것입니다. 급속히 추진하지 않겠다고만 얘기했고 국민의 합의가 되면 추진하겠다고 밝힌 것이죠.

그런데 여러분, '국민의 합의'라는 얘기는 굉장히 많이 들어 본 이야기 아닙니까? 이명박 대통령이 4대강 사업을 어떻게 한다고 했죠? "대운하는 포기하겠다, 단 4대강 사업은 국민의 합의를 통해 추진하겠다"고 이야기를 했습니다. 그리고 4대강 사업을 추진했습니다.

당시에 4대강 사업 지지 여론이 가장 많을 때가 이십몇 프로였는데요. 대개 80퍼센트가 반대하는 걸로 나왔습니다. 그럼에도 '국민적 합의'라고 얘기했습니다. 즉 20퍼센트의 지지만 있으면 '국민적 합의'라고 주장할 수 있었다는 건데 박근혜 정부의 국민적 합의의 기준은 과연 몇 퍼센트인가는 잘 모르겠습니다.

다만, '국민적 합의를 기반으로 해서 공기업 민영화를 추진하겠다, 공공부문 민영화를 추진하겠다'는 이야기라면 결국 '언젠가는 추진하겠다, 다만 급속하게 추진하지는 않겠다', 즉 대통령 되자마자 그다음 날로 추진하지는 않겠다는 이야기를 한 거라고 생각합니다.

왜냐하면, 공기업 민영화, 공공부문 민영화, 철도·전기·가스 민영화는 실제로 대선 때도 많은 쟁점이 됐습니다. 특히 공공부문 노조와 보건의료노조, 이 밖에 교육 등의 여러 분야에서 노조와 시민단체들이 이 부분에 대해서 집중적인 질문을 했고, 또 각 대통령 후보들에게 자신의 입장을 밝히라고 요구했습니다.

공공부문 민영화 반대 집회에는 새누리당에서도 왔는데, 문재인 후보는 그나마 재검토하겠다, 원점 재검토하겠다는 입장이라도 밝혔지만 새누리당은 공공부문 민영화에 대해서는 사실상 자기 입장을 밝힌 바가 한 번도 없습니다. 효율적 경쟁 체제 도입이 공식적인 입장이었고, 의료 민영화에 대해서는 전 정부 입장을 존중하겠다고 했죠.

그런데 전 정부라 함은 이명박 정부인데 영리병원 허용 입장을 가지고 있기 때문에 그 입장을 존중하겠다는 것은 영리병원 허용 정책을 밀고 나가겠다는 것이죠.

공기업 민영화에 대해선 '경쟁 체제를 도입하겠다'고 말해 결국 민간 기업을 참여시키거나 민영화를 추진하겠다는 입장을 밝힌 것이죠. 이 때문에 당선 직후에 그런 민영화에 대한, 유언비어 아닌 유언비어가 SNS를 중심으로 돈 것입니다.

공공부문

사람들이 그렇게 우려하는 공공부문 민영화라고 하는 건 과연 무얼 뜻하는 것일까요? 또는 공공 분야라고 하는 것은 무엇을 뜻하는 것일까요?

흔히 공공 분야라고 하면, 전기, 가스, 철도, 이런 이야기들을 많이 합니다. 그런데 사실상 공공 분야라고 했을 때에는, 전기, 가스,

철도만 포함하는 건 아니죠. 또 어떤 게 포함될까요? 오늘 토론회에 앞서 '공공 부문이 어떤 걸 포함하느냐'라는 것에 대해서도 잠깐 토론할 자리가 있었습니다. 은행·공항·항구, 이런 부분에 대해서는 '아, 그건 원래 사기업이 운영하는 거 아니었어?'라고 얘기하시는 분들이 많다고 들었는데 사실 이런 것도 다 공공부문입니다.

즉 일상생활에 꼭 필요한 부분, 누구나 이용해야 하는 부분, 필수재를 생산하는 부분은 모두 공공부문이라고 할 수 있습니다. 모든 사람에게 은행은 필요하죠. 따라서 은행도 공공부문이고, 공항이나 항구, 이런 것도 다 공공부문이고, 실제로 정부가 운영하고 있습니다.

우체국, 당연히 공공부문이죠. 그 외에 모든 사람이 필요로 하는 교육과 의료, 이런 부분도 다 공공부문입니다. 그래서 공공부문은 굉장히 광범합니다.

그런데 통신, 이렇게 가기 시작하면, '이게 공공부문이야, 아니야?' 하고 헷갈리는 분이 많습니다. 왜냐하면, 이미 민영화 한 부분들이 상당히 존재하기 때문입니다.

여러분 한국에서 재벌 되는 법 아십니까? 한국에서 재벌 되는 법을 가장 잘 보여 주는 재벌이 하나 있습니다. 이 재벌의 별명은 '온실 재벌'입니다. S로 시작하고 K로 끝나는데요.(청중 웃음)

SK가 제가 고등학교 때만 해도 사실은 교복 만드는 회사였어요. 그때 엘리트 교복을 만들었습니다. 엘리트 맞죠? 제가 혹시 착각하는 건 아닌가?(청중석에서 "스마트에요"라고 말함.) 스마트입니까? 앗, 죄송합니다.(청중 웃음) 아, 제일모직이 엘리트였네요.

〈장학퀴즈〉가 그때 교복 만들면서 했던 것입니다. 근데 SK가 지금은 한국의 4대 재벌 중 하나가 됐죠? 그때 이름이 선경이었고요. SK가 어떻게 재벌이 됐을까요?

처음에 석유공사를 불하받았습니다. 그래서 한국의 석유·가스·에너지 분야에 SK가 진출할 수 있었습니다.

한국에서 석유가 안 나지 않습니까? 그런데 요즘 SK이노베이션이나 이런 광고를 보면 한국에서 마치 석유를 자신들이 생산하는 것처럼 이야기하죠? 처음 뿌리는 무엇이었을까요? 정부가 석유 사업권을 줬습니다. 그게 없었으면 SK는 지금처럼 성장할 기반 자체가 없었습니다.

두 번째는 뭐였습니까? 이동통신이었습니다. 이동통신 사업자가 지금도 셋이죠. SK, LG, KT, 이 셋 아닙니까? 근데 이동통신 사업을 1992년에 받았습니다. 당시 대통령이었던 노태우와 사돈을 맺으면서 노태우가 사돈 기업에 이동통신권을 줬습니다. 그렇게 해서 이동통신을 받았습니다.

여러분, 누군가가 석유 사업권을 그냥 받게 됐고, 그다음에 이동통신 사업권을 받게 됐어요. 그리고 그건 나만 할 수 있어요, 한국에서. 이렇게 되면 재벌이 안 될 수가 있을까요?(청중 웃음) 어떻게 생각하세요?

한국에서 몇밖에 안 되는 석유 사업권, 그리고 셋 밖에 못하는 이동통신 사업권을 가지면 재벌이 안 될 수가 없습니다.

한국에서는 석유 없이 살 수가 없습니다. 그래서 정부가 관장했었죠.

이동통신 없이도 살 수 있다고 주장하시는 분들이 제가 알기에도 여기에 몇 분 계십니다만,(청중 웃음) 어쨌든 대부분은 이동통신을 사용해야만 합니다. 따라서 이것도 일종의 필수재에 속하고 정부가 관할권을 가지고 있었습니다. 그것을 나눠준 것이 현재 이동통신이죠.

이런 공공재 부분을 사실상 무상으로, 아니면 엄청나게 헐값으로 불하받아서 된 것이 SK입니다. 그런데 이것이 SK뿐일까요? 대부분의 한국 재벌들이라는 것들이 어떠한 것들입니까? SK, LG, 현대 이 세 회사는 4대 재벌에도 속하지만, 한국의 석유 사업권을 독점하는 회사들이기도 하죠. 석유와 가스를 독점하는 회사들이기도 합니다. 또 SK, LG는 방금 얘기한 이동통신을 독점한 회사이기도 합니다. 석유와 통신을 독점하는 회사죠.

한국에서 재벌되기

한국의 재벌들은 기본적으로 아주 필수적인 사업 분야를 정부에서 그대로 불하받아서 성장한 경우가 대부분이라고 볼 수 있습니다. 이것이 바로 공공부문 민영화입니다.

말하자면 국가가 직접 운영해야 할 또는 공공적으로 운영해야 할 그런 필수적인 분야를 특정 기업이 독점해서, 또는 몇몇 기업이 독과점해서 운영하는 것들을 공공부문 민영화라고 하는 것이죠. 한국에서 민영화 역사라는 것들도 바로 그러했습니다.

한국에서 대규모로 민영화 한 것이 언제일까요? 1997~98년, IMF 이후 몇 년 동안 대규모로 민영화 했습니다. 이때는 동아시아 경제 위기 시기였습니다. 한국만 IMF 구제금융을 당시에 받은 것이 아니라 여러 나라가 구제금융을 받았죠?

동아시아에 있는 많은 나라, 태국부터 시작해서 인도네시아 등 싱가포르를 제외한 아시아의 신흥 성장 공업국들이 대부분 IMF 구제금융을 받았습니다. 또 1990년대 말에는 한국뿐 아니라 러시아, 그리고 남미, 아르헨티나 등에서도 다 IMF 구제금융을 받았습니다.

이때 한국에서 대규모 공기업 민영화가 이뤄졌는데요. 그때 공기업 민영화가 이뤄진 기업들이, 혹시 기억하시겠습니까? 몇 개만 대 보실까요? 영어로 된 큰 기업들이 대부분입니다. 하나만 예를 들어보죠. 여러분, 원래 두산은 무슨 회사였나요? 두산은 맥주죠. 맥주 회사였는데 요즘 TV에 계속 나오는 두산 광고는 뭐죠? '두산인프라코어 세계를 바꿉니다', 뭐 이렇게 나오지 않습니까?

그 회사의 모기업이 뭐죠? 공기업이었던 한국기계공업이고 이게 대우로 넘어갔다가 IMF 이후 두산에 넘어갑니다. 또 한국중공업도 공기업이었습니다. 그게 1997년에 민영화 해서 두산에 넘어간 겁니다. 헐값에 사들인 거죠. 중공업에 핵심적 기술을 가지고 있고, 원전을 짓는 이런 기업들을 두산이 헐값에 받아서 오늘날의 두산이 된 것이죠. 아까 얘기한 한국에서 재벌 되는 법 중의 하나인데요. 또 한국송유관이 매각됐습니다. 한국에서 기름을 수송하는 송유관이 매각됐는데요, 어디에 매각됐느냐? SK, LG, 현대에 매각됐습니다.

그 외에 포항제철이 매각됐고요, 그래서 포항제철이 매각돼서 현재는 포스코라고 불리고 있고, 담배인삼공사가 매각돼서 현재는 KT&G라고 불리고 있고, 한국통신이 매각돼서 KT라고 불리고 있습니다. 그 외에도 1백60여 개가 민영화 했죠. 이런 회사들이 그 당시에 다 민영화가 됐습니다.

당시 IMF가 돈을 꿔주는데, 예를 들어 2백억 달러가 필요하다고 치면 2백억 달러를 한꺼번에 주고 알아서 하라고 하지 않습니다. 한 번에 1억 달러씩 꿔주면서 '이번에는 뭐 민영화 할래?' 하며 계속 조건을 답니다.

'KT 민영화 하면 떡 하나 더 줄게', '포스코 민영화 하면 떡 하나 더 줄게' 하는 식의 조건을 내겁니다. 그렇게 조건을 내거는 구제금융이기 때문에 당시에 대규모 민영화를 할 수밖에 없었다는 점도 있습니다.

그러나 외국 자본의 이해 때문에 이렇게 민영화를 하는 것일까요? 아까도 말했듯이 한국송유관이 한국 재벌에 넘어가고, 한국중공업이 두산에 넘어간 것처럼 이것은 한국 재벌에도 엄청난 이득이었습니다.

따라서 한국의 재벌들도 IMF 구제금융과 상관이 있든 없든 공기업 민영화를 요구한 것이죠.

민영화, 막고 돌아가고

이런 공기업 민영화는 당시 어디까지 진행이 되었느냐면, 결국은 한국의 가장 큰 공기업인 한전, 한국가스공사, 한국철도공사까지 민영화를 하려고 했었습니다. 그야말로 전기·철도·가스, 우리가 지금 민영화를 막으려는 그것들까지도 한꺼번에 팔아치우려고 한 것이지요.

그런데 이게 막혔습니다. 언제 막혔을까요? 2002년 3사 공동 파업 때 막혔습니다. 철도·전기·발전, 이 3사가 공동으로 파업을 했었죠. 2002년에.

당시 철도 파업을 했을 때인데, 그때 3사 공동으로 파업하는데 집회 장소가 바뀌었어요. 그런데 갑자기 다 지하철 2호선을 타라는 겁니다. 어디서 내릴지는 나중에 알려주겠대요. 그래서 다 2호선을 타고 앉아서 기다렸는데, 연대 앞에서 방송, 지하철 방송 있잖아요? 그 방송이 나오는 겁니다.

'오늘 집회에 참석하신 분은(청중 웃음) 신촌역에서 내려서 연세대 앞으로 집결해 주시기 바랍니다.' 그래서 사람들이 와 하고 다 내렸어요.(청중 웃음) "야, 공기업 파업이 참 좋구나!"(청중 웃음)

어쨌든 그 파업으로 막았다는 것이죠. 기간 산업 부문의 파업이 IMF건 뭐건 간에 이런 것들을 막아낼 수 있었다는 것이죠. 한국 정부뿐 아니라 국제기구가 강요한, 그런 민영화조차 되돌릴 수 있었단 겁니다. 그래서 2002년에 민영화는 중단됐습니다.

그다음에 노무현 정부 때에는 그렇게 다 한꺼번에 내다 팔아치우는 민영화가 사실상 진행되지 않았죠. 노무현 정부 때부터는 우회적 민영화가 추진됩니다.

우회적 민영화라 함은, 이렇게 돌아가는 민영화라는 뜻입니다. 직접 팔아치우는 민영화를 농담 삼아 이야기할 때 마피아식 민영화, 러시아 마피아식 민영화라고 부릅니다.

구소련 체제가 무너졌을 때 그 당시 국가가 소유한 것을 민영화 했습니다. 이 민영화가 매우 황당한 상황으로 이어졌죠. 어떻게 팔 았느냐면, 예를 들어 한 주당 1달러에 팔았는데 그걸 특정 사람에게 팔았습니다. 그 당시에 옐친이라든가 이런 사람들이 특정 산업을 다 샀죠. 러시아에서도 마찬가지로 통신·가스·전기 다 팔아치웠습니다.

팔아치웠는데, 주식 상장을 하니까 자기가 산 값의 1천 배, 1백 배 이렇게 올라갔습니다. 그야말로 도적질이죠, 한 마디로. 사람들이 엄 청나게 분노했지만 항의할 수가 없었어요. 왜냐? 그 도적질한 사람 들이 총을 들고 있었기 때문에 항의하기가 어려웠던 것이죠.

이런 식으로 무식하게 한꺼번에 팔아치우고 거의 국고를 강탈하 는 식의 민영화도 있습니다. 하지만 만약 오늘날 한국에서 이런 일이 벌어진다면 어떻게 될까요? 예를 들어 SK한테 철도를 주고, 그 철도 를 상장했더니 한꺼번에, 준 값의 1천 배가 올라갔다, 1백 배가 올라 갔다, 또는 열 배가 올라갔다고 하면 그건 정권 차원의 문제가 될 것 입니다.

이렇다 보니 민영화를 돌려서 하게 됐습니다. 어떻게 하느냐? '경쟁 체제 도입'이라는 것이 대표적이죠. 가스가 그렇게 우회적 민영화가 이뤄졌습니다. 일단 부분적으로 파는 것입니다.

가스는 우리나라에서 안 나죠, 지금? 제가 알기에는 아직 안 나 는 걸로 알고 있는데 혹시 가스 … (청중 웃음) 그러면 가스를 다 도 입해야지 않습니까? 도입 부분이 하나 있겠죠? 그다음에 도매가 있겠죠? 그다음에 소매가 있죠. 이 부문들을 부분, 부분으로 자르는 겁니다.

한국전력 같은 경우에는 발전·송전·배전 뭐 이런 식으로 나누는 것처럼요. 또 나머지도 다 나눌 수가 있죠. KTX를 구간별로 나눈다거나, 이런 식으로 여러 가지로 분할할 수가 있습니다.

일단 가스부터 보죠. 여러분 가스요금을 어디다 내십니까?(청중석에서 "도시가스") 지금 어떤 분이 말씀 하신 것처럼 도시가스에 낸다고 알고 있는 분들이 있습니다. 그런데 아닙니다.(청중 웃음, 청중석에서 "예스코") 예스코! 예스코가 어디 예스코이죠? 예스코면 어느 재벌일까요? 맞춰 보세요. GS예스코입니다. 왜 제가 아느냐? 저도 예스코에 내는데 GS예스코에요. 저는 제가 가스요금을 내기 때문에 잘 알고 있습니다.(청중 웃음)

즉 무슨 얘기죠? 우리나라 도시가스는 이미 다 민영화 했습니다. 33개 회사가 있는데, GS와 SK가 42퍼센트를 차지합니다. GS, SK, 삼천리, 대성, 뭐 이런 식으로 죽 내려가서 6개 회사가 80퍼센트 이상의 독과점 체제를 유지하고 있습니다. 한국의 도시가스 소매 부문은 이미 다 민영화 했습니다. 이거는 그 당시부터 민영화 했어요. 이렇게 부분적인 민영화가 이미 이뤄진 겁니다.

우회적 민영화

아까 3사 파업 때문에 가스와 전기, 철도는 민영화가 중단됐다고 했죠? 그런데 이런 식으로 부분적으로 민영화가 이뤄진 곳도 있습니다. 그리고서는 노무현 정부 때에는 어떤 민영화를 추진했을까요? 가스 직도입 허용을 추진했습니다. 어떻게 됐느냐? SK, GS, 포철, 이런 회사들에 자기 회사에서 쓰는 LNG는 자기가 수입할 수 있도록 터줬습니다.

이번에 허용하려고 하는, 이명박 정부가 마지막까지 하려고 한 민영화는 뭐였죠? 그 직도입할 수 있는 저장 시설 용량 기준을 크게 낮추어서 직도입 회사들의 진입 장벽을 또 낮춘 것입니다.

즉, 직도입할 수 있는 회사들을 늘려 준 거에요. 현대나, GS나, SK가 실제로 저장 용량을 충분히 갖추지 않더라도 조금이라도 직도입 할 수 있도록 그걸 허용해 주려고 한 겁니다. 그리고 이거는 박근혜 정부때에도 그대로 추진될 겁니다.

자, 그러면 남은 건 뭘까요? 도입과 소매를 연결하는 부분만 민영화하면 됩니다. 이런 식으로 부분, 부분 잘라 파는 게 우회적 민영화입니다. 한꺼번에 팔면 너무 티가 나고, 국민의 반발이 심하고, 또 다른 한편 너무 자본의 부담도 심할 수 있기 때문에 이것을 부분적으로 분할 매각하는 것들이 대표적 우회적 민영화입니다.

또 상수도 민영화는, 옛날에는 아예 수도관까지 팔았습니다. 수도관까지 같이 샀어요. 요즘은 어떻게 합니까? 운영권을 30년 정도 계약을 맺습니다. 이것도 일종의 우회적 민영화입니다. 여러분, 상하수도 비용 한꺼번에 내시죠? 냅니다. 그냥 외우세요.(청중 웃음) 저도 찾아봤는데 수도요금에 하수도값이 포함돼 있더라고요. 근데 하수도 민영화부터 합니다. 잘 모르잖아요? 하수도 큰 관심 없으니까요.

그리고 우리 상수도 민영화 안 했다고 얘기합니다.

예를 들어 인천시 하수도는 프랑스의 비방디라고 하는 회사의 자회사인 베올리아라는 회사와, 한국 회사의 합작회사한테 이미 팔렸죠. 뭐 이런 식으로 상수도와 하수도를 분할 한다든가. 또는 한전 같은 경우 발전 회사가 5개 회사입니다. 이 5개 회사가 이름이 굉장히 우스워요. 중부 회사, 남부 회사 있는 건 알겠는데, 남동 회사, 동부 회사 이런 게 있어요. 남동 회사는 뭐고, 동부 회사는 뭐죠? 그다음에 남부 회사는 또 따로 있어요. 그럼 동쪽은 어디 속한다는 거죠? 남쪽은 왜 두 개가 겹쳤을까요? 왜 이렇게 나뉘었을까요?

이게 지역으로 나눈 게 아니라, 팔기 좋게 약 1조 원 정도 되는 규모로 나눈 것이기 때문에 그렇습니다. 순전히 팔기 위해서 분할 매각하려고 해 놓은 것이기 때문에 그렇습니다. 다시 말하자면 분할해 놓는 것, 아직 매각은 안 했지만 분할해 놓는 것 자체가 민영화의 한 단계라는 것입니다.

또 우회적 민영화를 하나만 더 예를 들겠습니다.

원가보전율이라고 있습니다. 공기업 부문은, 지하철 같은 경우는 원가가 1백 원이면, 대충 80원, 70원 정도 받습니다. 또는 할인해서 장애인 할인, 학생 할인, 직장인 할인, 여러 할인이 있습니다.

그런데 KTX 할인이 어떻게 됐죠, 지금? 거의 다 사라졌습니다. 이래서 원가보전율이 1백 퍼센트 가까이 돼 가고 있어요. 그러면 이렇게 원가보전율을 높이는 것들, 공공부문의 보조금을 줄이는 것들, 이런 것들이 뭐죠? 원가가 1백 원인데, 1백 원을 다 받는다. 또는 여기에다가 다른 미래 투자 등등 해서 1백10원을 받는다, 이렇게 되면 어떤 거가 되죠? 사실상 공기업이라는 형태는 놔두되 상업적으로 운영하는 것 아닙니까? 이렇게 되면, '공기업인데 상업적으로 운영하는 게 과연 사기업한테 넘기는 것과 무엇이 다르죠?' 하고 정부가 얘기할 수 있게 됩니다. 이것도 사실 민영화의 한 단계입니다.

즉 공기업의 상업적 운영이라는 것도 우회적 민영화라는 것의 하나의 단계라는 것이죠. 이런 여러 가지 형태를 통해서 당장 팔아치우지는 않지만, 야금야금, 티 안 나게, 한편으로는 자본의 부담이 가지 않도록 민영화를 여러 가지 단계로 벌일 수 있고['쪼개기 민영화'라고도 부른다고 합니다] 실제로 이명박 정부도 그렇게 추진한 것입니다.

이명박 정부의 철도 민영화라는 것이 어떤 거였죠? '이번에 철도 안 팔아, 이번엔 관제권만 회수할게, 역사만 회수할게' 하는 것입니다. 역? '이거 철도공사가 갖지 말고 우리 시설공단이 가질게. 역 없어도 되잖아.' 관제권? '출발 시각, 도착 시각, 이런 거 우리가 할게. 그거는 철도 민영화 아니잖아?' 하고 얘기합니다.

그런데 왜 그렇게 역, 관제권을 다 뺏어가는 거죠? 수서발 철도 민영화를 위한 전 단계로서 하는 것이지요. 요즘 얘기가 나오는 대우건설이나 동부건설에 줘버리면 재벌에 KTX를 넘겨주는 건데, 수서에서 출발하는 KTX도 역은 이용해야 하는 것 아닙니까? 또한, 그것의 출발, 도착 시각도 재벌 KTX와 같이 맞춰야 하는 것 아니겠어요? 그러니까 그것부터 빼앗는 거죠. 이런 식으로 하나하나 빼 가서 민영화의 전 단계를 밟는 것도 일종의 민영화입니다.

그 외에도 우회적 민영화는 굉장히 많은데, 지역적 민영화도 있습니다. 경제자유구역에서 일단 영리병원을 허용하자, 이런 것도 일종의 민영화입니다. 심지어 기재부에서 나온 자료를 보면 '교육과 의료의 영리화나 시장화 부분은 국민의 관심이 매우 높은 것이라서 지역적 수준부터 전략적으로 민영화하는 것이 우리의 방침이다' 하고 아예 공적인 문서에 써놓은 상태입니다.

박근혜 정부, 경제위기와 민영화

그런데 이명박 정부에서 처음에 한꺼번에 민영화를 하려다가, 특히 의료민영화 같은 경우, 건강보험 당연지정제 폐지, 영리병원 허용, 민영보험 활성화, 이런 식으로 한꺼번에 민영화를 추진하려다가 부딪혔습니다. 또 김대중 정부 말기에 막혀버린 공기업 민영화를 다시 추진하면서, 물·철도·가스 민영화를 한꺼번에 추진하려다가 또 한 번 부딪혔죠. 그게 뭐였을까요, 그 당시에 부딪혔었던 것이? 촛불이었습니다.

2008년에 우리가 외친 것이 단지 광우병 쇠고기뿐이었나요? 그 당시에 여러분 나가서 뭘 외치셨나요? 아, 이명박 퇴진 말고요.(청중 폭소) 명박 퇴진 말고 딴 거를 기억해 보세요.

예, 맞습니다. 의료민영화 반대, 전기·철도·가스는 상품이 아니다, 공기업 민영화 반대, 미친 교육 반대, 쇠고기 수입 반대, 언론 문제, 이렇게 6대 요구를 외쳤었죠.

촛불 때문에 이명박 정부도 민영화를 우회적으로 추진할 수밖에 없었고, 그 우회적 민영화조차 얘기도 못 꺼내다가 인제 와서, 임기 말에 와서야 겨우 이야기하고 있는 것이죠.

여기서 중요한 것은 2002년에 3사 파업으로 사실상 민영화가 막혔고, 2008년에 촛불 운동이라는 거대한 시위와 대중 운동으로 민영화가 한 번 더 막혔다는 것입니다. 그 때문에 박근혜 정부도 앞으로 우회적 민영화를 추진할 것이라고 볼 수가 있겠습니다.

다른 한편 박근혜 정부가 '민영화를 하긴 할 거야?' 하는 물음이 있습니다. 이것은 경제위기와 직결되는 문제이기도 합니다. 경제위기가 되면 대개 문제가 되는 것이 IMF의 구제금융입니다. 한국의 경제위기, 러시아의 경제위기, 남미의 경제위기, 동아시아의 경제위기 때 IMF가 구제금융 조건으로 공기업을 민영화해서 재정 적자를 메꾸라는 요구들을 해서 민영화가 대대적으로 이뤄졌습니다. 그래서 1997~98년 경제위기 시기에 한국에서도 민영화가 한꺼번에 이뤄진 것이고요.

다른 한편, 경제위기 시기에는 그런 요구가 없어도 자발적으로 민영화가 이뤄지는 경우가 많습니다. [<파이낸셜 타임즈>가 KPMG 자료를 인용하여 보도한 내용을 보면] 1997년부터 2000년 정도까지 동아시아·러시아·남미에서 경제위기 때문에 팔린 공기업들의 총액이, 제일 많았던 해에 대략 1천8백억 달러[195조 원] 정도였습니다.

그런데 이번 경제위기 때 공기업 민영화의 액수가 2009년에 대략 2천7백억 달러[293조 원]에 도달했고, 2010년에 2천1백억 달러[228조 원]였습니다.

세계은행 부총재였던 스티글리츠가 한국에서의 공기업 민영화를 보고, 동아시아의 1997~98년 당시의 공기업 민영화를 보고 어떻게 표현했는지 아십니까? "2차 세계대전 이후 평화 시기에 이뤄진 가장 대규모의 재산 이전"이라고 불렀습니다.

즉, 아주 간단히 말하면 '전쟁 없이 도적질에 가까운 행위로 벌어진 것치고는 가장 큰 규모였다', 이렇게 평가했습니다. 그런데 2009년에 이보다 훨씬 더 큰 규모로 공기업 민영화가 이뤄졌습니다. 그리고 2010년에 2천1백억 달러, 그때보다 여전히 더 큰 규모로 이뤄졌습니다. 지난해에 조금 줄어서 9백40억 달러입니다. 이것도 1백조 원 정도 되는 돈입니다.

물론 이중적인 면도 있습니다. 경제위기 시기에 우리나라도 민영화를 하려고 했었습니다. 대표적인 게 2008~09년에 내놓은 게 뭐죠? [청중석에서 "인천공항"] 예, 인천공항도 내놨습니다만, 그보다 더 큰 게 있었는데 우리은행이 있었습니다. 우리은행이 민영화 하지 못했습니다. 왜 못했을까요? 살 사람이 없어서 못했습니다.

경제위기 때에는 한편으로는 너무 매물이 크면 살 사람이 없고 부담감이 크기 때문에 잘라서 하는 거거든요. 아까 얘기한 분할 매각이 그런 겁니다. 그래서 우리은행도 사실 좀 잘랐어요. 여러 부문으로 잘라서 지금 다시 팔려고 내놨는데, 어쨌든 우리은행을 살 사람이 없을 정도로 이렇게 경제 상황이 불안한 것입니다.

그런데 이렇게 살 사람이 없어도 경제위기 시기에는 공기업 민영화가 굉장히 활발히 일어납니다. 왜일까요? 아주 쉽게 말하면 이런 겁니다.

지금 20대 재벌 상장 기업의 사내 보유금이 대략 몇 백조 단위까지 올라갑니다. 사내보유금이 굉장히 많습니다. 이게 왜 쌓여 있는 걸까요?

자본주의의 경제위기는 공장이 생산할 능력이 없어서 경제위기가 오는 것이 아닙니다. 잘 아시다시피 과잉생산이 되는 것이죠. 즉 한 쪽에서는 상품은 차고 넘치는데, 한편에서는 살 돈이 없어서 벌어지는 거예요. 그래서 투자할 곳이 없어집니다. 자본주의 경제 공황 때에는 투자할 곳이 없다는 거에요. 그런데 아까 제일 제가 처음 말씀드린 게, 공공부문은 뭐라고 말씀드렸죠? 없으면 사람이 살 수 없는 것들이 바로 공공 분야입니다. 그래서 바로 국가가 직접 관할하는 부분이고요.

여러분, 돈이 없으면 제일 먼저 뭘 줄이나요? 일단 데이트를 끊지는 않고(청중 웃음) 커피숍에 갈 걸 그냥 바깥에서 만나고, 뭐 그런 거죠? 모텔에(청중 웃음), 그냥 집에 가거나 뭐(청중 웃음) 그런 여러 가지 일이 벌어지는데, 그래도 꼭 써야 하는 것이 바로 전기·가스·철도, 애들 교육은 해야겠고, 감기는 참겠지만, 맹장염에 걸렸는데 참을 수는 없는 거고요.

이런 분야들은 꼭 써야 합니다. 이건 어쩔 수가 없어요. 바로 그것 때문에 이 공공 부문을 민영화하는 부분들에 재벌들이, 자본들이 굉장히 관심을 둡니다.

다른 한편으로 정부는 '재정 적자다'라고 말하는데, 근데 그 재정 적자는 왜 생긴 거죠? 지금 유럽 국가들이 재정 적자에 시달리는 이유가 뭔가요? 바로 그 재벌들을 구제하려고 돈을 처넣었기 때문에 재정 적자가 생겼는데, 어쨌든 그 재정 적자를 메꾸기 위해서는 유럽 중앙이나 IMF나 이런 데서 '너희 공기업 팔아서 메워라' 하는 거고, 또 국내의 정부들, 특히 보수 정파들 또는 좌파인 척하지만 사실상 알고 보면 민중을 배신한 이 정파들이 재정 적자를 메꾸기 위해서 '우리 공기업 민영화 해야 한다'고 얘기하고 그걸 내놓습니다.

이 둘의 타산이 맞아서 공기업 민영화가 일어나는 겁니다. 경제위기 시기에는 대규모 공기업 민영화가 실제로 벌어집니다. 속도의 차이는 있지만 그렇게 됩니다.

한편, 그런 공기업 민영화가 이뤄지면 아까 한국에서 재벌 되는 법 말씀드렸지 않습니까? 그것은 재벌에 대한 엄청난 특혜고, 사실상 우리나라 권력층들은, 아까 노태우 정부는 누구랑 사돈을 맺었다고 말씀을 드렸습니다만, 그런 식으로 또 우리나라 혼맥과 인맥을 따지면 그야말로 연결 안 되는 재벌과 권력자가 하나도 없지 않습니까?

아까 오기 직전에도 다 연결해 봤는데 '누구는 누구랑 연결되고, 누구는 연결되고 … ' 하다가 머리가 터질 뻔했는데, 예를 들어 KTX를 팔아치우려고 하는 데가 대우건설이었다가 동부로 옮겼다고 그러지 않았습니까? 그래서 이명박과 무슨 관계냐 하고 찾아봤더니 'MB 고려대 인맥' 이렇게 나오더라고요. 그럼 혹시 박근혜하고 연결되는 사람은 없어? 그랬더니 아, 또 박근혜하고도 연결되네.

즉 공기업 민영화는 다른 한편으로는, 그 정치인, 그 정권이 특혜를 줄 수 있기 때문에 일어납니다. 우리가 알고 있는 정치인과 재벌들이라는 것은 공중에 떠 있는 사람들이 아니라 한국에서 사는 사람들이고, 한국에서 혼맥과 인맥을 맺고 있는 사람들이고, 그 사람들도 자신들의 돈줄이 필요한 것이고, 바로 그래서 공기업 민영화가 또 일어나는 것이지요.

이렇게 해서 한국의 경제위기 시기에 박근혜는 여러 가지 이유에서, 즉 재벌들이 강력히 원하기 때문에, 또 경쟁 체제에서 효율성을 높일 수 있다는 일부 관료들의 믿음 때문에, 다른 한편으로는 재벌들에 특혜를 주어야 하고, 또 다른 한편으로는 재정 적자를 메꿔야 하므로 민영화는 실제로 일어날 것입니다.

다만 그 공기업 민영화는 직접 추진되지는 않고 우회적으로 일어날 것이라고 예상해 볼 수 있습니다. 그런데 경제위기가 아주 심각해지면 민주주의적 절차고 뭐고 다 무시하고 아주 직접적으로 이뤄질 수 있습니다.

자, 제가 오늘 굉장히 중요한 정보를 말씀드리겠습니다. KTX를 팔아치울 재벌들을 미리 알 수 있다면 우리가 어떻게 할 수가 있겠죠? [청중석에서 "불매운동"] 불매운동. 또? [청중석에서 "주식"] 맞습니다. 주식을 살 수가 있습니다.(청중 웃음) 네, 제가 오늘 확실히 말씀드릴 수 있는 게 있습니다. KTX가 팔리는 재벌 기업은 박근혜 일가와 관련이 있는 기업일 것입니다.(청중 웃음)

진짭니다. 이게 만사올통에 걸릴지, 만사올통이 뭔지 혹시 아세요? '만사는 올케로 통한다.' 이명박 정부는 만사가 형으로 통해서 만사형통이었고, 만사올통은 박근혜 정부 얘긴데, 올케로 통할지, 아니면 사랑하는 동생한테 걸릴지, 아니면 박근혜 일가도 상당히 많아서 어디일지는 알 수 없어요. 박근혜 씨는 물론 '자식도 없고 아무것도 없어서 남겨 줄 게 없어서 내가 무슨 부정부패를 할 수 있겠느냐?' 하고 말씀할 수 있겠지만, 불행히도 조카도 있고 동생도 있더라고요.(청중 웃음)

또는, 박근혜 씨는 아니라 할지라도 박근혜 씨를 둘러싼 돌아온 부패 원조들의 사단, 아니 군단이 존재하기 때문에 이 사람들과 관련이 있는 재벌들이라고 제가 확실히 말씀드릴 수 있습니다.(청중 웃음) 거기에 투자하시면 대박이 날 거라고 제가 확실히 말씀드릴 수 있습니다.

박근혜는 부정부패는 없다고 말을 했죠. 그러나 이런 공기업 민영화는 부정부패와 반드시 관련이 있을 거란 말씀입니다.

민영화와 박근혜식 '민생'

다른 한편 박근혜는 민생 대통령을 얘기했습니다. 그리고 공기업 민영화가 일어나면 경쟁 체제 때문에 요금이 떨어지고 서비스 질은 올라갈 것이라는 것이 항상 그들의 선전입니다. 그런데 공기업 민영화가 일어났을 때 정말로 요금이 떨어지고 서비스 질은 올라갔나요? 제가 맨날 드는 예지만 하나만 예를 들어보겠습니다.

오늘 우리가 토론하고 있는 기독교회관 주변에 라면 가게 셋이 있다고 합시다. 딱 세 개 밖에 허락을 안 했어요. 그리고 나머지 라면 가게는 너무 떨어져 있어요. 그런데 이 라면 가게에서 떡라면하고 그냥 보통 라면 두 개만 팔 수 있게 만들었습니다. 그러면 여러분이 라면 가게 주인이라면 어떻게 하시겠어요?

열심히 노력해서 라면 가격을 3천5백 원에서 3천 원으로 내리고 서비스 질 경쟁을 하시겠습니까? 아니면 라면 가게 주인 셋이 모여서

"우리 대충 만들고 가격 좀 올리자", 어느 쪽으로 하실까요?

물론 여러분은 양심 있는(청중 웃음) 사람들이어서 그렇게 절대로 가격 담합이나 이런 걸 하시지 않겠습니다만, 불행히도 우리나라에서는 이 공공부문 민영화를 한 세 기업이 가격 담합을 한 예가 있습니다. 바로 누구죠?

아까 말씀드린 SK, KT, LG입니다. 가격 담합으로 매년 걸려요. 지금까지 안 걸리고 넘어간 해가 단 한 해도 없습니다. 매년 가격 담합을 해요. 심지어는 얼마나 담합을 해댔는지 이번에 돌아가면서 영업정지를 먹지 않았습니까? 그것도 영업정지도 사이좋게 나눠서 먹던데. 바로 이것이 그들이 말하는 서비스 경쟁입니다.

요금이 떨어졌다고요? 한국이 OECD 국가 중에서 이동통신 요금이 가장 높은 나라입니다. 어느 정도로 높으냐? 이동통신비, 집안에 엄마 핸드폰, 아빠 핸드폰, 아기 핸드폰, 아기 핸드폰은 없구나, 어쨌든 핸드폰 다 모으면 굉장히 비쌉니다. 그것뿐인가요? 집안에서 인터넷 써야죠? 이거 다 합치면 얼마나 높아요? 어느 정도냐면 생활비의 7퍼센트 정도가 통신비로 나갑니다. 이 통신비의 비용도 OECD 1위입니다. [2011년, 역시 통신이 민영화 한 멕시코에 이어 2위로 하락했다.] 왜냐? 국가가 해도 되는 부분들, 그리고 여러 유럽 국가나 심지어 동남아시아 국가들에서 정부가 잡고 있는 통신 분야를 민영화해서 그렇습니다.

그런데 KTX를 이제 민영화한다고 합니다. 가장 웃기는 거는, 저는 KTX 민영화를 도대체 왜 하는지를 알 수가 없어요. 뭐와 뭐가 경쟁한다는 거죠? 서울발 KTX하고 수서발 KTX가 경쟁한다는 겁니까?

저는 KTX 옆에다가 철도를 하나 더 까는구나! 이렇게 생각을 했어요. 철도를 하나 더 까나요? 아니죠? 하나는 수서에서 출발하고, 하나는 서울역에서 출발하는 것 외에는 중간에 수원쯤에서 만나 내려가는 건 다 똑같습니다. 근데 둘이 어떻게 경쟁한다는 거죠?

이 민영화의 경쟁 논리라는 것들은 애초에 워낙 말이 안 돼서 전 세계에서 민영화로 서비스 질이 올라가고 요금이 떨어진 적이 한 번도 없습니다. 딱 두 가지만 예를 들고 오늘 얘기를 마치도록 하겠습니다.

첫째는 영국 철도 얘기입니다. 영국 철도를 민영화 했었습니다. 대처 시기에 경쟁하면 가격이 막 떨어질 것이라고 민영화를 했죠. 영국 철도 어떻게 됐습니까?

첫째, 단기 수익을 올리기 위해서 수리를 하나도 안 했습니다.

둘째, 돈이 안 되는 부분에는 가지를 않았습니다. 그래서 안 서는 역이 점점 더 많아졌어요. 심지어 그냥 지나치고 안 가고 돈 안 되는 구간들은 다 폐쇄했습니다.

예를 들어 강원도에서, 춘천까지 가다가 그다음에 돈 안 되면 다 폐쇄하는 거에요. 나머지는 어떻게 가느냐. 그건 알아서 가시고. 이렇게 되는 것이죠. 수익자 부담 원칙에 충실해졌습니다. 어떻게 되죠? 사람이 적은 역에는 엄청나게 비싼 돈을 내야 했습니다. 그럼 당연히 안 타죠? 폐쇄합니다.

장기적인 투자를 하지 않으니까 어떻게 됐습니까? 안전사고가 무수히 자주 일어났습니다. 그리고 철도가 망가질 때까지 놔뒀다가 그냥 방치하는 수준이었습니다. 즉 요금은 올라가고, 서비스 질은 떨어지고, 심지어 안전사고까지 일어났습니다. 그래서 보다 못해 영국 정부가 철도를 재국유화했습니다.

미국 애틀랜타에서 상수도 민영화를 한 적이 있습니다. 거기도 똑같은 일이 일어났습니다. 요금은 올라가고. 그런데 더 황당한 일은 어떤 일이 있었느냐.

수압을 세게 해야 고층까지 올라가죠? 이게 또 좋은 아파트, 아주 초고층아파트 같은 데선 자체 내에서 펌프질 해서 올릴 수도 있어요. 근데 좀 가난한 아파트, 5층 아파트인데 엘리베이터 없는 아파트에는 5층, 4층 되면 물이 안 나오는 거예요.

왜냐하면, 이게 수압을 높이면 수도관에서 물이 많이 새니까 돈이 많이 드는 거예요. 그래서 수압을 낮췄습니다. 4~5층에 물이 안 나오기 시작한 거예요. 실제로 일어난 일입니다. 더 황당한 일은, 수압을 낮추니까 소화전의 수압이 낮아졌습니다. 그래서 원래 소화전을 이렇게 딱 대면은 물이 쫙 나와야 하잖아요? 근데 탁 꼈는데 물이 졸졸졸 나오는 거예요. 그래서 화재 진압을 못 했어요. 심각하죠?

그다음에 수리해 달라고 부르면 안 와요. 24시간, 48시간이 걸려도 안 왔습니다. 이러다 보니까 다음번 시장에 당선되려면 '상수도 사업자를 갈아치워야겠다'라고 할 수밖에 없었습니다. 그래서 5년 만에 상수도 민영화 계약을 해지해 버렸습니다. 손해배상까지 감수하고 말이에요. 이게 실제로 벌어진 상수도 민영화 상황입니다.

제가 두 가지 예만 들었습니다만, 이렇게 해서 전기, 가스를 넘긴 중남미 국가들이나 동부 유럽 국가들이나, 물 민영화를 한 필리핀이나, 이런 곳에서 지역에서 물이 끊기고, 철도가 안 가고, 전기값이 오르고, 가스값이 오른 예는 전 세계에 수없이 많습니다.

그런데 이것들을 왜 하느냐? 저들이 무슨 얘기를 하건 이것은 사실상 국민의 공공 재산을 훔쳐서 재벌들의 배를 불리는 것 이상이 아닙니다.

박근혜 씨는 민생 대통령, 복지 대통령을 외치지만 이 공기업 민영화를 진행할 것입니다. 이것은 민생 대통령이라는 자신의 캐치프레이즈와 정면으로 어긋날 것입니다. 저는 경제위기 시기에 박근혜 씨는 직접 민영화를 하지 못하더라도 우회적으로 민영화는 할 것이라는 말씀을 드렸습니다. 또 박근혜 씨가 민영화를 진행하면 그것은 민생 대통령이라는 구호와 정면으로 어긋나리라는 것을 말씀드렸습니다.

이것을 어떻게 막을 것이냐? 이미 한국에서 두 차례 민영화를 막은 역사적 경험을 바탕으로 다시 한 번 말씀 드리자면, 그것은 2002년 철도·전기·가스의 민영화를 막은 노동자들의 연대 파업, 연대 투쟁으로 막을 수 있다는 것. 그리고 2008년에 의료민영화와 여러 공기업 민영화를 막은 그런 청년들과 시민들의 거리 투쟁. 이 두 가지의 경험을 우리는 상기해야 한다고 생각합니다.

그리고 노동자들의 투쟁, 파업과 거리의 투쟁이 결합할 때, 이것은 공기업 민영화를 막는 것으로 그치는 것이 아니라 이미 민영화된 공공부문들, 이런 부분들을 다시 재국유화하고 다시 공공화해서 국민의 진정한 민생, 진정한 복지를 앞당길 수 있는 그런 방향으로 나아갈 수도 있다고 생각합니다. 그런 비전을 우리는 가져야 한다고 생각합니다. 감사합니다.(청중 박수)

정리 발언

제가 아까 빼먹은 게 하나 있어요. 그것 중의 하나가 FTA 얘긴데, 이건 재국유화 얘기에도 해당합니다. 한미FTA 반대 운동을 건설할 때, 우리가 FTA가 되면 한번 민영화되면 다시는 국유화하기 어렵다는 얘기를 했었습니다.

실제로 캐나다의 운동가들은 'FTA는 민영화로 가는 편도 차편이다' 하고 이야기합니다. 실제로 그런 효과가 있습니다.

그래서 한번 민영화를 하고 규제 완화를 하면 그걸 다시 되돌리기에는 FTA 협정 위반이 될 가능성이 매우 큽니다. 래칫이라고 부르는 역진방지 조항 때문이기도 하고, 심지어 예외조항이라고 해봐도 투자를 한번 해놓으면 보상을 해줘야 하므로 아까 누군가 한 분께서 질문하신, '사유재산 침해에 해당하는 것 아니냐' 하고 문제가 되기도 합니다.

즉 WTO나 FTA나 둘 다 투자라는 부분을 무역 보복 대상으로 삼는다는 점에서 같습니다. 즉 외국의 투자라든가, 심지어 국내 투자도 그것을 무역 보복과 국제 분쟁의 대상으로 삼아서 강제한다는 점에선 WTO와 FTA가 같고, FTA가 WTO를 한 단계 높인 것이죠.

이 때문에 재국유화하는 것이 조금 더 어려워진 것은 사실입니다만 그러나 이것은 불가능한 것은 아닙니다. 그래서 한미FTA 때 한번 민영화하면 '다시는 되돌릴 수 없다'고 하지 않고 '매우 힘들어진다'고 얘기했습니다. 왜 그랬느냐면 힘들긴 하지만 불가능한 게 아니기 때문입니다.

첫째는 민영화를 못하게 하면 됩니다. 아주 단순한 얘기고요.

둘째, 민영화를 했을 때 어떻게 국유화를 할 것인가? 제일 문제가 되는 것이 ISD 아닙니까? 즉 투자자 정부 제소제도에 걸리는데요. 가장 강력한 것으로 알고 있지만, 버티면 됩니다. 아주 쉽게 말하면요.

여기서 중요한 점은 실제로 돈을 얼마나 물어내느냐가 아니고 국민, 즉 민중과 노동자의 지지를 얼마나 받느냐입니다. 가장 가까운 예를 들면 베네수엘라가 석유를 국유화하지 않았습니까? 그때 그 석유를 가진 회사가 엑손모빌이었습니다. 엑손모빌이면 항상 〈포천〉(Fortune) 5백 대 기업에서 미국의 월마트하고 1, 2위를 다투는 기업입니다. 즉 전 세계의 가장 크고 강력한 석유 기업이 엑손모빌입니다.

이 석유 기업이 베네수엘라가 석유를 국유화해버리니까 1백20억 달러짜리 소송을 걸었습니다. 투자 가치가 1백20억 달러쯤 된다고 했는데요. 실제로 결론이 얼마가 났을까요? 베네수엘라 정부가 졌어요. 근데 얼마가 났느냐면, 2억 달러 배상으로 났습니다. 2억 달러면 얼마일까요? 2천억 원. 별거 아니죠?(청중 웃음) 아, 2천억 원이면 물론 큽니다만 그 석유 기업의 크기로 봐서는 별거 아닙니다.

엑손모빌이 이전에 세금을 안 내려고 장부가를 요만하게 낮춰놨어요. 그래서 베네수엘라 정부가 주장한 거는 '우리 장부가로만 줄게. 너희가 이렇게 적어놨잖아?'라고 주장을 했기 때문에 엑손모빌이 더는 받을 수 없었던 거에요. 실제로 이런 일이 일어났습니다.

사유재산

결국은 투자자 정부 제소제도나 이런 것들 또한 크게 봐서 정치적인 문제라고 할 수 있습니다. 사유재산이니까 뺏으면 안 된다? 그거 우리나라 헌법 정신 아닙니다.

지금 헌법에서조차도 '사유재산은 공적인 목적하에서만 인정이 된다'고 돼 있습니다. 공적으로 합당한 목적하에서만 인정이 되는 게 대한민국 헌법입니다. 그래서 토지 수용을, 도로 낸다고 남의 토지 뺏잖아요? 그거 왜 재벌도 하고, 지금 한국의 이명박 정부도 하고, 다 하는데, 왜 우리가 사유재산을 공적인 목적으로 그것을 몰수하지 못합니까? 심지어 장부가대로 유상 몰수할 수 있어요. 장부가대로만 주면 돼요. 심지어 우리나라의 많은 사기업은 세금을 안 내려고 다 적자라고 해놓고 재산이 없습니다. 그래서 실제로 돈이 많이 안 들어요.(청중 웃음) 예를 들어 우리나라 비영리병원들 다 적자에요. 그래서 아무것도 없어요, 그 사람들 재산이.(청중 웃음)

따라서 그 실제로 가장 중요한 것은 정치적 지지라는 것입니다. 그것은 유상으로 보상한다고 하더라도 실제로 돈이 그렇게 많이 드는 것은 아닐 뿐 아니라 불법도 아니다, 그리고 베네수엘라 같은 경우에는 나중에 헌법을 개정해서 주요 재산은 국유 재산이라고 헌법으로 아예 명시해 버렸죠. 이러한 법적인, 제도적인 부분까지도 바꿀 수 있다. 왜냐하면, 우리나라 지금 헌법 1조가 바로 "모든 권력은 국민에게서 나온다"이기 때문에 그렇습니다.

가장 중요한 질문을 제일 처음에 해주셨는데, 그게 바로 민영화를 어떻게 막을 것인가 하는 질문이었는데요. 제가 의료민영화 얘기를 별로 안 했는데, 그 얘기를 하나만 좀 해드릴까 해요. 처음에 '의료민영화'라는 용어 자체가 없었습니다.

2008년 이전에 민영화라는 용어는 좀 나쁜 거긴 해도, 민영화 그러면 욕은 아니었어요. 지금은 '민영화 옹호론자' 그러면 욕 같이 들리는데. 2008년 이전에 민영화라는 말은 그렇게 나쁜 용어가 아니었습니다. 왜냐하면, 이거는 김영삼 정부가 민영화를 일부 추진하면서 '제 주인 찾아주기'라는 용어를 쓸 만큼 공기업의 방만한 운영과 낮은 서비스 질 때문에 민영화라는 용어가 마치 '관(官) 대 민(民)' 해서 긍정적인 용어로 쓰였습니다.

그래서 민영화라는 용어 자체가 부정적인 용어로 바뀐 지가 얼마 되지 않아요. 2002년에 한 번 바뀐 거고, 2008년에 결정적으로 바뀐 겁니다.

2008년 촛불 이전에는 우리가 의료시장화, 의료상업화, 의료영리화, 뭐 이런 여러 가지 용어를 다 써서 설명했었습니다. 그러다가 이게 용어도 어렵고, 건강보험 당연지정제가 어떠니, 수가가 어떠니 등 복잡한 얘기가 굉장히 많았는데 이런 것들을 저희가 아주 꾸준하게 설명했습니다. 그랬는데 거리에서 의료민영화라는 말이 터져 나왔어요. '그래, 의료민영화구나!' 그리고 우리가 의료민영화를 받아 썼어요. 우리가 꾸준하게 설명했지만, 실제로 거대한 운동이 만들어지면서 의료민영화라는 용어가 만들어졌고, 그걸 우리가 받은 것이죠.

그때 공기업 민영화는 나쁜 것, 이렇게 정리가 된 거죠. MBC 민영화? 조중동이 MBC 가져가는 것? 딱 이렇게 되면서 등식이 성립하는 것이죠.

또 한미FTA 반대 운동이 전 국민적 지지를 얻기 시작한 것도, '한미FTA는 약값을 올린다. 의료비를 올린다. 이런 것이 의료시장화다' 하는 것을 계속해서 설명한 일들이 의료민영화 반대 운동 성립에 굉장히 큰 구실을 했습니다.

말하자면 꾸준하고, 지치지 않고, 여러 계기마다 민영화라는 것을 얘기하는 것이 굉장히 중요하다. 그리고 그러한 것들이 계속 쌓여 거대한 대중 운동을 만났을 때 새로운 운동으로 성립할 수 있습니다.

요금 인상

또 몇 가지 질문을 해주셨는데요. 우회적 민영화라고 해서 아무런 효과가 없는 것이 아니라는 것을 토론에서 한 분이 말씀해 주셨습니다. 실제로 그렇습니다.

가스의 소매 부분을 민영화했다고 제가 말씀드리지 않았습니까? 그것 때문에 가스요금이 엄청나게 올랐습니다. 증거가 있습니다. 왜냐하면, GS나 SK 같은 소매 부분의 주주 배당률이 다른 데보다 거의 두 배 이상 높습니다.

그만큼 현재 가스요금이 엄청나게 많이 올라가잖아요? 특히 올해는 추워서 그런지 전 가스요금 때문에 생계의 영향을 상당히 받고 있는데, 이게 왜냐? 이게 날씨가 추워서가 아니다. GS와 SK 때문이라는 걸 사람들에게 얘기해야 합니다. 그리고 거기 사내유보금이 우리나라 평균 제조업 평균보다 1백 퍼센트포인트 이상 높아요. 이런 것들 때문에 우리가 가스요금을 많이 내는 겁니다. '우회적 민영화라 하더라도 그러한 문제가 발생한다', 이것부터 폭로해야 합니다.

이게 민영화 반대 운동의 굉장히 중요한 부분이라고 생각합니다. 이미 진행된 민영화도 굉장히 악영향을 미친다는 것을 곧바로 폭로해 낼 것, 이것들이 현재 우리 민영화 운동이 달성해야 하는 아주 구체적 과제라고 생각합니다.

전기 가격도 마찬가지인데, 현재 진행된 민영화 때문에 전기값이 많이 올랐습니다. 왜냐면 가장 비싸게 만든 전기 가격대로 받고 있거든요. 근데 가장 비싸게 만들어낸, 원가가 가장 비싼 전기는 바로 민영화된 발전 일부에서 만들어낸 거에요. 이 부분을 폭로해야 해요.

한 분은 공기업의 서비스 질이 낮은 문제가 있다고 지적해 주셨습니다. 따라서 공기업으로 가자는 말이 설득력이 없다는 말이겠죠? 그런데 실제로 맞습니다. 공기업 방만한 경영합니다. 공기업 서비스 질 낮습니다. 왜 낮죠? 공기업이 이미 상당히 상업화가 됐기 때문입니다.

또 하나 중요한 것은 노동자가 방만한 경영을 하는 게 아니라는 것입니다. 낙하산 운영, 불필요한 부분적 민영화, 이런 것들 때문에 방만한 운영이 되는 겁니다.

그런 공기업조차 사기업에 비하면 그야말로 알뜰한 경영을 합니다. 예를 들어 볼까요? 민영 보험 회사들. 우리가 보험료를 1백 원 내면 얼마 돌려줄까요? 많아야 30~40원 돌려주는 걸로 알려졌습니다. 10원도 안 돌려준다는 주장도 있는데 그것까지는 좀.(청중 웃음) 어쨌든 많아야 공식적인 자료로는 60원쯤 돌려주는 것으로 나오고 30~40원 쯤 돌려주는 것 같아요.

그런데 건강보험공단, 엄청나게 방만한 경영을 한다고 매일 욕 먹습니다. 그것도 민간보험 회사들한테. 그런데 거기서 관리비를 얼마 쓰는 줄 아십니까? 1백 원 내면 4원 씁니다. 민간보험회사들은 1백 원 내면 60~70원씩 관리비라고 하면서 자기네 주주들한테 나눠주고 사장이 먹고 이건희가 또 떼어먹고, 이건희 사촌, 팔촌, 십육촌, 사돈, 그 외에 수많은 이씨(청중 웃음), 수많은 홍씨, 이 사람들 다 먹는데 60퍼센트가 들어간다는 거 아니에요. 사회보험공단 4퍼센트 듭니다. 그것도 노동자들이 다 나눠 써요. 그래놓고 철밥통이래요.

또 하나 그런데 불친절하다? '일이 너무 많아서 불친절하죠' 하고 방어도 해야 합니다만. 다른 한편 공기업을 단지 소유만 봐서는 안 됩니다. 공기업이 현재 불완전한 부분은 공기업을 누가 운영하는가 하는 문제와 관계가 있습니다.

관료들이 운영하게 해서는 안 됩니다. 우리가 공기업화를 해야 한다, 재국유화 해야 한다고 했을 때 그것이 소유 구조만 얘기하는 것이 아닙니다.

그것은 실제로 그 공장의 노동자들이 운영해야 하고 실제로 주민이 운영할 수 있는 그런 민주적 운영 체계를 갖춘 그런 공기업화를 얘기하는 것입니다. 그랬을 때 정말로 국민한테 봉사하는 기업, 노동자들이 제대로 일할 수 있도록 하는 기업이 될 수 있고, 이런 것들이 필요합니다.

철밥통

그리고 그 기업은 노동자들한테 철밥통을 제공해야 합니다. 철밥통, 철밥통 해서 마치 그것이 비난처럼 이야기되는데요, 우리는 굉장히 모순적으로 인식하고 있습니다. 나는 철밥통에 취직했으면 좋겠다고 생각합니다. 꿈의 기업. 철밥통이면 얼마나 좋습니까? 뭐 경기에도 흔들리지 않고 아무것에도 흔들리지 않고, 그래서 나는 공기업에 취직하려고 해요. 요즘 광고도 있지 않습니까? '너 뭐 될래?', '공무원이요.' 근데 왜 한편으로는 딴 사람이 철밥통이 되는 건 배가 아픕니까? 저는 '우리나라의 모든 일자리가 철밥통이 돼야 합니다'하고 주장해야 한다고 생각합니다.(청중 박수)

아주 단순한 예를 들겠습니다. 유럽의 모든 일자리의 50퍼센트는 공무원과 준공무원입니다. 그래야 최소한의 복지국가라는 소리를 듣습니다. 그리고 유럽의 지방자치 재정의 80퍼센트가 복지 재정이고, 그 중 상당 부분이 공무원 임금이에요. 그래야 최소한 복지국가 언저리에 갔다는 소리를 듣습니다.

우리나라처럼 전체 일자리의 15퍼센트만 공무원이나 준공무원의 일자리다? 일자리가 없을 수밖에 없습니다. 공무원, 준공무원 일자리를 철밥통이라고 비판하면서 우리나라 고용 문제를 해결하겠다? 이건 정말 거짓말입니다.

공공부문 일자리를 늘리고, 그것도 괜찮은 일자리를 늘려야 합니다. 그것이 바로 우리가 공기업 민영화를 반대하는 이유고, 제대로 된 공기업을 만들어야 한다고 주장하는 이유입니다. 공기업을 민영화하면 많은 사람이 해고된다는 얘기는 여러 사람이 해주셨지만, 한편으로는 제대로 된 공기업을 늘려야만 일자리가 늘어나기도 합니다. 그 때문에 우리는 공공부문의 재국유화를 주장해야 됩니다.

중요한 것은 정치적 의지와 뚜렷한 목표 설정이라는 부분과 우리가 국유화라는 표현들을 삼가서는 안 된다는 부분을 말씀드렸습니다. 그리고 그 국유화라고 하는 부분의 범위는 어디까지냐? 그건 최소한 주요 기간 산업이어야 합니다. 아까 한 분이 지적해주셨듯이 한진중공업이라든가, 쌍용자동차 또는 기아자동차, 이것도 원래 국민 기업이기도 했죠?

여러 부문의 주요 기간 산업들의 국유화 또는 재국유화를 우리는 고려해야 한다고 생각합니다. 그리고 이것은 실제로 IMF 때 국유화를 상당히 한 부분이에요.

한 분이 질문을 해주셨기 때문에 IMF 얘기를 하겠습니다. IMF는 어떤 역할을 하느냐? 아주 간단히 말씀드리면 WTO, 세계은행, IMF, 이 세 가지를 신자유주의의 삼두마차라고 이야기합니다.

세계은행은 대개 미끼를 던지는 거고요. IMF는 침략군입니다. 가서 제도를 바꾸고 물러납니다. 그러면 진주군이 누구냐? 거기에 항상 진주하고 있는 군인, WTO입니다. 대충 그렇게 비유를 합니다.

무슨 얘기냐면, '세계은행은 가끔가다 지원을 하면서 미끼를 던지는 거고, 실제로 문제가 터지면 IMF가 가서 체질을 바꿔 놓고, 그 체질을 바꿔 놓은 걸 제도화하는 것이 WTO 혹은 FTA다'라는 겁니다.

IMF는 한 나라당 한 표를 행사하는 기구가 아니고요. 돈 많이 내는 나라가 표를 더 많이 갖습니다. 즉 1달러당 1표이고요. 미국이 웬만한 다른 나라를 합친 것보다 표가 더 많아요. 그래서 미국에 봉사하고, 그다음에 G7이라고 얘기하는 유럽 국가들과 최근에는 중국 같은 국가들에 봉사하는 사적 금융기구, 즉 은행일 뿐이지 결코 민주적인 기구가 아닙니다.

한 말씀만 더 드리고 마치겠습니다. 지금 저희가 당장 닥친 부분이 가스·철도·전기 정도죠? 그리고 물도 아마 2015~16년에 추진하지 않을까 생각됩니다.

저는 '[박근혜 정부하에서] 앞으로의 한국의 사회운동을 어떻게 풀어나가야 할 것인가'라고 했을 때, 지금 당장 KTX 민영화가 걸려 있습니다. 그리고 당장 가스 민영화, 전기 민영화가 걸려 있습니다. 저는 '문제를 여기서부터 풀어나가는 것이 어떨까' 하는 제안을 드립니다.

지금 박근혜 정부가 들어서면서 박근혜 정부에 어떻게 맞설 것인가 하는 고민을 많이 합니다. 또 선거에 졌다는 생각 때문에 굉장히 사기가 많이 저하돼 있습니다. 그러나 다른 한편 또 다른 요인들이 있습니다. 어쨌든 수많은 사람이 박근혜 정부에 대해서 그래도 이명박 정부보다는 좀 낫겠지 하는 기대를 합니다. 민생 대통령이라고 했잖아? 그리고 어떻게 이명박 정부보다도 못하겠어?(청중 웃음) 뭐 이런 생각들을 하는 것이죠? 최소한 이명박은 잠도 안 잤는데 박근혜는 잠이라도 자겠지.(청중 웃음)

그러나 박근혜 정부가 처음 한 인사를 보십시오. '이돈훕', 아직도 사퇴하지 않고 있습니다. 김용준? 도대체 뭡니까? 사람들이 실망한 나머지 55퍼센트밖에 지지를 하지 않고 있습니다. 당선인에 대한 지지율이 55퍼센트밖에 안 된다? 이거는 48퍼센트는 애초에 포기했다는 뜻이고요. 나머지도 한 7퍼센트 정도나 지지할까 말까 이런 정도의 수준이고, 심지어 이명박도 당선 초기에는 75퍼센트였어요. 그런데 55퍼센트밖에 안 된다? 굉장히 지지율이 적다는 겁니다.

이미 실망을 하고 있는데, 여기에다가 KTX 민영화를 추진하려고 한다는 것이 확인되고 있습니다. 저는 자신감을 잃지 말아야 한다고 생각을 하고 또 KTX 민영화라고 하는 것은 사람들한테 직접 영향을 미치는 것입니다. 전기요금, 가스요금, 철도요금, 이런 공공요금에 사람들은 굉장히 민감합니다.

우리가 복지의 요구들을 많이 내세웠지만 실제로 그러한 복지 요구들은 구체적인, '나한테 돈이 얼마나 떨어지나, 나한테 얼마나 손해인가'라는 구체적인 절박한 요구들과 결합하지 않으면 힘을 갖지 않습니다. 반대로 나한테 전기요금이 얼마나 올라간다는 그런 부분들과 결합할 때 사람들의 분노는 아주 구체적인 부분에서 폭발합니다.

이 때문에 가스·철도·전기 부분의 민영화, 또는 의료 부분의 민영화라는 문제는 민중의 구체적 요구라는 문제이기 때문에 매우 중요한 이슈라고 생각합니다. 따라서 여기에 상당 부분 집중해야 한다고 생각합니다.

다른 한편 우리는 이 운동을 발전시킴으로써 공공성이 무엇인지, 또 우리가 그릴 새로운 세상이라는 것은 어떠한 것인지에 대한 풍부한 상을 그릴 수 있다고 생각합니다.

따라서 저는 여기서 시작하는 우리 운동이 박근혜 정부에 맞서는 굉장히 중요한 계기가 될 것이라고 생각합니다. 2002년에 모든 공기업이 민영화될 것처럼 보였을 때 노동자들이 용감하게 3사 파업을 벌임으로써 막았고, 이명박 정부 초기에 수많은 사람의 절망을 뚫고 거리로 사람들이 실제로 나섰던 것처럼 말이죠. 그 사람들이 외쳤던 것이 바로 공기업 민영화 반대, 의료민영화 반대, 언론민영화 반대, 바로 그런 구호였습니다.

우리는 지금 박근혜 당선으로 사기가 저하되고 있지만, 공공부문 민영화, 공기업 민영화를 반대하는 운동을 하고 이것들을 중심으로 노동자·시민 들과 연대하고 싸워나갈 수 있다면 저는 박근혜 정부의 정책들을 파탄 내고 우리의 운동을 승리로 이끌어 갈 수 있는 매우 중요한 계기들을 만들어 갈 수 있다고 생각합니다. 감사합니다.

민영화가 민간의 자율성과 선택권을 늘리는가

진보진영 내에 '모든 민영화를 반대할 수는 없다'는 견해가 있다. 특정 부문은 민영화가 필요하다는 것이다.

이런 주장은 낯설지 않다. 2002년 노무현 정부 당시 철도·발전·가스 민영화에 맞서 노동자들이 파업에 나섰을 때도 일부 NGO는 노동자들의 투쟁을 흔쾌히 지지하지 않았다.

공기업들이 그동안 저지른 환경 파괴와 부패를 보면 민영화 반대는 기껏해야 공기업 관료들의 '밥그릇 지키기'에 지나지 않는다는 것이다. 또, 공기업 적자는 세금으로 메우는데 관료들의 무사안일주의와 과도한 보수 탓에 세금을 낭비하게 된다는 것이다.

실제로 군사독재와 권위주의 정부 시절, 공기업 사장이나 이사직은 정권의 측근들이 낙하산으로 임명돼 이권을 누리는 자리였다.

일부 NGO가 보기에 '민영화 반대'는 현상 유지였고 그러다 보니

장호종. 〈레프트21〉 101호, 2013년 3월 30일. https://wspaper.org/article/12794.

"일방적인 민영화 일정은 유보돼야 한다"는 어정쩡한 주장을 하기 일 쑤였다.

이런 태도의 밑바탕에는 국가 관료들에게 집중된 권력을 '민간'이 나 시민사회로 분산해야 한다는 믿음이 깔려 있다.

그러다 보니 민영화는 대상과 방식의 문제일 뿐 권력 분산에 활용 할 수도 있다는 생각이 자리잡게 된 것이다.

그러나 민영화는 평범한 사람들에게 더 많은 자유를 주거나 권력 을 나누려고 하는 게 아니다. 오히려 대기업의 손에 더 많은 권력을 쥐어 주려는 것이다. 정부가 운영하던 정유, 가스, 통신을 나눠 가진 것은 시민이 아니라 SK, GS, KT 같은 재벌들이다.

공공서비스 민영화는 사회적 부를 공공 영역에서 사기업 영역으로 옮기는 것을 뜻한다. 민영화로 정부의 재정 지출이 준 적은 없다. 서 비스가 민영화되면 평범한 사람들에게 정부의 재정이 훨씬 덜 돌아 갈 뿐이다.

대신 사람들에게 돌아갈 정부의 돈이 사장들의 주머니로 들어간 다. 민자 발전이나 민자 철도 계획에 참여하는 기업들이나 연구소를 운영하는 기업들에 엄청난 보조금이 들어간다.

게다가 경쟁이 도입돼도 부유한 자들은 단지 돈뿐 아니라 가용 자산이 많아서 최고의 서비스를 선택할 수 있다. 반면, 보통 사람들 은 최악의 서비스를 누리는 처지로 내몰릴 것이다.

사회주의자들은 사유화에 맞서 공공성을 옹호한다. 지배자들은 국가가 서비스를 운영하기를 바라지 않는다. 평범한 사람들이 서비 스 운영에 대해 이래라저래라 하는 것을 바라지 않기 때문이다.

경쟁

지배자들은 경쟁과 자유시장을 밀어붙인다. 그렇게 하면 기업들이 더 많은 돈을 벌 수 있기 때문이다.

물론 국가는 중립적이지 않다. 국가는 한 계급이 다른 계급을 억누르는 계급 지배 도구다.

진정한 권력은 선출된 정부에 있지 않다. 진정한 권력을 가진 것은 부자들이다. 그러나 그들에게 더 많은 권력을 주는 것은 말이 안 된다.

사람들은 적어도 의료 서비스를 망가뜨릴 정부를 선거에서 떨어뜨릴 수는 있다. 그러나 다국적 기업은 선출할 수도 없다. 지경부의 전력수급기본계획 공청회를 무산시킬 수는 있지만 재벌들의 이사회는 그렇게 하기가 훨씬 어렵다.

신자유주의자들은 국가가 소유한 부분을 '민간'에 넘기면 소비자들이 자유와 선택권을 더 많이 누릴 수 있다고 말한다.

그러나 이들이 말하는 '자유'는 복지를 영리 추구 기업의 손에 넘길 자유다. 이런 조처는 평범한 사람들의 자유를 제한하는 것이다.

지배자들은 '사람들에게는 선택권이 있고, 어떤 선택을 하냐에 따라 삶이 달라질 것'이라고 말한다. 이것은 진실이 아니다.

노동계급 가정에서 태어나면 평생 노동계급일 가능성이 높다. 이 점이 우리 삶의 모든 측면과 모든 "선택"에 영향을 미친다. 내가 아프면, 가족이 빚에 허덕일 것이다. 수천만 원 빚을 질 각오가 돼 있다면, 대학을 가겠다고 "선택"할 수도 있다.

이건 자유가 아니다. 진정한 "선택권"이 있는 것도 아니다.

대기업 이사 자리에 이력서를 넣을 수는 있다. 그러나 합격할 수 없을 것이다. 사실 그런 종류의 최고 엘리트 그룹에는 거의 아무도 지원하지 않는다.

지배자들은 자유와 개인의 주체성을 지지한다고 말한다. 그러나 그들이 말하는 '개인'은 부자 '개인'이다.

사회주의자는 집단적 자유를 지지한다. 우리의 공공서비스를 지킬 최고의 방법은 노동자들의 집단적 행동이다.

노동자들의 행동에는 이런 서비스를 민주적으로 통제할 잠재력 또한 있다.

민영화, 협동조합, 그리고 국유화

2000년대 내내 광범하게 추진된 민자 SOC 사업의 결과는 민영화가 요금은 낮추고 서비스 질을 높인다는 말이 거짓임을 보여 줬다.

2000년 인천공항고속도로 개통 이후 고속도로·항만·철도 등 민자 SOC 사업에 쏟아 부은 손실 보조금은 2조 8천6백46억 원에 이른다.(〈서울경제〉)

이처럼 막대한 세금을 쏟아부어 기업들의 손실을 보전해 주고 있지만, 사업자들은 통행료를 잇따라 인상했다. 대선 직후인 지난해 12월 27일에 8개 민자 도로 사업자들은 통행료를 1백~4백 원씩 올렸다.

인천공항철도는 가장 극단적인 사례다. 얼마나 재정을 파탄 냈으면 결국, 2009년 이명박 정부조차 국유화할 수밖에 없었다. 이 과정에서 투입된 1조 2천억 원도 결국 사기업주들에게 막대한 매각 차익

〈레프트21〉 98호, 2013년 2월 16일. https://wspaper.org/article/12515.

을 안겨 줬지만 말이다.

이런 상황은 공공 서비스를 사기업에 맡기면 재앙이 따름을 보여 줬다. 또한, 민영화가 불가피한 게 아니며 정부가 원하면 국유화를 하는 것도 가능함을 보여 준다.

그러나 정치인들은 민영화에 대한 집착을 여전히 버리지 않았으며, 민영화를 추진하려고 기만적인 미사여구를 동원한다.

소비자의 "선택"이니 "다양성"이니 하는 말들은 민영화가 처음 추진된 1990년대부터 나오기 시작했고, 역대 정부는 이를 더욱 계승·발전시켰다. 그들은 민영화가 수십 년 동안 유지돼 온 "권위주의적"인 국가 권력을 축소하는 한 방법인 것처럼 포장했다.

진보진영 일각에서는 '협동조합'이나 '사회적 기업' 등을 전면적 민영화에 대한 대안으로 여기기도 한다.

그러나 이런 것들은 공공서비스에 대한 국가의 책임을 면제해 주는 효과를 낸다. 또 대기업들이 운영난에 허덕이는 협동조합들을 흡수함으로써 자기 몸집을 불리고 공공서비스 '시장'에 진출할 수 있게 해 준다. 결국 민영화의 또다른 경로가 되는 것이다.

영국 웨스트 요크서 지역 버켄쇼의 "학부모 연맹"은 영국 최초가 될 수도 있는 "학부모 운영" 학교를 추진하고 있다. 이들의 구상인즉 학교를 민간기업인 세르코에 넘기는 것이다.

세르코는 철도, 감옥, 이주자 구금 센터, 레저 센터, 과속차량 단속 카메라 등을 운영할 뿐 아니라 브래드퍼드, 월솔, 그리고 스토크 시의 교육청까지 접수하고 있으며 해군 기지에서 "선단 지원"을 담당하며 심지어 앨더매스턴의 핵무기 개발까지 관리하는 문어발 기업이다.

이 회사의 이윤은 올해 1억 9천5백만 파운드로 치솟았는데, 그 한 푼 한 푼이 노동자들의 호주머니에서 나온 것이다. 세르코 회장 크리스토퍼 하이먼은 "우리가 여력만 있다면 붙잡을 수 있는 기회들이 사방에 널려 있다"고 했다.

사회주의자들은 국유화를 지지하며 중앙·지방정부가 공공서비스를 운영하길 바란다. 각급 정부는 그 책임성 측면에서 숱한 한계가 있음에도 어쨌든 민주적 절차를 통해 선출됐지만, 사기업들은 그렇지 않다.

이윤 논리

선출된 정치인들에 대한 노동자들의 통제력이 아무리 적다 해도 사기업 사장에 대한 통제력보다는 크다. 만약 지자체장이나 의원 들이 영리병원을 도입하거나 지방 의료원을 폐쇄하려 한다면 자신을 선출해 준 주민들의 눈치를 보지 않을 수 없을 것이다.

그러나 사기업 사장은 그런 압력을 받지 않는다. 삼성이나 현대는 병원이 충분한 수익을 내지 못하면 보통 사람들의 필요 따위는 아랑곳하지 않고 병원을 폐쇄할 수 있다.

민영화를 반대하는 데는 중요한 이데올로기적 근거도 하나 있다. 우리는 공공서비스가 이윤이 목적인 사업처럼 운영돼서는 안 된다고 본다. 오히려 서비스 이용자들의 필요에 맞게 운영돼야 한다고 본다.

공공서비스를 이윤 획득 수단으로 전락시키는 비즈니스 지상주의는 평범한 서비스 이용자들에게 끔찍한 피해를 초래한다. 그래서 사회주의자들은 모든 형태의 민영화에 반대한다.

물론 우리가 국유화를 완벽한 대안으로 여기는 것은 아니다. 공공서비스 노동자들이 누구보다 잘 알고 있듯이 정부는 결코 모범적 고용주가 아닐뿐더러 공공서비스의 모범적 수호자도 아니다.

또한, 공공서비스에 대한 정부 통제가 곧 평범한 사람들의 통제를 의미하지도 않는다. 진정한 권력은 의회 바깥에 존재하기 때문이다.

사회주의자들은 궁극적으로 노동자 통제에 대한 요구도 제기해야 한다. 이는 공공서비스에 대한 공적 소유뿐 아니라 노동자들에 의한 민주적 운영을 뜻한다. 즉 사장들이 아니라 선출되고 소환 가능한 노동자 위원회들이 모든 작업장을 접수하는 것을 뜻한다.

이 말은 곧 우리가 이윤이 아닌 공공선을 위해 경제를 운영함을 뜻한다. 또한 오늘날 사회를 운영하는 자본가들이 이를 절대로 용납하지 않을 것이므로, 결국 그들을 몰아내고 완전히 새로운 사회를 창조하자는 말이기도 하다.

자유시장의 신화와 민영화

들어가며

최근 한국통신 민영화 문제가 뜨거운 쟁점이 되고 있다.

정부는 "국가경쟁력을 강화하기 위해서는 특히 공기업의 군살빼기가 필수적인데 그것이 바로 민영화이다."* 하고 주장하고 있다.

정부는 공기업이 사적 자본가들의 손에 넘어가면 비효율과 낭비가 청산되어 회사는 더 많은 이윤을 남길 것이고 그리되면 노동자들에게도 이익이 될 수 있다고 말한다.

그러나 현실은 그 반대이다. 민영화가 노동자들에게 내핍만을 의미한다는 점은 이미 한국통신 노동자들 스스로 너무 잘 알고 있는 사실이다.

김어진. 이 글은 국제사회주의자들(IS)이 1995년에 발간한 소책자다.

* 〈조선일보〉 95년 5월 23일자.

한 한국통신 노동자는 "우리가 민영화를 반대하는 이유는 일자리를 빼앗기지 않기 위해서입니다." 하고 말했다. 작년에 발표된 한국통신 민영화 계획에는 한 해 동안 5천 명을 감원한다는 계획이 포함되어 있었다.

정부가 이번 한국통신 노동자들의 투쟁에 혈안이 되어 있는 이유 가운데 하나는 한국통신 노동자들이 민영화를 받아들이느냐 그렇지 않느냐가 지배자들의 장기적 경제전략에 중요한 영향을 미치기 때문이다.

만약 한국통신 노동자들이 민영화를 일시적으로라도 좌절시킨다면 정부의 비슷한 공격에 직면해 있는 다른 부문의 노동자들도 자신감을 가지게 될 것이다. 그렇게 된다면 정부가 하려고 하는 경제 구조조정은 커다란 차질을 빚을 것이다.

반대로 노동자들이 민영화를 좌절시키는 데에서 실패한다면 정부는 그것을 기회로 더욱 주도면밀한 공격을 준비할 것이다. 중앙일보는 이렇게 말했다. "[한국통신 노동자들의 투쟁이 패배하면] 정부는 … 통신 사업 경쟁체제 및 한국통신 민영화 정책의 추진을 더욱 가속화시킬 전망이다."*

그런데 안타깝게도 일부 좌익들은 민영화 자체에 반대하지는 않고 있다. 이들의 주장은 민영화가 "'건전한 경쟁'을 보장하고 고용불안을 가져오지 않는다면" 굳이 반대할 이유가 없다는 것으로 요약된다.

이들은 민영화가 어찌 되었든 효율성을 가져다 줄 것이라고 생각

---

* 〈중앙일보〉 95년 5월 22일자.

한다. 그래서 "부작용 없는 민영화", "독점 없는 민영화"를 대안으로
내놓고 있다.

> 단순히 소유권만 국가로부터 민간인의 손으로 이전시키는 것은 별 의미가
> 없고 시장 구조를 경쟁적인 것으로 개혁하는 조치가 선행되어야 하며 사
> 후에도 보다 많은 경쟁의 도입에 정책적 역점을 두어야 한다. 시장 구조가
> 독과점인 상황에서는 배분효율이 저해되고 경제력 집중의 폐해가 전면에
> 부각된다.[*]

이런 주장은 두 가지 결함을 갖고 있다. 첫째, 실현 불가능한 대안
이라는 점이다. 독점 없는 경쟁과 시장은 형용모순이다. 경쟁은 독점
을 낳고 독점은 경쟁을 낳는다는 단순한 논리 때문이다.

이들이 원하는 "깨끗한 자본주의"도 소망에 불과하다. 노동자들의
임금삭감과 감원·해고가 없는 자본주의, 독점이 없는 자본주의, 자본
가들의 부동산 투기가 없는 자본주의는 현실에서 가능하지 않다.

두 번째 결함은 첫 번째 결함으로부터 나온다. 시장과 경쟁 자체
가 아니라 독점적 시장과 독점적 경쟁만이 문제라고 생각하는 사람
들은 현실에서 있을 수 없는 자본주의를 제시하면서 "독점을 완화시
킬 수 있는 개량주의적 해결책"으로 도망간다.

> 지금의 민영화 정책은 방식만 바꾼 재벌 중심적 정책이다. … 현재 대안으

---

[*] 김대환, "한국의 민영화 정책의 비판적 검토", 《경제와 사회》 95년 봄호, 184쪽.

로 제시되고 있는 매각 방식으로는 실질적으로 '국민'의 소유가 되게 하기 위해 공모주 예치금이나 증권 저축 등에 가입한 저축자에 한해 공정한 가격으로 매각을 한다든지 매각 액수 등을 한정짓는 것이다.[*]

진정추가 내세우는 대안도 사실 크게 다르지 않다.

재벌해체와 관련된 구체적 요구 사항들로는 재벌 총수의 재산 공개, 재벌 총수와 가족의 지분 5% 미만으로 제한, 재벌 총수의 경영 일선에서의 퇴진, 종업원 지주제의 확대와 기업 공개, 지주회사의 최우선적 공개를 통한 대기업의 국민기업화 등을 들 수 있다.[**]

물론 정도 차이는 있지만 민정련도 민영화에 대해서 어느 정도의 여지를 남겨 두고 있다.

유럽의 경우 민자 유치가 투자 은행을 중심으로 진행되고 일본 국철의 민영화에 재벌이 거의 배제된 채 1천2백여 개의 기업이 중심이 된 사례를 참고할 필요가 있다.[***]

독점적 규제 없는 민영화는 당근만 남기고 채찍을 없애는 것이다. 민영화

*   김은경, "공기업 민영화 정책에 대한 평가", 《월간 흐름》 94년 7월호, 17쪽.

**   이현영, "김영삼 정부의 재벌 정책 그 배경과 의의", 《노동과 진보》 93년 11호, 12쪽.

***   강호정, "제2이동통신, 공기업 민영화, 문민정부의 재벌정책", 《진보》 94년 4월호, 42쪽.

이전에 독점을 해체하는 것이 선결되어야 한다. 아니면 몇 개로 분할하고 경쟁을 도입해야 하며 경제 구조의 민주적 개혁을 통한 시장의 구조 개혁이 선행되어야 한다.*

민간기업이 국영기업보다 어쨌건 더 낫다는 주장은 사실 민영화에 타협하는 것이다.

민영화는 한마디로 자본가들 자신이 만들어 낸 경제문제들의 대가를 노동자들에게 떠넘기는 것이다. 그런데 이것에 대해서 유보하고 타협하는 태도를 취한다면 어떻게 될까?

이것이 바로 1980년대에 영국을 비롯한 유럽의 노동자 운동에서 벌어진 일이었다. 영국공산당은 '민영화 = 민간 소유 = 민중적 자본주의'라는 정식 아래에서 노동자를 집단해고로 내몬 대처 정부의 민영화를 공공연하게 환영했다.

영국공산당처럼 한심한 정도는 아니라고 할지라도 만약 '노동자를 해고하는 민영화에는 반대하지만 해고에 대한 정부 대책이 있고 재벌 간의 경쟁이 완화될 수 있다면 지지할 수 있다'는 입장을 취한다면 노동자들에 대한 지배자들의 공격에 맞서 제대로 싸울 수 없을 것이다. 지배자들의 논리를 다 받아들이지는 않지만 어쨌든 인정하는 방식은 마치 바리케이드 한 구석을 적에게 열어 놓고 싸움을 하는 것과 같다.

일부 좌익들이 민영화 자체에 대해서 반대하지 않는 이유는 시장

---

* 같은 글, 같은 책, 42쪽.

을 대안으로 생각하기 때문이다.

많은 사람들은 '계획은 사회가 복잡다단하다는 것을 무시하고 사회에서 나타나는 수십만 가지 요소들을 다 고려할 수 없기 때문에 시장을 도입해야 한다.'는 주장에 대해서 딱히 반박할 필요를 느끼지 못한다.

특히 국가 통제 = 계획이라고 보는 정식 아래에서는 더욱 그렇다.

"동유럽에서 계획은 비효율과 낭비만을 낳았다. 그것으로부터 탈피하기 위해서는 시장을 내팽개쳐서는 안 된다."는 것이 이 주장의 요지이다. 이 주장은 종종 "인간의 얼굴을 한 사회주의"라는 구호로 윤색되기도 한다.

이 사회를 바꾸려고 해 온 사람들 사이에서도 최근 2,3년 동안 시장이 매력적이라는 주장이 놀랄 만큼 많이 퍼졌다.

이런 생각에 동의하는 사람이라면 누군가 "시장은 소비자가 탁월한 선택을 할 수 있는 자유로운 곳이지요." 하고 말할 때 한 번쯤 고개를 끄덕일 것이다.

이런 주장 속에는 '시장은 비권위주의적이고 자유로운 것'이라는 생각이 숨어 있다. '사람들은 갖고 싶은 물건들을 마음대로 가질 수 있어야 한다. 그런데 시장이 없다면 그렇게 할 수 있을까? 물건을 사고 팔 수 있는 자유를 누리게 해 주는 곳은 시장이다. 이것이 바로 보이지 않는 힘이다.'

한마디로 수요와 공급에 따라 가격이 결정되고 생산과 분배가 조화롭게 이루어지는 것이 시장이라는 것이다.

과연 시장은 사람들에게 선택의 자유와 민주적 권리를 누리게 해

줄까? 시장은 과연 경제를 효율적으로 움직이게 하는 것일까?

이런 물음들에 대해 속시원히 대답을 내리고 시장에 대한 혼동으로부터 자유로워질 때에라야 민영화에 대해서 분명한 입장을 취할 수 있을 것이다.

시장은 영원불변한 것인가

시장을 대안으로 받아들이는 사람들은 대부분 시장이 인간 사회에서 항상 존재해 온 경제 법칙이라고 생각한다. 이것은 시장에 대한 순진하고도 잘못된 이해이다. 이런 견해의 지지자들은 대부분 "시장은 곧 교환이다." 하는 등식을 받아들인다.

만약 시장을 물건을 교환하는 것 또는 교환하는 장소 쯤으로 여긴다면 고대 사회부터 지금까지 시장이 없었던 적은 거의 없을 것이다. 이런 관점 아래에서는 시장이 영원할 것이라고 생각하는 것도 무리는 아니다. 어느 사회에서도 다른 사람들이 만들어 놓은 재화를 단 한 개도 사용하지 않고 살 수는 없기 때문이다.

노예제 사회에서도 물건을 교환하는 시장과 무역은 번성했다. 마르크스는 고대 로마 사회의 무역과 시장을 두고 "고대 로마 후기 공화정 시대에 상업자본은 이전에 볼 수 없었던 수준으로 발달"했고 "유럽과 소아시아의 기타 그리스 도시에서도 상업은 발달"했다고 말했다.

---

* 카를 마르크스, 《자본 3-1》, 비봉, 398쪽.

2~3세기에 흑해 연안의 그리스 식민지였던 지역도 거대한 상업 식민지였으며 키에프와 노브고로드와 같은 초기의 러시아 도시들도 발틱해, 라드가호, 드니예프강, 흑해를 연결짓는 거대한 상업 중심 도시였다.*

봉건 사회에서도 시장은 꽤 번성했다. 농노들이 자기 땅에서 생산한 경작물을 돈으로 환산해서 영주에게 바치게 되자 시장과 화폐 거래는 훨씬 더 많아졌다. 영주가 자기 땅을 빌려 주거나 팔기 위해 기웃거렸던 "토지 시장"도 있었다. 이 시기를 가리켜 한 역사학자는 "런던과 해안을 연결짓는 가장 커다란 도로는 … 화폐가 유통되는 동맥이다."** 하고 말했다.

자본주의 사회에 들어와서 시장이 완전히 일반화된 것은 더 말할 나위 없다.

그러나 문제는 시장의 넓이만이 아니다. 자본주의 사회의 시장은 그 이전 사회의 시장과 질적으로 다르다.

자본주의에서는 사람들의 **노동력**도 시장에서 사고 파는 상품이 되어 버렸다. 바로 이 점 때문에 자본주의 사회는 상품 생산과 교환이 보편화된 유일한 사회가 되었다.

일반화된 상품 생산 법칙은 노동력이 상품화되지 않고서는 가능하지 않다. 오직 임노동이 존재하는 곳에서만 상품 생산이 사회 전체를 지배하게 된다.

---

* 　모리스 돕, 《자본주의 이행 논쟁》, 동녘, 51쪽.

** 　같은 책, 48쪽.

농노제 사회에서 농부의 노동을 예로 들어 보자. 농부가 만든 포도주는 농부가 그것을 시장에서 팔려고 할 때에만 다른 사람의 물건과 교환될 수 있다. 그러나 농부가 팔려고 하지 않는다면, 혹은 자신이 마실 포도주밖에 만들지 못해서 시장에 내다 팔 것이 없다면, 그 농부의 포도주는 교환되지 않을 수도 있다.

반면, 직접 생산자가 생산수단과 분리될 때에는 문제가 달라진다. 노동력을 시장에 내다 팔아서 포도주 공장에 취직하게 된 직접 생산자(=노동자)는 교환을 목적으로 포도주를 매일 생산한다.

즉, 직접 생산자의 의사에 상관없이 포도주가 교환되려면 시장에 내다 팔 포도주만을 만드는 "매어 있는 노동력"이 필요한 것이다. 더 나아가 포도주를 만드는 노동력, 병마개를 만드는 노동력, 옷을 만드는 노동력이 종류별로 따로 있어야 한다.

요컨대, 일반화된 상품 교환·생산 사회(자본주의)가 되기 위해서는 노동자들의 노동력을 마치 원료·완제품·곡식 혹은 다른 모든 상품처럼 사고 파는 시장이 등장해야만 가능하다.

자기 소유의 생산수단을 갖고 있는 사람도 — 예를 들어 농민 — 자본주의 이전 사회처럼 살아갈 수 없다. 그는 포도주만 먹으면서 살 수 없기 때문이다.

이런 사회가 형성되기 위해서는 직접 생산자를 생산수단으로부터 분리시키는 강제적인 사회적 힘이 동원되어야 했다. 이것이 "인클로저 운동"의 본질이었다.

18세기 영국에서는 농노로부터 토지를 빼앗는 대규모 수탈이 자행되었다. 이것은 토지에서 인간을 '청소'하는 것이었다. 자본가들이 오두막집까지 '청소'해서 농노들은 잠잘 곳마저 빼앗겨 버렸다. 생산수단을 빼앗긴 그들에게 남은 마지막 선택은 공장의 임금노동자가 되는 것이었다.

시장, 상품이 일반화되기 위해서는 수백만의 피와 굶주림이 필요했다. 마르크스의 말처럼 "자본주의는 더러운 피와 오물을 뒤집어 쓰고 태어났다." 이런 강제적 힘을 통해서 "교환을 목적으로 이루어지는 노동력"이 등장하게 되었다.

자본주의 사회에서는 교환이 우연적으로 이루어지지 않는다. 상품 교환은 사회를 지배하는 일반적인 원리가 되어 버린다. 이것을 두고 마르크스는 자본주의 사회가 가치법칙의 지배를 받는다고 표현했다.

그는 가치법칙이 지배하는 사회에서 노동자는 노동력을 팔 자유만 있을 뿐, 자신이 만들어 낸 상품들을 지배하지 못한다고 말했다. 반면, 스스로 노동을 하지 않고도 노동력을 사서 교환을 목적으로 상품을 만들어 이득을 보는 사람들이 생겨났다.

시장은 사람들을 이질적인 지위를 갖는 두 부류로 나누었다. 한 부류는 시장에서 온갖 선택의 자유를 누리지만 다른 한 부류는 자신이 만든 생산물로부터 소외된다.

이런 방식으로 자본주의 사회에서 시장은 착취를 낳는다. 일반화된 상품 생산이 만들어 낸 결과가 바로 이것이다. 최근 몇 년동안 미국경제가 호황을 누렸지만 호황의 결과 가운데 단지 1%만이 중산층 이하의 사람들에게 돌아갔다.*

———

* 〈시사저널〉 1994년 11월 31일자.

일반화된 상품사회(자본주의)의 시장에 대해서 말할 때에만 우리는 시장과 타협해야 할지 — 이를테면 시장사회주의 같은 주장처럼 — 그렇게 하지 않을지를 결정할 수 있다.

시장을 잘못 운용하는 것이 문제인가

우익 이데올로그들은 시장이 항상 선하다고 말해 왔다. 국제통화기금(IMF)은 시장 확대 정책 이후에 마이너스 경제 성장을 기록하고 있는 칠레나 폴란드의 경제 성장 지수가 단 1%만 올라도 '내 말이 맞지?' 하고 말한다. 그리고 공표한 계획대로 움직이지 않으면 '정부가 개혁 프로그램을 잘 밀고 나가지 못했기 때문이다.' 하고 말한다.

그들은 민영화에 대해서도 마찬가지다. 김영삼 정부의 민영화 프로그램을 만들고 있는 한국개발연구원은 민영화가 많은 '부작용'을 낳았던 것은 "전문경영체제를 채택하고 시장 경쟁을 보장하지 않았기 때문"이라고 주장한다.* 시장을 운용하는 사람들이 잘만 하면 되는 문제라는 것이다.

전통적으로 시장주의의 버팀목이 되어 온 사람은 애덤 스미스와 리카도이다.

애덤 스미스의 주장을 요약하면 이렇다. 사람들이 상품을 자유롭게 교환하는 것이 시장이다. 노동자는 노동을 해서 임금을 얻고 자

---

* 〈시사저널〉 1994년 6월 23일자.

본가는 자본을 대서 이윤을 얻고 땅 주인들은 땅을 빌려 주어서 지대를 얻고 은행가들은 돈을 빌려 줘서 이자를 얻으니 이 얼마나 합리적이고 평등한가.

그는 노동자와 자본가가 동등하게 사회적 부를 만든다고 생각했다. 그래서 그는 시장은 부를 축적하도록 동기를 유발시키는 한편 각 계급간의 경제적 이익을 조화시킬 수 있다고 보았다.

그에게 시장은 이토록 순진하고 관념적이다. 그래서 애덤 스미스는 국부론을 "부지런하고 검소한 자본가"를 위해서 썼다고 말했다.

그는 시장을 "어쨌든 교환되는 곳"으로만 보았다. 그는 상품 교환이 일반화되기 위해서, 노동자는 자신이 생산한 상품을 거느릴 수 없으며 오로지 노동력 시장에서 거래될 자유가 있을 뿐이라는 점을 보지 못했다.

그는 그저 시장이 "사람들의 능력과 재화가 교환되는 평등한 계약"이라고 반복했다.

"정당하게 부를 모은 사람들의 협동조합"을 사회주의라고 보았던 프루동도 마찬가지의 주장을 폈던 사람이다. 그도 시장을 교환이라고 보았다. 그는 시장과 경쟁을 찬양했다.

경쟁을 파괴시킨다는 것은 불가능하다. 우리는 단지 그것의 균형점을 발견하기만 하면 된다. … 경쟁과 연합은 서로를 지탱시켜 준다. 서로 배타적이지 않음은 말할 것도 없고 서로 다른 것도 아니다. 누군가가 경쟁이라는 말을 한다면 그것은 이미 공동의 목표를 전제로 삼는다. 그러므로 경쟁은 이기주의가 아니다. 사회주의자들에 의해 범해지는 가장 한탄

할 만한 잘못은 경쟁이 사회를 타락시키는 것으로 간주되고 있다는 점이다.*"

프루동은 평생 자본주의에 대한 순진하고 관념적인 접근으로 일관했다. 그는 원래 시장과 경쟁은 좋은 것인데 현실의 시장과 경쟁이 잘못되었다고 생각했다. 그래서 그는 자본가들의 부를 "절도"라고 보았다.** 그러나 마르크스는 자본가들의 부를 "착취"라고 보았다.

마르크스는 프루동의 생각을 이렇게 비판했다. "그들 모두는 경쟁의 결과로 생기는 유해한 결과가 없는 경쟁을 원합니다."***

또한 프루동은 시장(경쟁)이 독점과는 완전히 다른 것처럼 주장했다. 시장은 선한 교환인데 독점은 악한 교환이라는 것이다. 마르크스는 독점과 경쟁을 완전히 다른 것으로 보았던 프루동을 이렇게 비판했다.

독점은 경쟁을 낳고 경쟁은 독점을 낳는다. 독점자는 경쟁으로부터 만들어지고 경쟁자들은 독점자가 된다. 만약 독점자들이 부분적 결합의 수단을 이용하여 그들의 상호 경쟁을 제한한다면 노동자 간의 경쟁이 증가한

---

* 카를 마르크스, 《철학의 빈곤》, 아침, 147쪽에서 재인용.

** 프루동은 자본주의에 대해 도덕적으로 비판하는 것으로 일관했다. 그래서 사회적 모순을 "의도", "관념"의 문제로 치부할 수밖에 없었다. 그런 주장 아래에서 이르게 되는 결론은 "나쁜 의도"를 선하게 만들기 위한 계몽이다. 이것은 그가 '계몽에 의한 사회주의'(위로부터의 사회주의)를 주장하게 되는 이유이기도 하다.

*** "P. W. 안넨코프에게 보내는 편지", 같은 책, 191쪽.

다. 한 국가의 독점자들에 대항하는 프롤레타리아 대중이 성장하면 할수록 상이한 독점가들 사이의 경쟁은 더욱 필사적으로 된다."

프루동은 '현실의 시장'을 보완해 줄 수 있는 사회적 계약만 있다면, 독점으로부터 시장을 보호해 줄 수만 있다면 모든 문제가 해결될 수 있다고 말했다. 그래서 그가 내린 사회적 계약은 바로 "조세"였다. "그것은 모든 일자리가 프롤레타리아에게 주어지고 독점자에 의해서 전체의 행정 체계를 만들어낸다.""

오늘날에도 프루동과 비슷한 견해를 펴는 사람들이 참 많다. 독자들은 잠시 후에 민영화를 다루는 부분에서 이런 종류의 주장을 다시 접할 수 있을 것이다. 사회민주주의나 '시장사회주의'를 주장하는 사람들도 프루동처럼 시장을 교환 그 자체로 본다.

시장은 자유로운 교환이지만 현실의 시장은 몇 가지 부작용이 있으므로 그런 부작용들을 치유해 줄 수 있는 보완조치들만 있다면 모든 문제는 해결된다는 것이다. 스웨덴이 이런 주장들의 모델이다.

한국사회연구소는 민영화를 사실상 지지하는 입장을 발표하면서 시장은 원래 아무런 문제가 없는데 그것을 운용하는 데에서 문제가 생긴다고 말하고 있다.

시장경제는 사회적 자원 배분에서 개인들 사이에 폭넓게 분산·소유되고

---

* 　같은 책, 153쪽.

** 　같은 책, 153쪽에서 재인용.

있는 지식 내지는 정보를 동원하여 활동할 수 있는 유일한 질서 형태이다. … 시장은 미리 설계된 조직이 아니므로 실패도 성공도 있을 수 없다.*

한국사회연구소의 주장은 프루동의 주장을 떠올리게 한다.

프루동은 "착취하지 않는 자본가"와 "원래는 문제가 없는 경쟁과 시장"을 주장했다. 한국사회연구소가 주장하는 것은 한마디로 '깨끗한 자본주의', '목가적 자본주의'이다. 한국사회연구소는 "원래 민영화는 선하지만 현실의 민영화가 나쁘기 때문에 몇 가지 규제제도가 필요하다."고 말한다.

시장을 순진하게 바라보는 생각이 이런 공통점을 만들어 낸 것이다.

시장은 생산과 분배가 조화를 이루도록 하는가

사실 공기업이 민영화되면 쓸데없는 낭비가 제거될 것이라는 주장은 시장 경쟁에서는 합리적인 자정작용이 이루어진다는 논리에 그 뿌리를 두고 있다.

시장을 미화하는 사람들이 내거는 주장들 가운데 가장 대표적인 것도 시장이 생산과 분배를 조절해주는 역할을 한다는 것이다.

---

* 임휘철, "현대자본주의 민영화 정책의 정치경제학적 의미", 《동향과 전망》, 1994년 겨울호, 124쪽.

시장 경제는 자원이 상호조정되는 자발적인 질서이다.[*]

이런 종류의 주장은 우리 주변에 참으로 많다. '시장은 가격의 오르내림에 따라 소비자의 수요와 기업의 공급량 사이에 균형을 만들어 낸다. 얼마나 합리적인가?'

즉, 시장에서의 '가격 신호'(price signal)는 수요와 공급이 맞아떨어지게 만든다는 것이다. 그러나 현실은 그 반대이다.

이런 주장의 맹점은 현실에서 수요와 공급 사이에 시간적 간격이 있다는 점을 간과한다는 것이다. 사람들이 개인용 컴퓨터를 사려고 하기 훨씬 전에 개인용 컴퓨터 생산이 이루어진다. 당신이 최근에 산 자동차는 적어도 십 년 전에 디자인되고 만들어졌을 것이다.

가장 선진적인 산업에서 생산 예비 단계는 판매에 앞서 몇 십 년의 기간을 필요로 한다. 왜냐하면 수천 억의 공장 부지와 수천 억의 기계 설비를 마련하기 위해서는 계산기를 두드리고 자금을 모으고 실제 그것들을 구입하는 데 오랜 시간이 걸리기 때문이다. 따라서 이럴 때일수록 그 시간적 차이는 더 커진다.

이러한 시간적 차이는 단지 수요와 공급이 균형에 도달하는 효율성을 떨어뜨리는 문제가 아니다. 이것은 '가격 신호' 이론 자체를 뒤엎어 버린다.

간단한 예를 들어 보자. 어느 해에 브라질에 흉년이 찾아 왔다면, 세계시장에서 커피 가격은 급등할 것이다. 그 다음해에 세계의 농부

---

* 같은 글, 같은 책, 124쪽.

들은 가능한 한 많은 커피를 재배함으로써 이런 상황에 대처할 것이다. 그러나 그 전해와 똑같이 어떤 이유로 — 예컨대 이상기온 — 흉년이 들지 않는다면 그 결과는 "과잉 생산"일 것이다. 그러한 과잉 생산의 결과로 가격은 다시 폭락할 것이고 다수의 농부들이 파산할 것이다.

사실 시장에서 가격 신호, 즉 특정 상품에 대한 수요에 따라 공급이 이루어지는 경우는 흔치 않다. 왜냐하면 자본주의 사회에서 공급(생산)을 하는 하는 목적은 사람들의 필요(수요)를 만족시키기 위한 것이 아니기 때문이다.

이 점을 이해할 때라야 세계적인 차원에서 식량의 공급과 분배가 왜 그리도 추악한 현실 속에 있는가도 이해할 수 있다. 1970년대에 곡물 가격이 높았을 때 농부들은 국내 시장에서 눈을 돌려 세계 시장에서 이윤을 많이 남길 수 있는 곡물 생산으로 전환했다.

가격이 폭락하자 선진 자본주의 나라들의 농업 자본가들은 곡물을 시장에 내다팔기보다는 생산량을 줄이거나 곡물을 내다 버리는 것이 더욱 돈이 남는다는 것을 발견하게 되었다. 그리하여 제3세계의 엄청난 기근에도 불구하고 1980년대에 선진국의 곡물 창고 들에는 "팔 수 없습니다"는 간판이 붙어 있었다.

한편 곡물을 팔아서 사회적 부를 얻었던 제3세계 나라들의 경우에는 선진국에 수출하는 곡물 가격은 엄청나게 낮아져서 그 나라들은 더 이상 곡물 생산을 하기 힘들어졌다. 예컨대 스리랑카는 1960년대에 천연고무 25톤을 수출한 돈으로 6대의 트랙터를 살 수 있었지만 75년에는 고작 두 대밖에 살 수 없었다.*

이 두 가지 결과 제3세계의 인민들은 곡물을 아예 구하지 못하거나 구할 수 있는 여유를 갖지 못하게 되었다.

시장 경제 아래서는 상품은 지나치게 많이 생산되지만 사람들의 필요는 조금도 만족시켜 주지 못하는 상황이 늘상 벌어질 수밖에 없다.

이것을 두고 마르크스와 엥겔스는 "시장의 무정부성"이라고 말했다. 시장은 수요와 공급이 깔끔하게 균형을 이루는 합리적인 것이 아니라 엄청난 비효율과 낭비를 낳고 사람들을 고통스럽게 만드는 폭력적인 것이다.

증가하고 감소하는 산출량의 무정부적인 "사이클"은 시장을 엉망으로 만든다. 시장은 항상 생산과 필요 사이를 효율적인 방식으로 조정하는 데 실패해 왔다.

때때로 생산과 소비 사이의 균형이 이루어지기도 하지만, 그것은 부드럽고 효율적이고 마찰과 고통 없이 수요과 공급의 일치를 통해서 도달되는 과정이 아니다.

그것은 수많은 사람들의 삶을 파괴하며 엄청나게 많은 공장과 설비를 낭비로 이끄는 폭력적인 발작을 통해서 도달되는 과정이다. 그리고 이 과정에서 엄청나게 많은 사람들이 임금을 깎이고 일자리를 잃음으로써 '소비자의 선택'의 세계에 참여하지 못한다. 자본가들은 "선택의 자유"를 떠들어대지만 많은 사람들에게는 선택의 자유를 누

---

* 테레사 하이터, 《빈곤의 정치경제학》, 비봉, 85쪽.

릴 수 있는 돈이 없다.

'가격 신호'는 사실상 체계적으로 삼천포로 이끌릴 수밖에 없는 신호이다. 생산의 무정부성 — 시장이 필요한 것들을 생산하지 못하게 만드는 — 은 거대한 기업체(독점)가 산업을 지배하게 되자 더욱 심해졌다.

이 국면은 자본주의에 우연적인 것이 아니다. 마르크스는 이렇게 지적했다. "너무 많은 물질들이 현존하고 있는 사람들을 위해서 생산되는 것이다. 반면에 알맞은 방식으로 인류를 만족시키기에는 생산물이 너무 적다.'"

수평선이 있다고 해서 바다가 고요한 곳은 아니다. 그 수평선(시장) 아래에는 엄청나게 요동치는 불평등과 폭력과 착취의 풍랑이 일고 있다.

시장은 평화스럽고 녹녹한 것이 아니다. 새로운 자본들은 세계체제에 이미 뿌리내리고 있는 더 큰 규모의 자본들과 한판 전쟁을 치러야 한다. 그래서 특정 지역의 생산력이 증대하면 그것은 호황과 침체, 자본 축적의 광란, 어지러울 정도로 발작적인 자본 파괴, 국가적 경쟁과 전쟁 등 체제 전체가 만들어 내는 광란의 회오리 속에 종속되어야 한다.

트로츠키는 이렇게 말했다. "사람들은 숨을 쉬지 않고 살 수 없다. 자본주의 경제는 계속 반복되는 위기들에 대한 대규모의 고통

---

*   Jim Smith, "Why the market fails", *Socialist Review*, 1990년 3월호, p. 15 에서 재인용.

없이는 살 수 없다.'"

자본의 활동은 2백여 국가들과 2천여 개의 다국적 자본들 그리고 수백만 개의 좀 더 작은 규모의 자본들 사이의 맹목적인 상호작용에 의존한다. 이로부터 나오는 결과는 신고전주의 시장 이론이 약속하는 안정된 평형이 아니라 오히려 혼돈스런 상승과 추락이다. 이런 체제에서 개별 국가나 개별 다국적 자본의 행운은 치솟았다가 다시 갑작스럽게 떨어질 수 있다.

시장은 효율적인가

경쟁이 있어야 그래도 경제가 효율적으로 움직일 수 있다는 주장은 가장 흔한 시장 옹호론의 근거이다. 사람들이 '어쨌든 민영화 그 자체에 대해서는 반대할 이유가 없다.'고 생각하는 것은 그 때문이다. 그러나 자본주의 시장이야말로 기술과 생산물이 가장 많이 낭비되고 비효율이 번성하는 토양이다.

만약 한 자본가가 충분한 이윤을 확보하고 있다면, 그는 새로운 상품을 개발하기 위한 기술혁신을 서두를 이유가 없다.

자본가들은 이윤 원리에 기초하고 움직이기 때문에 안정된 이윤이 확보될 때에는 새로운 기술을 들여오는 것을 거부한다. 세계 자동차 산업이 대표적인 경우이다. 효율적 기업의 대명사로 반 세기를 군림

---

*   같은 글, 같은 책, p. 15에서 재인용.

해온 포드 자동차 회사는 최초의 대중생산 자동차인 모델 T를 15년 동안이나 고집했고 헨리 포드 2세도 마찬가지로 기술 혁신에 대해서 '보수적인 태도'를 취했다. 그들은 위기에 직면해서야 신기술을 채용했다.

제너럴 모터스나 크라이슬러도 마찬가지였다. 전륜 구동형 자동차는 일찌감치 개발되었지만 이 회사들은 30년 동안이나 이를 외면했다. 그들은 고압축엔진, 디스크 브레이크, 래디얼 타이어 등에 대해서 마찬가지 태도를 보였다.[*]

크라이슬러의 기업 총수는 이렇게 말한 바 있다. "기술 혁신은 돈이 너무 많이 들고 항상 위험을 달고 다니기 때문에 극도로 신중해야 한다."

또한 자본주의 사회의 시장에서는 정말이지 사람들의 만족에는 어떤 보탬도 안 되는 부분에 막대한 돈이 투자된다. 자본가들은 경쟁에서 이기기 위해서 광고, 판촉, 부동산 개발과 증권 시장에 대한 투기, 돈의 차용과 대출 등에 엄청난 돈을 쓴다.

한국광고데이타에 따르면 올해 상반기 3개월 동안 신문, TV, 라디오, 잡지에서 광고 수익으로 올린 돈이 약 9천3백67억으로 1조원 가량이나 된다고 한다.[**]

도대체 광고가 상품의 질과 효율성을 높이는 데 어떤 역할을 하는가? 무엇을 얼마나 파느냐가 중심이 아니라 '소비자'를 어떻게 만족

---

[*]   Chris Haman, "The mith of Market", *International Socialism*, 2:42, p. 18.

[**]   〈중앙일보〉 95년 4월 12일자.

시키는가가 중심에 놓인 경제 체제라면 광고비는 전혀 필요없을 것이다. 이 사회에서는 노동자들의 임금의 몇 배가 되는 돈이 이런 식으로 비효율적인 부분에 퍼부어지고 있는 것이다.

낭비는 현대 자본주의 체제의 기본적인 특징이다. 자본가들의 경쟁 규모가 더 커짐에 따라 다른 자본가들을 희생시켜 자신의 시장 점유율과 이윤을 늘리기 위해 자본가들이 지출하는 비용, 다시 말해 경쟁의 승리를 보장해 줄 수 있는 '유지 비용'이 더 막대해졌기 때문이다.

그 가운데에서 가장 큰 낭비는 바로 **군사비**이다. 그것은 제국주의 시대에 다른 국민국가의 자본가들과 경쟁에서 이기기 위해 군사력을 갖추는데 드는 '유지 비용'이다.

그렇다면 어떤 사람들은 이렇게도 물음을 던질 수 있을 것이다. '비생산적 부문이 낭비이고 비효율적이라는 것은 인정하겠다. 그러나 공장을 짓고 노동자를 고용해서 상품을 만들어 내는 것도 비효율적인 것인가?'

그러나 사람들의 필요와 관계없이 쓸데없이 많은 재화들을 생산해 내고 정작 필요한 것들은 생산하지 않는 것이 바로 생산적인 부분이 이루어 놓은 시장의 열매 아닌가?

이것은 단순히 제조업에만 해당되지 않는다. 의료, 교육 등 우리 생활 모든 부분에 자본주의 생산의 낭비적 요소들이 침투한다. 이를 테면 거의 모든 종합병원은 이윤 확대를 위해서 환자들이 병원을 옮길 때마다 같은 검사를 반복하기 위해 환자 기록을 결코 보여주지 않는다. 그래서 한 해 동안 하지 않아도 될 X레이 촬영비가 약 150

억에 이른다. 산업재해를 방지하기 위한 시설 장비 구입에는 결코 돈이 들어가지 않지만 이윤을 위한 일상적·체계적 낭비에는 무수한 돈이 필요한 체제가 바로 자본주의이다.

정말이지 낭비는 자본가들에게 결코 '암적인' 존재가 아니다. 없으면 안 되는 중요한 비용이다. 1980년대 중반, 미국과 영국이 70년대 말 경제 위기에서 한 숨 돌릴 수 있었던 것은 금융, 부동산 등 비생산적 부문의 호황 때문이었다. 이것은 생산적 부문의 가치를 실제보다 훨씬 더 부풀려 보이게 만들어 주는 역할을 했다.

한마디로 비생산적 부분은 자본주의의 일부이다. 경쟁을 위해서 비효율적인 부분은 없어서는 안 되는 버팀목이다. 따라서 '깨끗한 자본주의'는 가능하지 않다. '깨끗한 자본주의'는 생산적 부문에 대한 투자를 더 열심히 하자는 지배자들의 바람일 뿐이다. 이것이 바로 금융실명제나 토지공개념 같은 요구들에 대해서 노동자 운동이 지지를 보내서는 안 되는 이유이다.

또한 자본주의 하에서 시장은 상품의 질 자체도 떨어뜨릴 수밖에 없다. 무엇보다 상품의 질을 올리려면 상품을 만드는 노동자의 건강 상태, 식사, 노동조건, 임금 등이 더욱 좋아져야 한다. 그들은 자신이 쉬고 싶을 때 마음껏 쉬고 노동이 고통이라고 느끼지 않도록 임금도 충분히 받아야만 질 좋은 상품을 만들 수 있다. 그러나 자본주의 사회에서는 이런 일들을 보장해 주지 않는다.

계획이 아니라 시장과 경쟁이야말로 비효율과 낭비의 진정한 원인이다.

시장이 국가 간의 평등한 성장을 가져오는가

우익 이데올로그들은 시장 경제를 찬양하면서 시장이 가난한 지역을 번영시켰다고 주장한다.

이것은 때때로 다음과 같은 주장으로 모습을 드러내기도 한다. "어쨌든 시장이 제3세계로 더 확대되면 그 지역 인민들의 생활이 나아질 수 있다."

리카도는 그것을 다음과 같이 표현했다.

완전히 자유로운 상업체제 하에서는 각국이 당연히 자신에게 가장 유리하게 자본과 노동을 사용한다. 그런데 이러한 개별적 이익의 추구가 놀랍게도 전체의 보편적 선과 관련되어 있다. … 전반적인 생산량을 증가시킴으로써 그것은 일반적 이익을 확산시킨다.[*]

심지어 빌 워렌이나 군더 프랑크 같은 예전에 사회주의자였던 사람들도 이런 주장을 한다.

제국주의는 전 세계 곳곳에 걸쳐 생산력을 향상시키는 진보적인 힘이다.

유럽을 통합해야 한다.[**]

---

[*] 크리스 하먼, 앞의 책, 65쪽.

[**] 크리스 하먼, 《오늘날의 세계경제》, 갈무리, 191쪽에서 재인용.

물론 빈곤한 나라에서도 때로는 놀라운 속도로 성장과 축적이 진전될 수도 있다. 그러나 그렇다고 해서 평탄한 성장의 지속이 보장되는 것은 결코 아니며 국가들이나 자본가들이 내린 결정이 완전히 실패한 도박으로 끝날 가능성이 면제되는 것도 아니다.

 만약 누군가가 '시장은 어떤 경제 성장도 이루어내지 못했다.'고 말한다면 그것은 일면적인 주장이 될 것이다.

 이 주장은 자본주의의 시장이 지구상의 어떠한 새로운 지역도 결코 발전시킬 수 없다고 주장한다는 점에서 틀렸다. 사실 어느 곳에서든 임노동이 일반화된 자본주의 생산이 뿌리내리기 시작한다면 최소한 일정한 정도의 축적이 있게 되므로 결과적으로 '발전'이 있게 마련이다.

 시장이 어떤 경제 성장도 가져오지 못한다는 주장의 이론적 배경은 흔히 "저발전의 발전" 이론, 혹은 "주변부 자본주의"론이다. 이런 주장들은 신흥공업국(NICs)의 부상을 결코 설명하지 못한다.

 위의 주장에 대해서 가장 명확한 해답을 주는 혁명가는 트로츠키이다. 그는 자본주의가 불균등·결합 발전한다는 주장을 통해 "종속 이론"과 같은 주장들의 근거를 논박했다.

 후진국들은 제국주의에 의해 지배되는 세계의 일부이다. 그들의 발전은 그러므로 결합적 성격을 가지고 있다. 가장 원시적인 경제 형식들이 자본주의적 기술과 문화의 최근 언어들과 결합된다.

---

* 같은 책, 205쪽의 각주를 보시오.

이를테면 영국이 인도를 식민지로 만들었을때 영국의 면화업자는 인도에서 원료를 수입하기 위해 그곳에 철도가 부설되기를 원했다.* 그리고 인도 출신의 식민 통치자들은 영국 제국주의자들과 동맹을 맺어 인도 인민을 약탈했는데, 그 약탈물이 즐비하게 진열되는 사치품 시장도 있었다. 또 이 시장에서 임금 노동자들을 고용하여 이윤을 얻는 사람들도 있었다. 그런 점에서 보자면 그것은 '발전'이다. 물론 노예제와 봉건제와 비교한다면 말이다.

그러나 후진국들의 이런 '발전'조차 제한하는 체제가 바로 자본주의이다. 예를 들어 제국주의는 식민지들이 모국의 산업과 경쟁하는 산업에 뛰어드는 것을 법적으로 금지했다. 17세기초 영국의 보호 항해 조례가 바로 그것이다.

당시 영국에서는 자유무역주의가 유행했음에도 불구하고 인도인들이 영국 상품을 들여올 때는 5배에서 20배에 달하는 관세를 물어야만 했다.

북아메리카에 있는 영국 식민지들은 영국에 모자 및 모직 제품, 철 제품을 팔 수 없었다. 심지어 라틴아메리카에서는 제국주의가 노예 노동으로 운영되는 라티푼디움이라는 농장을 강제로 운영하게 만들면서 자본주의 발전을 강력하게 억눌렀다.

요컨대, 제국주의가 식민지에 "자본주의적 관계를 심었다."고 미화하는 주장이나, 또한 식민지들은 어떤 축적의 기회도 빼앗겼다는 주

---

* 마르크스·엥겔스, 《마르크스·엥겔스 식민지론》, 녹두, 87~88쪽.

장이나 둘 다 일면적이다.[*]

현실은 어쨌든 제3세계가 결코 시장을 통해 번영을 누리지 못했다는 것을 입증해 준다.

우리는 흔히 소말리아나 르완다의 굶주림을 해결할 수 있는 것은 유엔을 비롯한 강대국의 원조밖에 없을 것이라는 생각에 동의하는 사람들을 자주 본다. '강대국에게는 별 부담도 되지 않을 식량이 그들 나라들에 베풀어진다면 … ' 하는 생각이 쉽게 아프리카 빈곤에 대한 대안으로 떠오른다.

그러나 현실은 정반대이다. 세계 무역 가운데 단지 1%만이 아프리카 대륙에서 이루어진다. 그것조차 수많은 세계 시장의 장벽들을 거쳐야 한다. 세계은행, IMF 등은 저개발국들에 민간투자를 촉진시키는 임무를 갖는다고 말하지만 그 기구들의 내부에는 다음과 같은 규칙이 있다.

충분한 보상 없이 국유화를 단행하거나 책무를 이행하지 않거나 혹은 다

---

[*] 몇 년 전 남한 좌파 내부에서 "남한 사회구성체 논쟁"이 벌어졌을 때 그 당시 NL과 PD가 주장했던 견해가 바로 이 두 가지였다.

물론 그 PD가 주장했던 사상이 제국주의에 반대하는 것이었지 제국주의를 미화시키는 것은 결코 아니었다는 점은 분명하다. 그러나 NL이나 PD 모두 경제성장에 대한 기계적 견해를 대표한다는 것만큼은 사실이었다.

'식민지반자본주의'(반봉건)로 표현되었던 NL의 입장은 제국주의가 남한의 자본주의 발전을 억누르기만 했다고 보는 견해였다. 그래서 심지어 반봉건적 과제가 남아있다고 주장할 정도였다. 반면 신식민지국가독점자본주의로 표현되었던 PD의 입장은 남한을 (신)식민지로 보면서도 미 제국주의가 남한에 자본주의를 이식시켰다는 점을 부각시켰다. 두 가지 모두 극단적인 기계주의적 사고방식이다.

른 방법으로 민간 투자자들에게 불편을 주는 국가들에 대해서는 대출을 금지해야 한다.'

그나마 '엄선된' 원조조차 제3세계의 빈곤을 퇴치하기 위한 목적으로 행해지는 것도 아니다. 케네디는 1961년에 "대외원조는 미국이 전 세계에 걸쳐 영향력과 통제력을 행사하고 아울러 붕괴하거나 공산주의 진영으로 넘어갈 우려가 있는 수많은 국가들을 지탱하기 위한 한 수단이다'" 하고 말했다. 1968년 닉슨도 "미국 원조의 주요 목적은 다른 국가들은 돕는 것이 아니라 우리 자신들을 돕는 것임을 명심합시다.'"" 하고 말했다.

그래서 1974년 미국국가안보회의의 엘러만은 이렇게 말했던 것이다. "사람들이 굶주린다는 이유만으로 식량을 원조한다는 것은 근거가 희박한 이야기다.'"""

"아주 제한되고 선택적인 투자"가 아프리카와 같은 후진국에 시장을 확대할 때 유일한 기준이다. 아프리카, 라틴아메리카, 동유럽 혹은 중동을 보면, 시장을 통해 그 지역 다수 인민의 경제적 수준이 더 나아졌는가 하는 점은 그만두고라도, 과거의 자본축적 동력을 회복하는 것만도 매우 예외적인 경우에만 가능했다.

---

* 테레사 하이터, 앞의 책, 111쪽.

** 같은 책, 106쪽.

*** 같은 책, 106쪽.

**** 같은 책, 108쪽.

신자유주의 사상에 반감을 가지고 있는 갤브레이스 교수는 시장이 더 촉수를 길게 뻗으면 뻗을수록 경제 번영의 수혜가 미치게 될 것이라는 주장을 이렇게 비유했다. "말에게 귀리를 듬뿍 먹이다 보면 그 중 약간의 귀리가 바닥에 떨어져 참새들도 주어 먹게 될 것이다.*"

그런데도 강대국들은 바닥에 떨어진 약간의 귀리에 대해서조차 계산서를 청구해왔다.

시장은 평화를 낳는가

흔히 사람들은 국가간의 전쟁은 폭력적인 데 반해 자유무역은 평화로운 것이라고 생각한다. 자유무역을 평생 치켜세웠던 리카도는 이렇게 말한 적이 있다.

시장은 이해와 상호교류의 공동 유대에 의해 문명 세계의 국가들을 하나의 보편적인 사회로 통합한다. 바로 이러한 원리에 의해서 포도주는 프랑스와 포르투갈에서 생산되고 옥수수는 미국과 폴란드에서 재배되며 영국에서 제조품이 생산되는 것이다.**

그러나 리카도의 주장과는 정반대로 포르투갈이 포도주 생산에

---

*   J K 갤브레이스, 《만족의 문화》, 동아출판사, 41쪽.
**   테레사 하이터, 앞의 책, 65쪽.

집중했던 것은 결코 "공동 유대에 의한 것"이 아니었다. 1703년 영국 정부가 만든 메투엔 조약에 의해서 강요된 것이었다. 이 조약의 조항들은 영국이 포르투갈에 대한 직물 수출을 늘리고 포르투갈로부터 싼 값으로 포도주를 사기 위한 목적으로 만들어졌다. 당시 영국이 포르투갈의 해상 무역권을 군사력으로 지배했던 결과였다. 자유무역을 강요하기 위해서 무력이 사용되었던 가장 대표적인 예는 중국에서 벌어진 아편전쟁이었다.

이처럼 자본주의 국가들 사이의 시장 쟁탈전은 리카도가 말했던 것처럼 결코 평화로운 과정이 아니다. 그들은 경쟁력이 있을 때에는 자유무역주의자가 되지만 반대로 경쟁력 없는 산업에 대해서는 철저한 보호무역주의자이다.

시장은 지배자들 사이에서도 결코 평화롭고 목가적인 관계를 만들어 주지 않는다. 자본가들은 시장 경쟁에서 이기기 위해 군사적·무력적 보호막을 필요로 한다.

그렇다면 노동자들에게 시장은 어떨까?

'소비자'의 만족을 위해 공장과 공공 시설이 운영되는 것이 아니라 이윤 획득을 위해 운영되기 때문에 더 적은 원자재와 더 적은 인건비로 공장이 가동된다. 당연히 노동강도도 더 높아진다.

이것은 후진국으로 갈수록 더하다. 더 열악한 조건으로 선진국과의 경쟁에서 이겨야 하기 때문에 지배자들은 축적에 더욱 관심을 가질 수밖에 없다. 그 나라의 자본가들이 세계 시장에 진출하여 이기려면 노동강도를 더 높여야 하고 더 값싼 원자재를 써야 한다. ILO

의 통계에 따르면 수출을 장려하는 저개발국일수록 사고율이 높다.*
성수대교 붕괴와 대구 가스 폭발은 시장이 가져 온 재앙적인 결과이
다.

선진국 노동자들도 비슷한 처지를 강요당한다. 시장에 내맡겨진
낡은 지하철과 철도와 비행기에서 일하는 노동자들 몇 백만이 거리
에 쏟아져 나와 분노를 표현하고 있는 나라는 프랑스이다. 미국 핵
무기 공장의 참사나 영국 화학 공장의 참사들은 선진국에서도 예외
가 아니라는 점을 드러낸다.

그럼으로써 시장은 수백만 명의 인명을 참사로 몰아넣는다.

시장은 민주주의를 가져다 주는가

지배자들은 항상 시장은 상품을 사려는 사람과 파는 사람의 계
약이 이루어지고 사람들이 창발성을 추구하게 되는 곳이라고 말한
다. 김영삼은 신경제정책을 발표하면서 이렇게 말했다. "민주주의 체
제 하에서는 발전의 원동력이 정부의 지시 통제에서 국민의 자발적인
참여와 능동적인 창의력의 발휘로 대체되어야 한다."

그러나 이런 주장에 대해서 한 중국 지배자는 이렇게 솔직하게 답
변했다. "중국에서 시장 확대와 경제 성장을 위해서는 권위주의가 필
요하다."

---

*   같은 책, 136쪽.

시장의 역사는 얼마나 시장과 권위주의가 잘 어울리는 동맹군이었는지를 보여주고 있다. 러시아는 19세기에 엄청나게 시장이 확대되었지만 시장 확대의 주인공은 차리즘이라는 극도의 권위주의 정권이었다. 이것은 지금도 마찬가지이다. 옐친과 그의 지지자들 가운데 극도의 시장 찬미자들은 모두 "권위주의적 지배"가 중요하다는 점에 고개를 끄덕인다.*

크리스 하먼은 신흥공업국이 세계 시장에 끼어들 수 있었던 조건을 이렇게 지적했다.

남한과 대만이 세계 시장에 진출하기 위해서는 군대가 자신의 입지를 강화하기 위해서 급진적 토지 개혁을 실행에 옮길 준비가 되어 있었기 때문에 가능했다.

홍콩과 싱가포르는 지주 계급이 없는 도시 국가였기 때문에 그럴 필요가 없었을 뿐이다.**

그들이 세계시장에서 승부를 낼 수 있었던 것은 강력한 권위주의 때문이었다. 남한에서 "거대집단인 재벌들은 군사적 억압으로 인해 저렴한 수준에 묶여 있는 노동력 비용을 최대한 이용하여, 호황을 누리고 있던 레이건 시대의 미국 경제에 자신들의 시장을 창출하였

---

*   크리스 하먼, '폭풍이 인다', 《소련 해체와 그 이후의 동유럽》, 갈무리, 156쪽.

**   크리스 하먼, 《오늘날의 세계경제》, 갈무리, 209쪽.

다.""

시장과 권위주의가 결합되는 것이 단지 후진국이나 신흥공업국들에서만 벌어지는 일은 아니다. 자본주의 위기가 심화되자 영국 지배자들은 신자유주의(시장 확대) 모델을 받아들이는 한편 범죄정의법(Criminal Justice Bill)에서 드러나는 것처럼 집회의 자유 같은 부르주아 민주주의적 권리도 제한하고 있다. 물론 선진국과 후진국에서 나타나는 정도의 차이를 무시해서는 안 되지만 말이다.

시장이 확대되면 국가개입은 줄어들 것인가

시장이 확대되면 국가 통제가 약화될까?

그렇지 않다. 자본주의 전사(前史)에서도 그렇지 않았다. 10~14세기 동안에 중세시대의 상인들은 자신의 부를 더 늘리기 위해서 무역에 많이 의지했다. 그러면 그럴수록 그들은 자신이 직접 영향을 끼칠 수 있는 국가구조의 보호를 더욱 요구하였다. 그들은 해적들이 해상운송을 방해하는 것을 막아주고 국경선 안의 시장이 더 늘어나는 것을 가로막는 지역관세를 없애 줄 수 있는 막강한 정치권력이 필요했던 것이다.

시장 확대가 강력한 국가를 필요로 한다는 점은 단지 상품 무역 시장에만 해당되는 것이 아니다. 자본가들이 새롭게 하나의 계급으

---

* 같은 책, 227쪽.

로 등장하게 되자 그들은 더 많은 노동력 시장을 원했다. 그들은 생산자본 시장을 필요로 하면 할수록 더욱 강력한 국가를 원했다. 생산자본은 노동자와 생산수단이다.

절대 왕정 국가는 자본의 원시적 축적(주로 식민지 지배)을 통해 대량 생산을 위한 생산수단을 만들 준비를 할 수 있었다. 노동력이라는 생산자본을 얻는 데에는 더욱 강력한 국가가 필요했다. 왜냐하면 농노에게서 생산수단을 분리시키기 위해서는 강력한 사회적 폭력이 필요했는데 강력한 국가만이 그것을 할 수 있었기 때문이었다.

크리스 하먼은 자본가들이 화폐자본, 상품자본, 생산자본을 차례로 거머쥐면 쥘수록 왜 더욱 더 국가에 의존하게 될 수밖에 없는지를 잘 설명하고 있다.*

자본주의가 확립되고 나서 시장의 발전은 자본가들 사이의 경쟁이 더 강화되는 것을 뜻한다. 그렇게 되면 총자본가 역할을 하는 국가는 지배계급 전체의 관점에서 그런 울퉁불퉁한 경쟁 세계의 뒷수발을 들어주어야 한다.

국가는 경쟁력 없는 부분은 파산시키고 경쟁력 있는 부분을 적극적으로 후원할 뿐더러 전략 산업의 투자를 구체적으로 지정하기도 한다. 전두환 정권은 '국제 기업'을 의도적으로 파산하게 만들었고 '포항제철'에 엄청난 후원을 했다.

시장이 확대되면 국가 개입도 함께 강화되어왔다. 최근 세계 경제는 신자유주의('작은 정부론')가 하나의 환상에 불과하다는 것을 보

---

* 같은 책, 35~39쪽.

여주었다.

경제에 폭발적 위기가 등장하면 언제나 국가는 소방수 역할을 했다. 미국에서 87년 증권 시장이 붕괴했을 때 그 위기를 막는 '방패막이'가 되어 준 것은 정부였다. 페소화 폭락 때에도 미국과 일본 정부는 서로 달러를 매입하느라 정신이 없었다.

이 나라도 마찬가지였다. 87년부터 92년까지 공무원 수는 69만 3천5백97명에서 86만 5천7백9명으로 꾸준히 증가해왔다. "작은 정부"를 외쳐대고들 있지만 현실은 그에 아랑곳하지 않고 정부 기구가 비대해져 왔음을 증명한다. 그래서 93년도 1월 11일자 중앙일보의 한 기자는 이렇게 말했다. "경쟁(시장)이 있는 곳은 어디에나 관리와 행정이 필요하다."

이것은 민영화 과정에서도 그대로 적용된다. 영국에서는 민영화되는 기업이 늘어나면 늘어날수록 민영화에 대한 산업별 규제기구를 더 많이 만들어야만 했다.*

경기순환을 통한 문제 해결이 가능한가?

우익 학자들은 시장의 경기순환을 통해서 경제의 탄력이 유지될 수 있다고 주장한다. 즉, 공황은 새로운 축적을 위해 스스로를 재구

---

* 박규호, "영국의 민영화 과정에 관한 비판적 분석", 《동향과 전망》, 94년 겨울호, 155~157쪽.

성하는 방식이라는 것이다.

이것은 한마디로 '상처가 곪으면 새 살이 돋게 마련이다.' 하는 논리이다. 일부의 희생(=파산·합병)을 통해 다른 일부의 이윤을 증가시켜서 경쟁하는 자본들 사이의 서열을 뒤바꾸는 과정을 반복함으로써 곪은 데를 치료할 수 있다는 것이다.

그러나 이런 방식은 1890년대 공황에서나 적용되는 것이다. 그 당시 공황은 일부 기업의 파산을 통해 거대 독점 기업들이 출현하는 것으로 막을 내렸다.

파산·합병을 위해서는 일정한 희생이 필요하다. 그런데 현대 자본주의에서는 그 희생을 주로 국가가 짊어지게 된다. 크라이슬러 자동차 회사와 저축대부조합이 파산 직전에 있을 때 자금을 지원하면서 "희생"한 것은 카터와 레이건 정부였다. 또한 충북투자금융이 무너질 위기에 빠졌을 때 금융시장에 8천억 원이라는 돈을 뿌린 것은 김영삼이었다.

고만고만한 구멍가게들이 대부분 수지가 안 맞아 문을 닫게 되고 가장 손님이 많은 구멍가게가 살아 남았다고 하자. 문을 닫은 다른 구멍가게들이 손해 본 것을 굳이 누가 책임져야 할 필요가 없다. 20년대 공황은 이랬다.

그러나 이제 커다란 슈퍼마켓들 — 그 슈퍼마켓들은 은행과 정부로부터 지원을 받고 있으며 그 슈퍼마켓에서 나온 이윤은 은행이 돌아가기 위한 원천이기도 하다 — 이 파산을 한다면 그 손해들은 은행의 손해요, 정부의 손해이다.

1970년대 중반과 80년대 초 공황은 경제의 자동적인 부흥을 가져오지 않았다. 축적의 회복은 국가 행위에 의존했다. 그러나 회복한 축적이 가져온 성장률조차 70년대 수준보다 낮았다. 70년대 중반과 80년대 초 불황은 체제가 예전의 동력을 회복하는 방향으로 자본주의를 재구성하지 못했음을 입증해 주었다.

더욱 커다란 문제는 그 희생의 짐이 체제 전반에 엄청난 부담을 지우는 것으로 이어진다는 점이다.

80년대 레이건 정부의 부채 증가는 인플레 위험을 무릅쓰고 화폐를 찍어내는 것으로 벌충되었다. 그러나 일부의 파산(=희생)이 한번에 끝나지 않고 그 부담은 체제에서 계속 재생산되었다.

'곪으면 새 살이 나올 것'이라는 논리는 반만 맞다. 새 살이 돋게 만들기 위해서는 일정한 영양과 치료가 필요한데 체제 내부에 그럴 수 있는 여유가 존재하지 않을 때 상처는 곪기만 할 것이다.

그래서 80년대 초 불황보다 90년대 불황에서 파산한 기업이 더 많다. 특히 금융 자본과 산업 자본이 서로 가르기 힘들 정도로 융합되어 있기 때문에 금융 기구가 고통받을 때에는 사정이 더욱 심각해진다.

요컨대, 공황이 20년대처럼 간단하지 않은 이유는 산업의 재조직화가 실행되지만 몰락하는 산업의 파산의 대가가 국가와 금융 기구에 부과되면서 체제 전체에 부담이 되고 이후의 축적에 장애가 된다는 점이다.

왜 이런 현상이 벌어질까? 이것은 현대 자본주의에서 자본 단위들의 거대한 규모와 상호의존성 때문이다. 심지어 30년대에도 미국 자본주의가 공황에서 완전히 회복되기 위해서는 11년의 세월과 역사상

유례없는 규모의 세계대전이 필요했다.

또한 이윤율이 더 심각하게 떨어져서 지배계급 '일부'의 희생(=파산)이 요구되고 그 대가를 체제 전체가 짊어져야 할 때 지배자들 내부의 분열은 더 심해질 것이다. 그들은 상대방의 '희생'을 딛고 일어서려고 할 것이다.

서로 희생을 딛고 일어서려는 각각의 경쟁 집단들은 위기에 대한 자신의 해결책을 실행하기 위해 국가기구를 획득하려고 싸우는 상황을 배제하지 않는다. 이것은 정치적 내전의 전주곡으로 이어진다.

현대 자본주의 체제에서 시장은 자연스럽게 위기가 해결되는 자정 작용 역할을 더 이상 하지 않는다. 물론 시장에서 일정한 위기가 때때로 임시 봉합되기도 하지만, 그 위기는 언젠가는 크게 폭발할지 모르는 화약고가 되어 판도라 상자 안으로 구겨넣어진다.

크리스 하먼의 언급처럼, 시장이 경제적 예측불가능성을 낳고 그것은 정치적 예측불가능성, 군사적 예측불가능성으로 이어지는 시대에 우리는 살고 있다.*

시장 확대(=세계화)가 경제위기를 해결해 줄 수 있을까?

오늘날 경쟁의 충격은 덜 효율적인 기업들이 스스로를 재조직하고 더 생산적인 기법을 채택하도록 고무하기보다는 전부문의 파괴, 극

---

* 크리스 하먼, 앞의 책, 272쪽.

심한 수축을 동반하는 파국으로 나타나는 경향을 갖는다. 그 결과 생산적 자원들이 사용되지 않은 채 방치된다.

사실 과거에 이것 때문에 국가 개입이 출현했다. 물론 그 방식이 지배자들의 위기를 어느 정도는 해결해 줄 수 있었던 시기가 있었다. 그러나 그것조차 실패로 끝났다. 60년대말 케인스주의는 실효성을 의심받기 시작했고 70년대 두 번의 공황으로 그 의심이 입증되었다.

1970년대 중반의 경제위기가 '국가 개입을 통한 공황 없는 자본주의'를 발전시킬 수 있을 것이라는 케인스주의적 믿음을 날려버렸다.

그러자, 1930년대 중반까지 전 세계 지배계급을 사로잡아 온 자유시장 경제라는 낡은 관념이 다시 등장했다.

세계의 지배자들은 갖가지 미사여구를 동원하면서 시장을 칭송했고 "아픈 만큼 성숙해질 것"이라고 말했다. 그러나 상처는 아물지 않았다.

동유럽에서 가장 경쟁력이 있다고 말하는 구동독의 경우에 사태는 서로 극단적이었다. 시장 도입 후 동독의 경제 능력은 오로지 8%만이 서방과의 직접적 경쟁에서 살아남을 수 있었다.* 91년 한 해 동안 산업생산의 누적 감소치는 51%를 기록했고 91년 내내 산업생산은 계속 하락했다. 총생산고는 90년의 5분의 1도 안 되었다. 90년도에는 실질 생산고가 모두 마이너스를 기록했다. IMF가 동유럽에 대해 가졌던 근거 없는 낙관주의도 폐기되었다.

이것은 라틴아메리카에도 적용되는 것이다. 칠레와 브라질, 아르헨

---

* 마이크 헤인즈, "계급과 위기",《소련 해체와 오늘날의 동유럽》, 갈무리, 215쪽.

티나, 멕시코는 서방 강대국에 시장을 개방하고 규제완화, 민영화라는 시장주의적 정책으로 70년대말 위기를 모면하려고 했다. 멕시코의 경우에는 82년에 1천1백15개나 되었던 국영기업이 불과 10년만에 2백43개로 줄어들었을 정도였다.[*]

그러나, 멕시코의 페소화 위기가 극적으로 보여주었듯이 오늘날 라틴아메리카의 경제는 붕괴하고 있다.

라틴아메리카에서 소위 "신자유주의 성공의 모델"이라고 불리는 칠레도 88년초 1인당 GNP는 71년보다 더 낮았다. 최근 4년간 30% 성장은 지난 시기에 당한 손실을 제대로 보상할 수준도 못 된다. 90년에 거품 호황을 억제하려는 시도가 있었을 때에는 제조업 성장은 0%에 가까웠다.[**]

더욱이 선진국의 이자가 쌌을 때에는 빚을 얻어서 여러 가지 채무들을 해결할 수 있었다. 그러나 선진국 은행의 이자가 오르자 갑자기 해결할 수 없는 빚더미에 앉게 되었다.

제3세계, 신흥공업국들(NICs), 그리고 동유럽의 경우 자본주의가 보여주는 그림은 신자유주의적 시장 이데올로기가 약속한 바 있는 무한한 팽창의 그림과는 거리가 멀다. 오히려 그것은 선진국들에서와 마찬가지로 갑작스런 상승과 추락의 그림이다. 즉, 광범한 빈곤의 한가운데에서 산업 성장이 폭발적으로 이루어지고 낡은 생산 방식의 꼭대기 위로 새로운 기술이 '이식'되지만, 두세 걸음 전진하는가 하면

---

[*]   이성형, "콜레라 시대의 라틴 아메리카", 《사상》 94년 가을호, 202쪽.

[**] 크리스 하먼, 앞의 책, 221쪽.

너댓 걸음 후퇴한다.

이것은 선진국도 예외가 될 수 없다.

70년대 중반 이후 영국의 노동당 정부와 보수당 정부, 80년대 초 이후 프랑스의 사회당 정부, 80년대 미국의 레이건 정부 등은 모두 그 이전의 케인스주의를 미련없이 내팽개치고 자유시장 정책을 폈다. 그 구체적인 노선은 통화주의로 나타났다.

통화주의는 총통화의 공급을 조절함으로써 경기를 조절할 수 있다는 화폐수량설에 근거한다. 자본가들의 이윤이 고통받는다면 이 자율을 낮추어서 자금을 더 많이 빌려 가게 해 주고 너무 경기가 과열되면 이자율을 높여서 자금을 다시 회수하는 방식으로 불황과 무모한 호황에 대처할 수 있다는 것이었다.

한마디로 돈의 흐름을 부드럽게 해서 경기를 조절하자는 것인데 이것의 한계는 간단하다. 돈이(가치가) 새롭게 만들어지는 곳(생산적 부분)에서 이윤이 떨어지면 정부와 기업이 전반적인 자금 부족에 시달릴 수밖에 없다는 점이다. 자금이 나오는 원천인 생산적 부분이 취약해지면 아무리 정부가 이자율 조정을 통해 자금의 흐름을 원활하게 하려고 해도 체제 전체가 만성적인 자금 부족에 시달려야 한다.

당연히 이것의 결과는 정부의 재정 적자로 이어진다. 이것이 80년대 중반 선진국에서 벌어진 일들이다. 86년에 미국에서 연방 정부의 재정 적자는 미국 경제가 불황으로 접어드는 길목이 되었다. 정부 적자에 무역 적자까지 겹쳤기 때문이다.

80년대 내내 시장의 파수꾼 노릇을 했던 IMF는 자신들이 "시장이 안정된다면 실질적 경제 성장을 얻을 수 있다"고 거짓말을 진짜처럼 말하고 있을 때에도 한편에서 이렇게 인정하지 않을 수 없었다. "1980년대는 대부분의 나라들에게 어려운 10년이었다."[*]

시장 확대식 방안은 지배자들의 위기를 해결해 주는 데 실패하고 있다는 것이 도처에서 입증되고 있다.

시장 확대는 지배자들이 자신의 위기를 해결하기 위해서 내놓은 하나의 이데올로기에 지나지 않는다. 시장주의 이데올로기는 국가 개입 안에서 국가 개입 밖으로, 국경 안에서 국경 밖으로 옮김으로써 착취와 고통의 수준을 높이기를 원하는 지배자들이 사용하는 핑계일 뿐이다. 김영삼 정부 들어서 더욱 나빠지고 있는 노동자들의 생활수준과 일자리 축소, 노동강도 강화 등이 바로 이 점을 입증해 준다.

그러나 안타깝게도 좌익의 많은 사람들은 더 적극적으로 시장 경제에 대해서 지지를 표명하고 있다.

시장경제는 자원을 정해진 목적에 따라 의도적으로 배분하는 조직이라기 보다는 그것이 상호조정되는 자발적인 질서이다. … 시장경제는 개인적 자유 내지는 정치적 자유의 기초이다.[**]

하지만 한사연이 말하는 '자발적인 질서'는 노동자들의 '자발적인' 고통 감수를 필요로 한다. 이것은 민영화 문제에서 더욱 분명해진다.

---

[*] 같은 책, 193쪽.

[**] 임휘철, 앞의 글, 앞의 책, 124쪽.

민영화 문제

90년대 들어서 옛 좌익들은 노동자들이 고통을 겪는 것이 정부가 기업을 좌지우지했기 때문인 것처럼 주장하기 시작했다.

'주인 있는 경영'에 입각한 민영화 논리는 사적 이윤 동기에 의한 자유로운 기업경영의 효율을 낳고 궁극적으로는 공공의 이익을 가져온다. 반면에 공기업은 명목상으로는 국민이 주인이지만 실제로는 주인이 없는 기업이어서 효율이 저하될 수밖에 없어 원래 목적이었던 공공이익에도 봉사하지 못하기 때문에 이 비정상적인 상태를 정상으로 돌려놓아야 한다.[*]

오늘날 시장을 지지하는 이 나라 좌익들의 행보는 사실 새로운 것이 아니다. 이미 서방의 좌익들이 80년대에 걸었던 길을 뒤따르고 있는 것이다.

겉만 번지르한 지배자들의 말을 곧이곧대로 받아들여 영국공산당은 대처의 민영화를 "대처의 혁명"이라고 부르기를 주저하지 않았다. 스페인, 호주, 뉴질랜드 같은 나라들의 전통적 사회민주주의자들도 민영화를 환영했다.[**]

그러나 민영화는 지배자들의 고통을 노동자들에게 대신 짊어지우

---

[*] 김대환, 앞의 글, 앞의 책, 178쪽에서 재인용.

[**] Chris Harman, "The thought of Privatisation", *Socialist Review* 126(c1990:12).

는 것이다.

동유럽뿐 아니라 다른 지역에서도 지배계급에게 채산성이 맞지 않는 산업들이 "산업 합리화(군살빼기)" 또는 "구조 개편"이라는 이름으로 민영화되었고 그 결과는 감원, 해고, 임시직 고용 등이었다.

폴란드 대통령인 바웬사는 "할 일이 많아서 실업은 없을 것입니다." 하고 말한 적이 있다. 소련의 '개혁가'로 알려진 니콜라이 시멜레프도 비슷한 말을 했다. "직업을 잃어버릴지도 모른다는 위협이야말로 게으름과 술주정과 무책임을 치유할 수 있는 좋은 약입니다."

하지만 동유럽의 현실은 이런 말들을 웃음거리로 만들었다. 동유럽에서 경제가 가장 견실하다고 평가받는 동독조차 1989년에 일자리의 40% 내지 50%가 사라졌다.*

그래서 베를린 장벽 붕괴 이후 1년 뒤에 반대파 운동의 중심지인 라이프치히 교회의 문 앞에는 이런 포스터가 붙어 있었다. "우리 2백만 실업자들은 축제 기분을 낼 이유를 전혀 알지 못했다."**

동독의 경우 88개의 그나마 나은 국유 기업들이 민영화를 통해 유지되려면 75%의 실질적인 임금 보조가 있어야 한다. 그러나 노동자들의 임금을 두 배로 올리면서 기업을 살리는 '멍청한' 자본가들은 없다. 대안은 두 가지밖에 없다. 첫째, 88개 기업체를 그냥 파산하도록 놔두는 것이다. 둘째, 88개 기업체를 살리기 위해서 거대한 규모로 임금을 삭감하는 것이다. 동독 지배자들은 두 번째 방법에 의지

---

* 　마이크 헤인즈, 앞의 책, 217쪽.

** 　같은 책, 217쪽.

하고 있다.

이런 현상은 동유럽에만 한정된 문제가 아니다. 다만 동유럽이 좀 더 극단적이었을 뿐이다. 서방에서 진행된 민영화도 본질에서는 하나도 다르지 않다.

1979년 영국 수상 대처는 BSC(영국철강협회)의 합리화 계획을 발표했다. 이 계획은 전체 노동자의 3분의 1 정도인 5만 2천 명 수준으로 노동자를 감원하고 조강생산능력을 22억 톤에서 15억 톤으로 줄여서 임금상승률을 2%로 억제한다는 내용을 골자로 하는 것이었다. 대처 정권은 합리화 촉진을 위해서 자본가에게 좀 더 유리한 노동법을 만들어 주어 "파업에 대해 대처"하도록 했다.* 이렇게 하여 전체 공공부문 노동자 수는 79년 2백6만 5천 명에서 89년 84만 4천 명으로 60%가 줄어들었다. 3백만 명의 실업자가 생겼다.**

라틴아메리카도 마찬가지였다. 아르헨티나에서도 89년 25만 명에 달하던 국영기업 노동자 수가 94년에는 6만 명으로 줄었다.***

이 나라에서도 민영화의 대가는 노동자들에게 떠넘겨질 것이다. 한국통신 노동자들이 정부의 민영화 정책에 반대하는 것도 이 때문이다. 김영삼 정부와 언론은 공공연하게 "한국통신이 다른 민간통신 기업보다 이윤이 적은 것은 한국통신에 고용된 노동자들이 6만여

---

* 　박규호, "영국 민영화 과정에 대한 비판적인 분석", 《동향과 전망》 94년 겨울호, 151쪽.

** 　임휘철, 앞의 글, 앞의 책, 128쪽.

*** 　같은 글, 같은 책, 128쪽.

명이나 되"기 때문이라고 말하고 있다.*

지난 4월 대한중석 노동자들도 쟁의발생을 결의하면서 정부의 민영화 정책이 결국 "1백34명의 노동자들의 퇴직을 낳았다."고 주장했다.

지배자들은 민영화를 통해 어떤 것도 해결하지 못했다

오늘날 우익 이데올로그들은 민영화를 통해서 생산성을 높이고 경제의 효율성을 증대할 수 있다고 말한다.

그러나 현실은 이런 '기대'도 무너뜨린다. 최근 각국의 민영화 사례들은 이것이 지배계급에게도 별로 성공적이지 못했다는 것을 입증해 준다.

1979년 대처 정부 이후 영국 지배계급은 통신, 가스, 항공사, 석탄, 전기 공급 회사 등에 이르는 대대적인 민영화를 시도했다. 그러나 영국의 민영화가 성공했다는 증거는 그 어디에서도 찾아보기 힘들다. 민영화된 산업 가운데 '구조 개편'이 이루어진 경우는 전기 산업밖에 없다고 평가된다.**

78년 항공 규제 완화로부터 시작된 미국의 민영화도 마찬가지이다. 민영화를 통해 기업 도산이 줄을 이었고 고용, 복지, 사회적 서비

---

* 〈조선일보〉 95년 5월 22일자.

** 박규호, 앞의 글, 앞의 책, 157쪽.

스는 점점 악화되고 있다.*

이 나라도 94년 한 해 동안 민영화가 계획된 47개의 공기업 가운데 실제로 민영화가 이루어진 것은 11개에 불과하다.**

사실, 경제협력개발기구(OECD)조차도 "규제완화와 민영화가 가져다 준 성과는 상당히 의심스럽다."고 인정하고 있다.***

민영화가 이루어지면 공공시설의 질을 높일 수 있다는 저들의 말이 거짓말임을 그대로 입증했을 뿐이다.

예를 들어 최근 미 항공우주국(NASA)도 민영화 대상이 되었다. 그러나 NASA는 이렇게 말한다. "우주왕복선에 있는 시스템들을 시험하고 수선하는 것은 두려운 일이다." NASA의 한 우주정책 분석가는 효율성 증대를 위한 비용 절감이 사고의 원인이라고 경고했다. 그런데도 미국 정부의 대안은 "NASA 안전 프로그램에서 약 5천 명이 일하고 있다. 안전성을 손상하지 않고 일을 할 수 있는 것은 5천 명 가운데 반 정도를 감원하는 것이다."**** 민영화로 86년 챌린저호 같은 참사를 준비하고 있다고 말하는 것은 과장일까?

그렇다면 정부가 말한 대로 민영화가 실행되지 못한 이유는 무엇일까? 정부는 민영화가 정부의 계획대로 잘 움직여지지 않는 이유를 채산성이 없는 기업을 민영화하려고 했기 때문이라고 말한다.

---

* 임휘철, 앞의 글, 앞의 책, 118쪽.

** 김대환, 앞의 글, 앞의 책, 178쪽.

*** 임휘철, 앞의 글, 앞의 책, 130쪽.

**** 〈조선일보〉 95년 4월 3일자.

이 말은 부분적으로는 맞다. 이를테면 영국에서 민영화는 주로 채산성 없는 공기업을 매각하는 것이었다. 88년 이후 민영화하려고 했던 철도, 영국 석탄, 전기 공급, 수도 당국은 모두 적자 기업이었다.* 원자력 산업을 정부한테서 산 기업은 영국에서 원자력 산업을 운영하는 비용이 폭로되고 난 뒤에야 정부에게 속았다는 것을 깨달았다. 영국의 한 부르주아 정치가는 이렇게 말했다. "민영화에 대한 정부의 전체적인 골자는 원자력 비용을 어떻게 하면 날조할까?" 하는 것이었다.

이 나라의 민영화도 마찬가지이다. 93년도 민영화 계획에는 사실 알짜배기 공기업들은 많이 제외되어 있었다.** 정부는 적자 운영되다시피한 기업들을 주로 민영화 대상으로 선정했다.

효율성이 낮은 기업이 사적 자본가들의 손으로 옮아간다고 잘 될 리 없다는 것은 너무 당연하다. 물론 채산성이 낮은 공공기업을 선뜻 살 민간기업도 없겠지만 말이다.

하지만 그 반대의 경우도 있었다. 얼마전 민영화된 데이콤은 '알짜배기' 기업이었다. 또 민영화 대상인 포철이나 재벌 특혜 시비가 벌어졌던 제2이동통신도 채산성이 높은 기업이다. 이런 종류의 민영화라면 성공적일까?

현실은 전혀 그렇지 않다. 채산성이 높은 공기업을 민영화하면 정부는 결국 채산성이 낮은 기업들을 끌어안아야 한다.

이것은 정부의 부담으로만 끝나지 않는다. 정부 재정 악화는 자본

---

* 박규호, 앞의 글, 앞의 책, 148쪽.

** 〈동아일보〉 93년 12월 25일자.

가들의 버팀목을 불안하게 만들기 때문이다. 미국의 재정 적자가 86년부터 시작된 미국 경제 불황의 시초가 되었다는 점은 이런 맥락에서 의미심장하다.

결국 민영화되는 기업의 채산성이 높든 낮든 둘 다 위기를 해결하는 수단이 될 수 없다.

또한 민영화 계획은 그들 뜻대로 되지 않고 종종 좌초되어 왔다. 그 이유는 첫 번째로 지배자들 사이의 경쟁 격화를 통한 분열 때문이다.

이를테면 포철 민영화를 앞두고 현대와 삼성은 엄청난 물밑 경쟁을 하고 있다. 한국비료가 민영화되는 과정에서 삼성과 동부그룹은 난투극의 양상을 빚었다. 자금력 면에서 삼성으로부터 밀렸던 동부그룹은 2억여 원의 돈을 들여 삼성 흠집내기 광고전을 벌였을 정도였다. 통신 산업의 20% 정도를 차지했던 데이콤이 민영화되는 과정에서는, 럭키금성과 동양그룹이 서로 위장계열사를 동원하여 치열한 경쟁을 벌였다.*

공기업 민영화는 거대 기업들의 진흙탕 싸움으로 비치고 있다는 한국통신의 지적은 전적으로 옳다.

이런 사적 자본가들의 경쟁 격화는 그들만의 문제로 끝나지 않는다. 그 경쟁은 국가 안으로 흡수된다. 국가 관료와 준국가 관료들이 민영화로부터 직접 얻게 되는 이해관계에 얽혀 있다면 국가 구조 안에서의 경쟁은 더욱 심각해진다.

---

* 〈한겨레 21〉 94년 6월 2일자.

이 나라의 공기업은 약 1백30여 개가 된다.* 공기업의 전체 공무원 수는 38만여 명으로 전체 공무원의 43%에 이른다. 공기업의 예산 규모도 76조 4천억 원이다. 정부 1년 예산의 두 배 수준이다. 작년 국회 내무위 질의서에 따르면 정부투자기관이나 출연기관, 산하 단체 등에 정부가 임명한 국가관료들은 2백10여 명에 이른다고 한다.**

이 가운데 정부가 공식적으로 임명하는 자리는 23개 정부투자기관의 이사장, 사장, 감사 등이다. 공기업 산하 단체까지 합하면 공기업에 직접 관여하고 있는 국가관료들은 엄청난 숫자에 이른다. 이를테면 분당의 10배에 이르는 땅을 '관리하고' 한 해 매출액이 3조가 훨씬 넘는 토지개발공사의 사장은 김영삼의 비서실장 출신인 김우석 전 민자당 의원이다. 한국통신 사장인 조백제도 체신부 국가 관료 출신이다. 한마디로 공기업들은 국가 관료들의 이해관계가 집중되는 노른자이다.

그동안 정부와 대자본가들은 '황금알을 낳는 거위'를 두고 서로 많은 이익을 차지하기 위해서 치열한 경쟁을 벌여왔다.

노태우 정부 때 제2이동통신 기업주 선정이 좌절되었는데 그 이유는 선경을 비롯한 자본가들 사이의 경쟁과 청와대와 체신부, 노태우와 김영삼 간의 갈등 때문이었다. 지배자들의 여론은 '선경이 노태우와 사돈 사이여서 이동통신을 손에 넣는 것 아니냐'는 것이었다. 결국 이동통신 매각은 김영삼 정부로 이양되었고 노태우 정부는 거국중립내각을 발표해야만 했을 정도였다.

---

* 〈한겨레21〉 94년 4월 14일자.

** 같은 책.

김영삼은 취임한 지 몇 달도 안 되어 공기업에 포진해 있던 국가관료들 가운데 절반 이상을 교체 대상으로 결정했다. 5·6공 인사들은 '권위주의 잔재 청산이라는 구실 아래 5·6공 세력들을 퇴임시키고 있다'는 불만을 터뜨렸다.

물론 그들은 장기적으로 민영화를 해야 한다고 여긴다는 점에서 의견이 일치한다. 그러나 민영화의 구체적인 방법, 시기, 절차 등을 둘러싸고 이해다툼을 벌인다. 현재 민영화가 거론되고 있는 한국가스공사 사장은 "어디까지나 정부의 방침을 따르겠다. 그러나 민영화는 공기업 경영 효율과 공공복지를 함께 고려해 신중을 기해야 한다."고 말한다. 그러나 사실 민영화 연기 주장의 배경에는 자본가들 내부의 이해관계가 도사리고 있다. 그 이해다툼은 국가 구조 안으로 흡수되어 더 큰 갈등의 씨앗이 되어왔다.

이탈리아에서는 공공부문이 경제 비중의 약 30%를 차지하고 있는데 정부는 주로 국가지주회사들에 대한 국가지분을 매각하려고 했다. 그러나 국가지주회사와 정부가 강하게 유착되어 있어 민영화는 쉽지 않았다.[*]

한국개발연구원(KDI)은 자신의 보고서에서 이렇게 인정해야만 했다. "그 동안 민영화 대상 공기업 선정까지는 경제기획원 주도 아래 활발히 이루어졌으나 부처 이기주의와 민영화 반대 세력의 저항 등에 걸려 실제 추진 실적은 매우 부진한 편이다."[**]

———

[*] 임휘철, 앞의 글, 앞의 책, 120쪽.

[**] 〈조선일보〉 95년 2월 17일자.

지배자들은 "국가 개입주의"라는 배를 버리고 "민영화"를 향해 헤엄쳐 갔지만 그것 또한 커다란 암초에 불과했다는 사실을 깨닫고 있는 것이다. 그래서 민영화(시장주의)가 국가개입주의의 대안이라고 열광했던 러시아 지배자들 사이에서는 민영화된 기업을 다시 국영화하자는 주장이 나오고 있다.* 이 경우는 단지 러시아에만 해당되지 않는다. 프랑스, 영국, 독일은 철도를 민영화했지만 '재원이 부족하다'는 구실로 다시 국유화했다.**

이것은 민영화가 어떤 위기 탈출구도 되지 못한다는 점을 분명하게 드러내 주는 하나의 극단적 사례이다.

민영화가 지배자들의 계획대로 잘 되지 않는 두 번째 이유는 바로 노동자들의 아래로부터의 압력 때문이다.

최근 공공기업 노동자들의 투쟁은 민영화를 통한 고통 분담에 저항하는 것이다. 유럽에서도 전투성이 부활하면서 민영화에 반대하는 공공기업 노동자들의 투쟁이 확대되고 있다. 에어 프랑스 노동자 투쟁이 대표적이다.

올해 이 나라에서만도 민영화가 노동자들의 투쟁 때문에 좌절된 몇몇 사례가 있었다.

정부출연 연구소 통폐합 및 민영화 움직임에 연구소의 노동자들이 반발하여 "민영화 반대투쟁협의회"를 만들고 규탄집회와 농성 등을 조직했으며 전기연구소도 2월 16일 민영화저지투쟁위원회를 만들었다.

---

* 〈조선일보〉 95년 2월 28일자.

** 〈조선일보〉 95년 4월 15일자.

정부출연 연구소 노동자들이 민영화에 반대하는 투쟁을 벌이자 정부는 당황하여 민영화 실시 계획을 보류해야만 했다. 이것은 작지만 소중한 승리이다.

뿐만 아니라 올해초에는 교육방송 노동자들도 KBS와 교육방송을 통폐합하고 민영화하려는 정부의 계획에 반대하여 투쟁을 벌였다. KBS 노동자들은 교육방송공사 노동자들의 투쟁을 지지하는 집행부 철야 농성과 파업 결의 대회까지 열면서 정부 계획 철회를 요구했다.

교육방송 노동자들의 행동이 KBS 노동자들의 연대 행동으로 이어지자 정부는 민영화 계획을 잠시 유보하겠다고 발표했다.

얼마 전 대한중석 노동자들도 134명의 감원에 반대하는 쟁의발생 신고를 냈다.* 지난 4월 공노대 노동자들 3만 명의 집회는 값진 것이었다.

만약 지배자들이 민영화 정책을 놓고 갈팡질팡하게 된다면 더 많은 노동자들이 정부의 약한 모습을 보고 자신감을 찾을 것이다. 민영화를 둘러싼 지배자들의 분열은 노동자 투쟁의 좋은 토양이 될 것이다.

국유화의 문제

그렇다고 우리는 국유화 자체가 민영화의 진정한 대안이라고 생각

---

* 〈중앙일보〉 95년 4월 25일자.

하지 않는다. 국유화도 이 체제 아래에서는 자본주의적 소유 형태의 변형일 뿐이다.

국유화가 곧 사회주의라는 주장은 좌익들이 오랫동안 간직해 온 '고정 관념'이다.

이런 생각은 자본주의 역사와 함께 있었다. 영국 철도가 70년대 중반에 국유화된 이후 직장위원회의 지도부는 노동자들이 '사회주의 기업'을 운영할 수 있기 위해서는 열심히 일해야 한다고 주장했다.

국유화를 사회주의로 본 사람들은 마르크스와 엥겔스가 살던 시대에도 있었다. 18세기 후반부터 19세기 후반까지 사람들은 자본주의를 사적 소유와 똑같은 것으로 생각했다.

1870년대부터 거대한 변화가 일어났다. 영국에서는 우체국이, 독일에서는 철도가 국유화되었다. 일본과 러시아에서는 국가가 처음으로 대규모의 사업을 세웠다.

일부 좌익들은 어리둥절하면서 비스마르크 정부를 가리켜 "사회주의 정부"라고 불렀다. 엥겔스는 사적 자본주의라는 말을 사용하는 사람들을 공격했다.

만일 국가의 담배 전매가 사회주의라면 나폴레옹이나 메테르니히도 의심할 바 없이 사회주의의 창시자로 간주되어야 할 것이다.[*]

국가 개입, 국유화 정책은 한동안 지배자들의 위기를 해결해 주는

---

[*] 엥겔스, 《공상에서 과학으로》, 새날, 66쪽.

역할을 했다. 그것은 30년대 경제위기를 타개하는 방법이었으며 어느 정도 효과를 보기도 했다.

제2차대전 이후 영국 지배자들이 다수 기업을 국유화했을 때 그들은 영국 자본주의 전체의 이익을 위해서 중요한 산업의 일부를 집중시켰다. 이것은 제2차대전 이후 영국 자본주의가 재조직되는 것을 통해서 증명되었다.

1943년 처칠 수상은 4년 동안 사회적 계약을 약속했다. "요람에서 무덤까지 국민의료서비스제도를 마련하겠다."*

그 때 지배계급의 모든 성원들은 다음과 같은 사실을 알고 있었다. 사회적 봉기의 위험을 피하기 위해서 노동자들에게 일정한 양보를 하지 않으면 안 된다는 것을 말이다. 또한, 그들 모두는 황폐화된 영국 경제는 철저한 구조 개혁을 필요로 한다는 것을 느끼고 있었다.

이처럼 국유화는 제2차대전을 전후로 지배자들의 자본주의 구조 개편과 노동자 투쟁 약화라는 두 가지 목적을 위해 태어났다.

지금까지 국유화는 종종 계획이라는 용어와 뒤섞여 불리곤 했다. 그러나 소련과 동유럽 지배자들의 국유화는 진정한 민주적 계획과 그 어떤 점도 닮지 않았다.

동방 제국주의권의 국유화는 노동자들을 지배하기 위한 체제 유지 수단이었다. 게다가 그것은 지배자들에게 유리하게 작동했던 시절도 있었지만 이미 파산 선고당한지 오래이다.

___

*   Lee Humber, "A game of monopoly", *Socialist Review* 89:12.

소련과 동유럽의 몰락은 계획 경제의 몰락이 아니라 국가자본주의의 몰락이다. 그 사회에서는 한 번도 계획 경제가 실행되어 본 적이 없기 때문이다.

국유화도 민영화도 이 사회의 경제적 모순을 해결하지 못했다. 오직 직접 생산자들의 민주적 계획만이 자본주의 경제의 모순을 해결할 수 있다.

사회주의적 대안

많은 사람들은 계획 경제는 피도 눈물도 없는 것이 될 것이며 사람들 사이의 자유를 억압할 것이고 비효율을 낳을 것이라고 생각한다. 또한 사람들은 그래도 시장이 있어야 사람들은 노동을 할 필요를 느끼게 되지 않느냐고 반문한다.

그러나 계획 경제야말로 인간에게 가장 자연스러운 경제 체제이다. 자신이 맛있게 아침 식사를 하기 위해서 빵을 굽는 것처럼 말이다.

노동자 정부가 수립된다면 인간에게 가장 자연스럽고 자유스런 경제 체제가 마련될 수 있다. 혁명 당일의 아침부터 노동자 정부는 인민 대중의 조건을 개선하기 위해 세 가지 서로 연결된 조치들을 취할 것이다.

첫째, 노동자 정부는 지배계급의 부를 노동계급의 이익에 알맞게 전면적으로 재분배할 수 있다. 불필요하게 넓은 지배자들의 주택을 집 없는 사람들에게 분배하고 지배자들의 특권 — 또는 동유럽에서 처럼 지배자들의 특별 병원, 클럽, 국유재산, 부동산 가격 때문에 '놀고 있는' 땅 — 을 사회적 필요를 충족시키는 데 쓸 것이다.

이를테면 호화판 자동차(또는 그들이 소비하는 너무 많은 양의 연료)를 이용해 대중교통 문제를 해결하며 사치스런 레스토랑과 호텔을 인민 대중의 안락과 휴식을 위한 시설로 개조할 것이다. 그런 재분배 조치들은 압도적 대다수의 생활 조건을 단 하룻밤 사이에도 엄청나게 바꿀 수 있다.

둘째, 노동자 정부는 즉각 경제 내부의 낭비, 중복, 비효율의 요소들을 줄이기 시작할 수 있다. 노동자 정부는 의식적으로 경쟁적 축적과 무기 경쟁에 사용되었던 자원들을 대중의 필요에 돌리기 시작할 것이다. 현재 전 세계에서 한 해 동안 무기 생산에 쓰이고 있는 돈을 세계 인구로 나누면 1인당 약 1억 5천만 원 정도가 된다.

자본주의 체제를 유지하기 위해서 필요했지만 노동자들의 민주적 계획 경제에서는 하나도 필요없는 부분들이 사람들의 필요를 만족시키는 데 사용될 것이다.

물론 노동자 정부는 낭비, 저질의 생산, 환경을 위협하는 생산 형태들을 몰아내기 위해서 아래로부터 대중의 이니셔티브에 의존할 것이다.

셋째, 노동자 정부는 생산 현장에서 노동자들의 기본적인 소외를 극복하기 시작할 수 있다. 하루 아침에 귀찮고 싫증나고 피곤한 노동을 즉각 즐겁게 만든다는 의미에서가 아니다. 노동자들이 자신들의 노동이 가치가 있으며 의미가 있다고 느끼기 시작한다는 의미에서

이다.

이 때 물건을 생산하는 것은 다른 사람들에게 유용하게 된다. 그리고 이것은 이번에는 더 나은 질의 생산 그리고 더 짧은 시간안에 더 많은 양을 생산하도록 '유인'하는 역할을 하게 될 것이며 노동에 대해서 외적인 형태의 규율 — 집단적 자기 규율이라고 말하는 것이 맞을 것이다 — 을 부과할 필요는 더욱 적어지게 만들 것이다.

이런 종류의 계획이야말로 가장 효율적이고 가장 민주적인 경제체제이다.

결론

민영화 반대 투쟁이 승리하기 위해서는 노동자들의 독립적인 요구를 중심으로 투쟁이 형성되어야 한다. 임금 인상과 감원 반대와 같은 생활상의 요구들이 더 강력하게 제기되어야 한다. 그래야 좀 더 많은 노동자들이 단결할 수 있다. 이를테면 한국통신 노조가 민영화 정책을 반대하는 데에서 노동자들의 생활상의 요구를 결합하지 않거나 통신 시장 개방 반대나 '민족 통신' 같은 요구에 치중한다면 민영화에 저항하는 힘이 약화될 위험이 있다. 그럴 때 한국통신의 민영화 반대 투쟁은 의도와는 무관하게 지배자들의 일부 — 급속한 민영화에 반대하고 통신 시장 개방에 반대하는 — 를 지지하게 되는 것으로 귀결될 수 있다. 작년 한국통신 노조가 통신시장 개방과 민영화에 반대하여 장관실을 점거하고 농성을 했을 때 임금 인상 요구와 고용불안 반대 요구는 사실상 뒷전에 밀려 있었다. 그런 상황에서는 통신시장 개방에 반대하는 입장을 고수했던 조백제의 이해와 한국통신 노동자들 전체의 이해는 뭉뚱그려진다. 그래서 작년에 한국통신 사장 조백제는 농성하는 한국통신 노동자들에게 "당신들 때문에 통신시장 개방이 일단 좌절될 수 있었다."는 고마움을 표시했던 것이다. 일자리를 빼앗고 사회 서비스 질을 낮추는 민영화에 반대하여 우리의 일자리를 지키려면 여기에 저항하는 노동자 투쟁이 관건이다. '피고용인'들이 저항한다면 민영화는 불가능할 것이다. 피고용자들이 파업을 벌이고 있는 회사를 누가 사려고 하겠는가? 그러나 문제는 노동자들이 투쟁의 준비를 하고 있어야 한다는 점이 아니다. 공공기업 노동자들의 분노는 이미 투쟁으로 바뀌고 있기 때문이다. 정작 문제는 "효율성 있는", "독점 없는", "민주주의적"인 시장이라는 이름으로 민영화에 대해서 유보적인 태도를 취하는 것이다. 이것은 지배자들의 위기 모면책에 대한 "위태로운 타협"이다. 만약 '부작용 없는 민영화'라는 생각에 사로잡혀 있다면 "해고·감원 등의 부작용을 없애기 위해서 여러가지 제도적 장치를 보완하겠다"는 정부의 '약속'이 진실처럼 보일 수 있다. 또한 민영화에는 어느 정도 반대하면서도 국유화 그 자체를 대안으로 생각하는 것도 문제이다. 민영화에 반대하는 싸움은 노동자들의 처지를 개선하는 것을 목표로 해야지 단지 국유화를 대안으로 할 수는 없는 노릇이다. 그렇지 않으면 국유기업이니까 더 열심히 일해야 한다는 주장에 현혹될 수도 있다. 이 두 주장 모두 지배자들의 공격으로부터 바리케이드 한 부분을 열어두고 싸우는 결과를 빚는다. 유럽에서 이런 역할을 했던 사상들은 사회민주주의자와 유러코뮤니즘으로 대표되었다. 이런 종류의 정치는 지배자들의 '효율적인' 도피에 안장을 채워주는 역할을 할 수 있다. 유러코뮤니즘, 스웨덴식 사회민주주의 같은 대안 안에 '곱게' 포장되어 있는 이와 같은 안장이 우리 계급의 운동에게는 독이라는 점을 인식하는 것이 그 어느 때보다도 중요하다.

자본주의와 금융의 관계

1980년대에 미국·영국 정부 등은 금융 시장 규제를 대폭 완화했다. 그 후 주식시장 투기가 폭발적으로 증가했고, 이른바 "실물경제"는 복잡한 주식, 채권, 파생 상품 시장에 압도돼 갔다.

이러한 시장들은 2007년에 붕괴하기 시작했고, 지금의 경제 위기를 촉발했다.

오늘날 은행이 어떻게 그렇게 강력해졌는지, 그리고 금융 시장이 나머지 경제와 어떻게 연결되는지를 두고 논쟁이 벌어진다.

금융이 자본주의를 '접수하기' 이전 시절을 돌이켜 보는 사람들이 많다. 그러나 그러한 일이 언제 벌어졌는지에 관해서는 일치된 의견이 없는 듯하다.

무엇이 체제를 바꿨는가? 1980년대의 주식시장 규제 완화 때문이었는가? 1971년 브레턴우즈 협정이 와해된 탓인가? 아니면 1931년에

데이브 수얼. 〈레프트21〉 74호, 2012년 2월 2일. https://wspaper.org/article/10786.

'금본위제'가 끝장났기 때문인가?

금융 부문의 혼돈은 사실 이것들보다 훨씬 오랜 역사가 있다. 1873년 오스트리아 빈 증시의 공황은 20년간 장기 불황을 촉발했다.

금융 호황과 붕괴 과정을 묘사하려고 "거품"이라는 말을 쓰기 시작한 것은 1700년대 초의 광란적 투기로까지 거슬러 올라간다.

자본주의의 성장은 항상 왕성한 금융 부문의 창출과 긴밀히 연관됐다.

그래서 마르크스는 금융에 대한 의존성 증대야말로 자본주의 체제의 불가피한 특징이라고 주장했다.

그러나 금융이 취하는 이윤은 다른 곳에서 생산된 부에서 나온다. 금융은 자본주의적 생산에서 없어서는 안 될 것이지만 동시에 그것에 기생하는 것이기도 하다.

이러한 상황은 체제가 금융에 의존해 성장할 때 문제를 낳는다.

마르크스는 개별 자본가들의 이윤은 늘 수 있지만, 투자 대비 총이윤은 시간이 지남에 따라 낮아지는 경향(이윤율 저하 경향)이 있음을 보여 줬다.

오늘날 많은 대기업들은 이윤을 축적해 어마어마한 자금을 보유하고 있지만, 자본주의 경제의 구조적 문제들 탓에 그 자금을 수익성 있는 곳에 투자하지 못하고 있다.

이윤율을 회복하는 가장 확실한 방법은 노동자들을 더 쥐어짜서 더 많은 몫의 부를 자본가들의 이윤으로 돌리는 것이다.

그러나 이 방법은 위험하다. 노동자들이 반격할 수도 있고, 노동자들이 너무 허약해져서 일을 제대로 못하게 되면 이윤 창출에 악영향을 끼칠 수도 있다.

금융이 바로 이러한 문제를 회피하는 데 도움을 준다. 신용카드, 서브프라임 모기지, 각종 대출 확대가 완충 작용을 한 덕분에 자본가들은 노동자 임금 상승 억제, 공공 주택 매각, 학비 보조금 삭감을 좀 더 수월하게 추진할 수 있었다.

기업들은 대출과 금융 활동에 더 직접적으로 의존해서 주요 사업에서 줄어든 수익을 벌충하기도 했다.

예를 들어, 자동차 제조사인 제너럴모터스(GM)는 35억 달러의 금융 자산을 굴리는 전문적 금융회사인 GM파이낸셜을 가지고 있다.

2007년에 이르자 가치가 의문시되는 곳에 투자된 '독성' 채무의 규모가 어마어마하게 커졌다. 이것이 '신용 경색'과 이후의 세계적 위기를 촉발했다.

그러나 이러한 부채는 자본주의 전체의 수익성을 유지하려고 노력하는 과정에서 쌓인 것이었다.

신자유주의적 금융화가 위기를 촉발한 것은 사실이다. 그러나 금융 부문의 성장은 언제나 자본주의를 위기로 몰아가는 근본적인 문제들의 결과였지 원인이 아니었다.

개혁주의

바로 이런 이유 때문에 은행가들을 제거하거나 그들의 "책임을 묻는 것"으로는 위기를 해결할 수 없다. 우리는 자본주의 체제 전체를 뿌리부터 도려내야 한다.

개혁주의 정치인들은 금융은 생산과 별개이므로 자본주의를 전복하지 않고도 위기를 해결할 수 있다고 주장한다.

대안적 경제 모델들이 인기를 끌 수도 있다. 그러나 금융 시스템이 어떻게 자본주의에서 자라났는지를 이해하지 못한다면, 그러한 모델을 지지하는 사람들은 자신의 유토피아를 실현할 논리 정연한 전략을 제시할 수 없다.

또, '국제 금융 자본주의'와 좀 더 생산적인 '국민' 자본주의가 서로 충돌한다는 생각은 인종차별주의를 부추기는 데 이용되기도 했다. 그 최악의 사례가 유럽의 반유대주의였다.

자본주의의 온갖 문제들은 생산 영역, 즉 작업장 — 우리가 부를 창출하고 사장이 그 부를 우리한테서 가져가는 곳 — 에서 유래한다.

따라서 노동자들은 체제에 근본적으로 도전해서 부를 되찾을 잠재력이 있다. 1918~19년 독일 혁명 때 혁명가 로자 룩셈부르크는 이렇게 선언했다. "자본주의의 쇠사슬은 그것이 버려지는 곳에서 끊겨야 한다."

금융수탈체제론, 어떻게 볼 것인가

　이번 경제 위기는 지난 30여 년간 금융이 엄청나게 성장해 자본주의 체제에서 전례 없이 중요한 구실을 하고 있던 상황에서 발생했다. 게다가 2008~09년에 여러 나라의 금융 시스템을 거의 붕괴 직전까지 몰고 간 이번 위기는 미국에서 서브프라임 모기지 거품이 꺼지면서 시작됐다.

　이 때문에 이미 위기 전부터 여러 마르크스주의자를 포함한 진보 진영에서 신자유주의와 금융부문의 확대에 대한 분석이 있었고, 이 중 꽤 많은 사람들은 '금융화론'을 주장했다. 이런 금융화론들은 논자들마다 상당히 다르다. 그러나 모두 '금융'의 '지배'가 자본주의 체제의 동역학을 변화시켰다는 주장을 공유한다. 한국에서 이런 류의 주장으로 가장 유명한 것은 장하준 교수가 주장한 '주주 자본주의론'일 것이다. 장하준 교수는 신자유주의의 본질을 주주 자본의 권

강동훈. 〈노동자연대〉 139호, 2014년 12월 6일. https://wspaper.org/article/15215.

력이 강화된 것으로 본다. 주주들이 기업들로부터 더 많은 배당을 받아감으로써 기업 투자는 정체되고, 임금 삭감과 해고와 같은 노동 유연화가 확대됐다는 것이다. 이에 따라 신자유주의 시대는 그전보다 경제성장률은 낮아지고 주식·부동산 시장 거품이 연달아 발생했다가 터지는 경제 위기의 시대가 됐다는 것이다. 주주 자본주의론의 가장 큰 약점은 기업의 배당금 지출 확대가 반드시 투자 수준을 낮추는 것은 아니라는 점이다. 주주들이 설사 기업들로부터 많은 배당을 받아냈다고 하더라도 높은 수익을 거둘 만한 부문이 있다면, 투자는 줄어들지 않을 것이기 때문이다. 실제로 1990년대 닷컴 호황때 금융자본이 너도나도 IT 기업들로 향한 것은 IT 기업들이 높은 수익을 거두리라고 기대했기 때문이다. 물론 IT 부문에 대한 과도한 투자가 결국 거품 붕괴로 끝났지만 말이다. 결국 신자유주의 시대의 특징인 투자 감소나 저성장은 기업들의 고배당 같은 금융화 때문이 아니라 실물경제 자체의 수익성 하락이 근본 원인인 것이다.

수탈경제

기본소득네트워크나 좌파노동자회는 또 다른 형태의 금융화론을 주장한다. 이들은 신자유주의 시대의 특징을 "신자유주의적 수탈경제" 또는 "금융수탈체제"라고 규정한다. 이름에서 알 수 있듯이 이들은 신자유주의의 본질을 '수탈'로 규정한다. 수탈은 "착취와는 달리 직접적인 노동 밖의 시공간에서 발생하는 모든 빼앗김을 총괄하는 개념"이다(곽노완 기본소득네트워크 학술위원장). 그러면서 여러 수탈의 사례를 언급한다. 주택담보대출, 등록금 대출 등 가계대출 확대로 이자를 수취하는 것, 생물자원에 대한 지적재산권, 공기업·공유지의 사유화, 거대 자본을 지원하는 공적자금, 환율 인상으로 수출기업에게 이익을 몰아주는 것 등이다. 또, 달러화를 마구 발행해 무역수지 적자를 확대하면서도 달러화 하락 내지 인플레이션 압력을 거의 겪지 않는 '달러지배체제'도 미국이 국제적 수탈을 하고 있는 사례라고 본다. 열거한 사례들에서 보듯, 이들은 신자유주의를 '약탈을 통한 축적'이라고 규정한 데이비드 하비나, 금융기관들이 가계대출을 늘려 소비자를 직접 착취하는 "금융적 수탈"이 신자유주의의 특징이라는 코스타스 라파비챠스에게서 많은 영향을 받았다는 것을 알 수 있다. 이것이 뜻하는 바는 노동 착취를 통한 축적보다 수탈을 통한 축적이 신자유주의 시대에는 더욱 중요해졌다는 것이다. "잉여노동시간의 착취를 통해 이윤을 확보했던 본연의 축적 방식과 달리 지난 35년간의 신자유주의 시대에서 자본축적은 다른 자본가의 이윤을 금융적 방식에 의해 수탈하는 방식으로 바뀌어 갔다."(금민 기본소득네트워크 운영위원장) 결국 오늘날 자본주의에서는 생산현장에서의 착취보다 수탈이 더욱 중요하기 때문에, '임금 삭감 없는 노동시간 단축'이나 '비정규직의 정규직화'가 아니라 모든 사람에게 조건 없이 지급하는 '보편적 기본소득'이 신자유주의에 맞서는 적절한 요구가 된다. 또, 실천에서는 생산 현장에서의 노동자 투쟁보다 '점거하라' 운동 같은 불안정 노동자들의 거리 운동을 더 중요하게 여긴다. 이번 민주노총 위원장 선거에 나선 좌파노동자회의 허영구

후보가 정규직 노동자에 대해 종종 불신을 드러내거나, 비정규·불안정 노동자를 조직하는 데 필요한 돈을 대는 정도의 구실로 한정하는 것도 분명 이런 관점과 관련 있을 것이다. 금민도 비정규·불안정 노동자인 프레카리아트가 "보편적 해방의 주체"가 되려면 기본소득과 노동시간 단축을 연동된 프로그램으로 제시해야 한다고 주장한다. 이때 정규직 노동자는 이런 요구를 받아들이는 수동적 대상으로만 설명된다. 이들과 마찬가지로, '약탈을 통한 축적'을 강조하는 데이비드 하비도 최근 발간된 책《자본의 17가지 모순》에서 "노동시장과 작업장을 계급투쟁의 쌍두마차로 특권화하는 경향"에 반대했다.

자본주의의 성격

그러나 문제의 핵심은 수탈 메커니즘이 존재하느냐 아니냐가 아니라, 이것이 과연 자본주의의 성격을 바꿨느냐 하는 점이다. 우선, 일부 자본가들이 다른 자본가들을 '약탈'하는 짓이나, 자본들이 노동자들을 생산 현장에서 착취할 뿐 아니라 이런저런 추가적인 방식으로 노동자들을 갈취하는 짓은 자본주의에서 늘 있었던 일이다.(이 지점에서 기본소득네트워크 내에 미묘한 차이가 있는 듯하다. 금민은 수탈경제가 신자유주의의 "시기규정적 성격"을 갖는다는 데 강조점을 두는 반면, 곽노완은 수탈이 자본주의 일반적 특징인 듯 서술한다.)

이미 마르크스는 19세기에 노동자들이 터무니없이 높은 이자율로 주택을 빌리는 상황을 두고 《자본론》 3권에서 다음과 같이 썼다.

"노동자 계급이 이 형태에서도 크게 기만을 당한다는 것은 명백한 사실이지만, 이러한 짓은 노동자 계급에게 생활수단을 공급하는 소매상들에 의해서도 행해진다. 이것은 [생산 현장에서 벌어지는] 제1차적인 착취와 나란히 진행되는 제2차적인 착취이다. 여기에서는 판매와 대부 사이의 차이는 전혀 중요하지 않은 형식적 차이인데, 실제 맥락을 무시하는 사람에게나 본질적 차이로 보인다."

금융자본은 가계대출을 늘려 노동자의 미래 소득 중에서 많은 부분을 이자로 가져갈 수 있다. 노동자가 사용자에게서 임금 인상을 따내지 않는 이상 이것은 사실상 임금을 삭감해 착취율을 높인 것과 같고, 이렇게 해서 늘어난 잉여가치를 금융자본이 가져간 셈이 된다.

반대로, 노동자들이 임금 인상을 따내는 경우 고용주가 자신의 잉여가치 하락을 감수하고 노동자의 빚에 부과된 이자를 대신 지불해 주는 셈이다. 빵 가격을 인위적으로 올렸을 때 임금도 따라 오른다면 그만큼의 잉여가치가 제빵업 자본가에게 이동하는 것과 똑같은 이치다.

이처럼 노동자에 대한 수탈을 2차적 착취로 보면, 수탈을 강화하기 위해서라도 기업의 잉여가치 창출이 중요하다는 점을 알 수 있다. 수탈하기 위해서는 먼저 생산돼야 한다는 당연한 사실 때문에라도 그렇다.

결국 신자유주의 시대에 수탈이 강화됐다 하더라도 생산 현장에서 착취에 맞선 투쟁이 여전히 중요하다.

정규직 노동자들이 파업을 하는 것은 그들의 임금과 노동조건을 지킨다는 점에서 중요할 뿐 아니라, 그 힘을 이용해 노동시간 단축, 비정규직의 정규직화, 최저임금 인상 같은 전 사회적 요구를 내걸고 싸우도록 고무한다는 점에서도 중요한 것이다.

끝으로, 기본소득네트워크나 좌파노동자회는 신자유주의를 '수탈경제'라고 규정해야만 보편적 기본소득이 정당화된다고 보는 듯하다. 보편적 기본소득이 노동자 계급의 당면한 핵심 요구는 아니지만, 이들의 분석과 실천적 약점은 오히려 자신들의 핵심 요구를 성취하기 어렵게 만든다.

보편적 기본소득의 의미를 찾자면 노동과 자본 사이의 교섭력을 근본적으로 바꿔 놓아 노동자들을 자본의 독재에서 해방시키는 데 이바지한다는 것이다.

비정규불안정 노동자인 프레카리아트만 주체로 보며 정규직 노동자를 무시하거나 심지어 적대한다면 자본의 이윤에 큰 타격을 줄 힘을 포기하는 것으로, 오히려 기본소득 도입을 더 요원하게 만들 뿐이다.

금융화와 금융자본만이 주된 문제인가?

2008년에 시작된 전 세계적인 경제 위기의 직접적 촉발점은 미국 서브프라임 모기지 시장의 붕괴였다.

금융 위기가 시작된 지 2년이 넘었지만 위기가 해결될 기미를 보이기는커녕 세계 각국에서 은행 위기가 계속되고, 이 위기가 그리스·포르투갈·아일랜드 등의 재정 위기로 옮아가고 있는 것에서 보듯, 금융 위기는 여전히 계속되고 있다.

기가 막히는 것은 전 세계를 투기판으로 만든 거대 은행들이 막대한 정부 지원으로 살아나자, 임원들에게 엄청난 보너스를 지급했을 뿐 아니라 구제 금융으로 취약해진 정부 재정을 빌미로 복지·임금 삭감 등을 강력하게 요구한다는 점이다.

이 때문에 상당수 주류 언론과 미국 의회조차 이번 금융 위기는 "일부 금융기관들의 탐욕, 어리석음"과 "정부 규제 실패" 때문이라고

강동훈. 〈레프트21〉 56호, 2011년 5월 5일. https://wspaper.org/article/9632.

인정한다.

따라서 많은 사람들이 무분별한 이윤 추구로 세계를 망쳐 버리고 그 대가를 노동자에게 떠넘기는 금융자본을 통제하길 바라는 것은 매우 정당하다.

그러나 이번 경제 위기를 온전히 금융자본의 탓으로만 돌리는 것은 부족함이 있다. 금융자본의 탐욕은 새삼스러운 일이 아니며, 탐욕에 눈이 멀면 어리석어질 수 있다는 것도 당연한 이치다. 문제는 금융자본이 투기를 일으킨 막대한 자금을 어떻게 얻었는가 하는 점이다.

이에 대해 한국 진보진영의 상당수는 주주 이익 극대화를 최우선으로 하는 '주주 자본주의' 때문이라고 대답한다. 예를 들어, 장하준 교수는 "배당금을 높이고, 자사주 매입을 늘릴수록 사내 유보 이윤은 줄어들고, 그에 따라 투자도 감소된다" 하고 말한다.

즉, 신자유주의 시대에 주주들이 많은 배당을 받아내 금융 부문은 비대해졌지만, 반대로 기업 투자가 줄어들고, 성장률이 떨어지고, 실업·비정규직이 확대됐다는 것이다.

'주주 자본주의'론은 금융만이 아니라 신자유주의 시대에 성장률이 떨어지고, 비정규직이 확대되고, 복지·임금이 삭감된 것도 설명하는 것처럼 보인다.

그러나 '주주 자본주의'론은 신자유주의 시대에 대한 정확한 설명이 아니다. 기업들이 배당을 늘린 것은 사실이지만 사내 유보 이윤 또한 증가했다.

현재 미국 기업들이 보유하고 있는 현금은 2조 달러에 이르는 것으로 추산되고, 한국에 상장된 6백여 비금융기업의 현금 자산도 1백조 원이 넘는다. 한국 기업들의 부채비율도 1997년에 4백 퍼센트대에서 최근에 1백 퍼센트대로 급속하게 낮아졌다.

게다가 배당금 지급이 실물 부문에 투자할 재원을 줄이는 것은 아니다. 높은 배당금이나 사내 유보 이윤은 금융기관에 보관되는 것이고, 금융기관들은 그 돈을 실물 부문에 대출해 수익을 얻을 수도 있었을 것이다.

다시 말해, 신자유주의 시대에 기업과 금융기관이 보유한 돈은 늘어났다. 게다가 기업 투자를 촉진한다며 국가는 규제 완화, 부자 감세로 기업 투자를 유도했지만 부자들은 파생금융상품 등의 투기에 매달릴 뿐 생산적 투자는 기피했다.

이것은 실물 부문의 투자 감소와 금융 부문의 비대화라는 현상의 근본적인 이유가 실물 경제의 변화에 있다는 것을 보여 준다.

이윤율 저하 경향

신자유주의 시대에 실물 경제에 대한 투자가 감소한 이유는 마르크스가 지적한 자본주의의 '이윤율 저하 경향'과 관련 있다.

많은 마르크스주의 경제학자들이 밝혔듯이, 전 세계 자본주의는 1960년대 말 이후 이윤율이 떨어져 왔다.

복지·임금 삭감과 부자 감세 등의 신자유주의 정책으로 부자들의 이윤을 늘리려는 시도를 계속해 1980년대 이후 이윤율이 조금 올랐지만 1960년대 수준으로 회복되지는 못했고 따라서 투자도 회복되지 않았던 것이다.

이윤율 하락이 실물 부문의 투자 하락과 금융 부문 비대화의 진정한 원인이므로 "각종 정책 수단(예를 들어 부자와 기업의 감세를 허용하는 대신 투자를 조건으로 제시)을 통해 부자들로 하여금 더 많이 투자하도록"(장하준) 해야 한다거나 금융자본을 통제하는 방법만으로는 경제 위기를 끝낼 수 없다.

또, 이윤율 하락이 경제 위기의 진정한 원인이라는 마르크스의 설명은 왜 세계 지배자들이 위기 탈출의 해결책으로 임금·복지 삭감을 핵심 정책으로 하는지도 설명해 준다. 임금·복지를 삭감해야만 이윤율을 끌어올릴 수 있기 때문인 것이다.

마르크스는 "자본의 한계는 자본 그 자체"라고 지적했다. 자본 간의 경쟁은 생산력을 높이도록 만들지만 또 이윤율 하락도 낳는다. 자본주의에서 생산의 목표는 사람들의 필요가 아니라 이윤이기 때문에 이윤율 하락은 생산의 급작스런 중단, 대규모 기업 파산과 함께 실업·빈곤·비참함을 낳는 것이다.

금융자본에 반대할 뿐 아니라 생산이 이윤 추구에 종속되지 않는 사회, 다시 말해 자본주의를 뛰어넘는 사회를 만들어야만 발전하는 생산력을 인류의 복지와 번영을 위해 제한없이 사용할 수 있다.

WTO 체제 — 국경은 사라지는가?

올해 들어 WTO(국제무역기구)가 정식으로 출범했다. 지배자들은 WTO를 가리키며 "새로운 국제협력시대"가 열렸다고 한다. 서덜랜드 GATT 사무총장은 "그 동안의 결실로 2002년에는 세계 각국이 연간 7550억 달러의 무역증진 효과를 보게 된다."고 했다.

WTO 체제 출범에 따른 자본주의 체제 번영에 대한 기대는 경제적인 것에만 머무르지 않는다. WTO나 유엔 같은 국제기구가 개입해서 경제적 갈등이 전쟁으로 이어지는 것을 막을 수 있다는 환상이 존재하고 있다.

안타깝게도 남한 좌익은 지배자들이 퍼뜨리는 이러한 환상에 제대로 대항하지 못하고 있다. 오히려 남한 좌익 가운데 일부는 지배자들의 이러한 주장에 동조하기까지 한다. 예를 들어, 《진보》지는 "세계 자본이 생산자본 투하보다는 유통자본 투하에 집중하기 때문에 상

이 글은 《사회주의 평론》 3호(1995년 5~6월)에 실린 것이다.

품 생산과 관련된 부분은 제국주의 모순을 탈각하고 있다. … 따라서 WTO 체제가 발진한 95년의 세계는 기술의 진보와 더불어 생산력 경쟁을 하고 있다. … 군사적 긴장과 대결의 해소, 유통자본 강화를 위해 체제 구축을 강화할 조치들을 강구할 것이다." 하고 주장하고 있다.*

그러한 주장의 근거 — 세계 자본이 유통자본 투하에 집중하고 상품 생산과 관련된 부분은 제국주의 모순을 탈각한다는 — 가 전혀 현실과 다르다는 점은 별도로 하더라도 이런 식의 주장은 자본주의 체제 안에서 개혁을 통해 자본주의가 강요하는 착취와 억압을 폐지할 수 있다는 결론으로 빠질 수밖에 없다.

이런 주장의 가장 일관된 형태를 이미 카우츠키가 보여 주었다. 그는 경제 과정이 자본가들을 범세계적 단결로 몰아갈 수 있다고 생각했다. 자신의 글에서 그는 "제국주의 강대국들 간의 세계대전은 결국 최강 국가들의 연방을 낳고, 이로써 그들 간의 무기경쟁을 포기하도록 만들 수 있다. 그러므로, 순수히 경제적인 관점에서 볼 때, 자본주의가 또 하나의 단계, 즉 카르텔을 형성하는 이 과정이 대외 정책으로 옮아간 초제국주의의 단계를 거치면서 살아나가리라는 것은 결코 불가능하지 않다."고 주장했다.**

이 글에서는 WTO 체제로 대표되는 지금의 자본주의 세계질서를

---

* 이창수, "95년 국제 정세와 세계 진보운동", 《진보》 95년 3월호, p.118.

** 알렉스 캘리니코스, "마르크스주의와 오늘날의 제국주의", 《역사의 복수》, 백의, p.221에서 재인용.

어떻게 이해해야 하는지, 과연 자본의 국제적 통합으로 국민국가가 더 이상 필요없는 평화로운 체제로 자본주의가 들어서고 있는지를 중심으로 다루겠다.

자본의 국제화

제2차세계대전 이후 세계경제에서는 자본이 점점 더 국제화되었다. 자본주의가 대호황기를 달렸던 50년대와 60년대에는 세계무역이 급격히 증가했다. 세계무역은 평균 세계산출률 성장의 두 배 가량으로 증가했다.[*] 이것은 국가자본주의 경향이 강화되면서 경제 교류가 줄어들었던 제2차세계대전 이전의 상황과는 아주 대조적이었다. 또한 1970년대 중반과 1980년대 초반의 경제 불황에도 불구하고 무역량은 줄어들지 않았던 데서 볼 수 있듯이 자본의 국제화는 그 이후 세계경제의 꾸준한 특성으로 자리잡았다.

국제 무역의 증가는 생산이 더한층 국제화되는 기초가 되었다. 물론 잊지 말아야 할 것은 이 같은 무역과 투자의 증가가 주로 선진국들 사이에서 이루어졌다는 점이다. 1970년대에 한때 무역이나 투자가 신흥공업국과 폴란드, 헝가리 같은 일부 동유럽 국가들로 향하기도 했지만, 1980년대에는 한국, 대만, 싱가포르, 홍콩 등의 신흥공업국들을 제외하고 자본이 주로 투자됐던 곳은 서방 선진국 사이에서였다.

---

[*] 크리스 하먼, "국가와 오늘의 자본주의", 《오늘의 세계경제:위기와 전망》, 갈무리, p.63.

50년대와 60년대에 선진국의 경제는 서로 통합되고 신흥공업국들과도 통합돼 나갔다. 그러나 주되게는 여전히 무역이나 자본 투자가 그 중심이었고, 생산자본이 직접 진출하고 그것을 토대로 생산 자체가 통합되는 경우는 매우 드물었다.

그러나 1960년대를 거치면서 1970년대에는 상황이 변화하기 시작했다. 다국적 기업에 기초한 자본주의 생산의 새로운 단계가 도래했다. 1980년대 말이 되면 한 기업이 다른 나라 기업을 인수하고 합병하거나 전략적 동맹을 맺는 것이 일상적인 일이 되었다.

다음의 수치들을 보면 자본의 국제화 추세가 뚜렷이 나타남을 알수 있다. 1985년에 미국 기업들의 해외 기업 인수비용은 109억 달러, 1986년에는 245억 달러, 1987년에는 404억 달러였다. 일본 기업들은 1987년에 90억 달러에 상당하는 미국 기업을 소유했고, 영국 기업들은 240억 달러에 상당하는 미국 기업을 소유했다. 미국에서 프랑스 기업들은 1988년에 760억 프랑에 상당하는 기업을 소유했고 1989년에는 1천80억 프랑에 상당하는 기업을 소유했다.* 이처럼 다국적 기업들은 이리저리 얽혀 있는 먹이사슬처럼 점점 더 긴밀하게 연결돼 왔다.

생산자본의 다국적화는 시장뿐 아니라 여러 국민국가의 생산까지도 분업화된 형태로 조직함으로써 자본의 국제적 결합 정도를 한층 진전시켰다. 예를 들어, 포드 사는 일본이나 아시아, 미국에서 부품을 생산하고, 멕시코의 조립공장에서 싼 노동력을 이용해 조립해서

---

* 같은 책, p.67.

생산한 차를 세계 여러 나라에 판매하고 있다. 이제 자본은 생산한 상품을 단순히 국제시장에 내다파는 데 머물지 않고, 각각의 생산 공정에 유리한 조건을 찾아서 세계를 활보하게 된 것이다.

이러한 생산의 '다국적화'는 선진국에만 한정되지 않았다. 신흥공업국과 제3세계 자본가들은 국민경제의 한계를 뛰어넘지 못한다면 생산에 필요한 자금을 얻지도 못하고 세계적인 최신 기술을 도입하지도 못한다는 압력을 느끼게 되었다. 그들은 자금을 끌어들이고, 상표를 빌려쓰고, 합작생산을 하기 위해서 외국 기업에 의존하게 됐다. 그리고 그들 가운데 일부는 다른 나라에서 다국적 기업으로 활동하기도 했다.

초국가자본주의?*

---

* '초국가자본주의'라는 용어와 관련해서 약간의 설명이 필요하다. 크리스 하먼은 "국가와 오늘의 자본주의"에서 현재의 자본주의를 '초국가자본주의(trans-state capitalism)'라는 개념으로 설명하고 있다. 그러나 그는 카우츠키의 주장처럼 국가가 더 이상 자본주의 체제에 필요치 않고 자본주의가 제국주의를 넘어서고 있다는 뜻에서 이 개념을 사용하고 있지 않다. 오히려 "초국가자본주의는 국가자본을 보존하며 그것을 좀 더 높은 수준으로 끌어올린다. 즉 초국가자본주의는 국가자본주의의 폐지가 아니라 국가자본주의의 변증법적 지양이다. 그러한 지양은 쉽게 이루어지지 않는다. 그리고 그것은 모든 지배계급의 삶을 아주 어렵게 만든다."고 주장하고 있다. 즉, 자본의 국제화로 국가자본주의를 넘어설 필요성과 위기를 관리하기 위해 여전히 국가가 강력히 개입해야 하는 모순된 처지에 있는 자본주의를 '초국가자본주의'라는 말로 표현하고 있는 것이다.

금융, 무역뿐 아니라 생산까지도 국제화된 것을 과장되게 해석해서 자본의 국제화 경향을 신봉하는 부르주아 학자들은 자본주의에 더 이상 국가가 필요하지 않은 것처럼 얘기하는 게 유행처럼 되었다. 이 나라에서도 흔히 들을 수 있는 "국제화"가 그들의 유일한 목표처럼 되었다.

서방의 부르주아 언론들은 "국가 없는 기업"의 시대가 왔다고 선언하기까지 했다. 이 나라에서도 WTO 체제 출범을 "자유로운 무역과 국경 없는 세계 체제의 완전한 실현을 목표로 하는" 것으로 이해하는 견해가 제기되고 있다.*

그러나 현실을 있는 그대로 바라보면 국제화만 얘기하고 마치 국가가 시대에 뒤떨어진 것인 양 취급하는 것은 일면만을 과장하는 것이다.

첫째로, 국제화 추세가 존재하는 것은 분명하지만 여전히 대다수 제조업체는 주로 하나의 국민국가 안에서 활동하고 있고 해외로 사업을 확장하는 형태를 띠더라도 국민국가에 근거지를 두고 있다.

심지어는 '초국적 기업'이라고 일컬어지는 다국적 기업들조차 그 기업의 모국 주주들의 소유이고, 외국 주주가 대부분의 주식을 소유하고 있는 기업은 하나도 없다. 또한 미국, 프랑스, 독일, 그리고 일본의 기업들 가운데 대다수는 압도적으로 국내인들 소유이고 그들 자산의 대부분도 한 나라에 집중되어 있다.

둘째로, 기업들이 국경을 초월하여 기업을 합병하고 동맹을 맺음

---

* 이창수, 앞의 책, p.120.

으로써 얻으려는 목표가 무엇인지를 본다면 "국가 없는 기업"은 환상에 불과하다. 기업들은 새로운 시장을 개척하고 세계적 기술 수준에 접근하기 위해 이전에는 차단돼 있던 기회에 다가서려고 한다. 거대 기업은 국가와 자신의 관계를 끊는 게 아니라 관계를 맺는 국가의 수를 늘려 나간다.

즉, 상품을 판매하고, 자본을 투자하고, 생산자본을 조건이 더 유리한 곳으로 이동시키기 위해 다국적 기업들은 더 많은 수의 국가들과 관계를 맺고, 압력을 가하기도 하는 것이다. 예를 들어, 포드나 제너럴 모터스 같은 다국적 기업은 유럽 정부들을 상대로 로비를 해서 일본 자동차 수입규제 조치를 취하게 하는가 하면, 일본 자동차 업체는 자동차 조립 공장을 세우기 위해 영국 정부로부터 보조금을 받으려는 협상을 벌이기도 한다.

따라서 다국적화로 국가와 자본의 관계가 사라지는 게 아니라, 지금까지처럼 국가에 여전히 의존하면서도 전과는 달리 국가 밖으로 진출하여 다른 국가나 자본 들과 연계를 맺으려는 것이 최근 자본의 일반적인 양상이다.

셋째로, 현대 자본주의에서 국가가 사라질 것이라는 주장은 자본과 국가 사이의 관계에 대한 혼란된 인식을 담고 있다. 위와 같은 주장을 하는 사람들은, 국가는 자본주의 발전의 특정 단계에서는 필요하지만, 이제는 국제적 자본가 계급으로 나아가려는 자본의 추세에 걸맞지 않기 때문에 더 이상 필요하지 않다고 말한다.

국민국가는 자본주의 생산이 발전하면서 그 상부구조로 자리잡았다. 한편 역으로 국민국가는 자본주의 생산 조직에 반작용하여 그것의 발전 속도와 방향을 규정한다. 국가도 개별 자본도 이러한 구조적 상호의존에서 쉽게 벗어날 수 없다.

오히려 불황의 시기에는 '국가가 경제에 개입해야 한다.'는 주장이 부르주아 평론가들 사이에서 자주 등장하곤 한다. 얼마전 있었던 멕시코 금융 위기나 최근까지도 계속되고 있는 달러화 가치 하락에 대해 각국 정부가 개입해서 문제를 해결하는 것이 당연한 듯 얘기되고 있는 것처럼 말이다.

국가 규제완화과 민영화의 시대로 알려진 1980년대에도 국가지출은 늘어났다는 사실은 여전히 자본이 국가의 뒷받침을 강력히 필요로 한다는 점을 보여 준다. "경제개발협력기구(OECD) 전체를 놓고 보면, 일반 정부지출이 국내총생산(GDP)에서 차지하는 비율은 지난 10년에 걸쳐 37.2퍼센트에서 39.8퍼센트로 오히려 증가했다."* 또한 기업의 규모가 거대해짐에 따라 한 기업의 파산이 경제 전반에 미치는 영향 역시 걷잡을 수 없이 커졌다. 국가는 여전히 대기업의 파산에 대처할 수 있는 유일한 힘이다.

WTO와 지역 블록

90년대 들어 세계경제에 커다란 변화가 일어났음은 분명하다. 우루과이 라운드가 종결되면서 WTO 체제가 출범했고, 동시에 지역

---

* 크리스 하먼, 앞의 책, p.89.

경제 블록을 형성하려는 움직임이 강하게 존재하고 있다.

여기에 편승해서 세계경제가 "완전한 자유경쟁 시대"로 접어들었다는 환상이 존재한다. WTO 체제 출범을 "자유로운 무역과 국경 없는 세계 체제의 완전한 실현을 목표로 한다."고 보는 《진보》의 견해가 그 대표적인 경우이다.

'자유경쟁'이라는 표현이 암시하듯, 겉으로 보기에는 정말로 '보호무역주의에서 자유무역주의'로 흐름이 되돌려지고 있는 듯 보인다. 그러나 과연 WTO 체제가 "지구촌 모두의 이해와 복지를 위한 공정한 다자간 무역체제"를 뜻할까? WTO 체제로 "세계경제가 강화되고 무역·투자·고용 및 소득이 증진되는" 세계가 펼쳐질까?

지금의 세계 체제를 올바로 바라보기 위해서는 WTO 체제가 출범하게 된 핵심 동력이 세계 체제의 위기와 맞물려 있다는 점을 인식하는 게 중요하다.

제2차세계대전 이후 서방 자본주의를 주도했던 미국은 관세와 무역에 관한 일반협정(GATT) 체제를 통해 자본주의 경제를 이끌어 왔다. 그러나 가트 체제는 70년대 이후 시작된 세계적인 불황으로 흔들리기 시작했다. 1979년에 자본주의 체제를 강타했던 두 번째 석유 파동 이후 가트 체제로는 세계경제의 위기를 극복하는 데 한계가 있음이 분명해졌다. 미국의 경상수지 적자와 세계경제의 불균형이 심해졌고, 비관세장벽이 강화되고 지역경제블록이 강화되는 등 새로운 보호무역주의 경향이 대두되기 시작했다.

---

* 이창수, 앞의 책, p.120.

세계 지배자들은 제조업 상품을 무역을 통해 교류시키는 데 관련된 관세 문제 등을 주되게 다루었던 가트 체제로는 장기간 계속되고 있는 경제 불황을 극복할 수 없다는 현실에 직면하게 됐다. 또한 불황을 더 길게 만들고 있던 보호무역주의를 조정하지 않으면 안 된다는 위기감이 세계 선진국들 사이에 공유됐다. 제조업 상품뿐 아니라 농산물, 서비스, 기술 등 교역 대상이 되는 모든 문제를 다루는 우루과이 라운드가 1986년에서 시작되면서 세계경제는 '구조조정'을 시작했다.

그러나 8년간에 걸친 기나긴 협상 과정이 보여 주듯이 경쟁하는 자본들 사이의 이해 관계를 조정하는 문제는 쉽지 않았다. 일반으로 말하자면, 자본의 국제화가 이전에 비해 두드러지게 진전된 것이 이러한 세계경제의 '구조조정'의 동력인 것은 사실이다. 그러나 모든 자본들이 이해의 갈등 없이 여기에 동의하는 것은 아니다. 여전히 일국적 토대에 머무르는 기업들이 있고, 일정한 범위에서 기업 사이의 동맹관계에 만족하는 경향이 있는가 하면(유럽공동체(EC)나 나프타 같은 지역 블록을 지지하는 것으로 나타난다), 전 세계적 통합을 지향하는 자본들이 동시에 존재하는 것이다.

이러한 자본들은 각각 자국 국가에 압력을 가해 자신에게 유리한 정책을 취하도록 만든다. 92년에 덴마크에서 EC 통합을 위한 유럽 단일통화를 마련하려는 마스트리히트조약이 국민투표에서 부결됐던 예에서 볼 수 있듯이, 자본들 사이의 이해를 한 방향으로 조정해 내는 일은 만만치 않다.

이러한 어려움은 개별 국민국가 안에서 이해 관계를 조정하는 데만 한정되지 않는다. 국민국가 사이의 이해관계를 조정하는 것에 더 커다란 어려움이 따를 수밖에 없다.

94년 12월에 타결된 우루과이 라운드 최종 협상 타결안은 '자유무역'이라는 환상조차도 절름발이에 지나지 않음을 알 수 있다. 미국은 서비스 부문에 포함된 통신과 해운 분야에서 자국 시장의 대폭 개방을 거부했고, 그러면서도 금융서비스 분야에서는 모든 나라에 대해 전면적인 개방을 요구하여 관철시켰다. 한편 시청각 관련 분야에서는 EC의 주장을 미국이 받아들여 협정 대상에서 제외시켰는가 하면, 농산물 분야의 보조금 삭감 문제도 프랑스의 반발에 미국이 양보해서 점진적으로 감축하는 것으로 결말났다.

또한 미국 정부는 작년에 "미국의 통상법 301조는 우루과이 라운드 협정에 따른 세계무역기구가 출범하더라도" 여기에 큰 영향을 받지않고 이전과 같이 "유효하게 적용될 것"이라고 밝힌 바 있다. 이처럼 WTO 체제는 개별 국민국가들이 대등하고 공정하게 경쟁하는 '자유무역' 체제를 뜻하는 게 아니라 제국주의 국가들의 이해를 조정하고 자국의 이해가 크게 침해되지 않는 선에서는 보호무역주의 조치를 취하는 것을 방조할 수밖에 없는 체제에 지나지 않는다.

자본의 국제적 통합이 말처럼 쉽지 않음을 보여 주는 또 다른 중요한 예는 지역 경제 블록이 형성된 데서도 알 수 있다. EC나 나프타(NAFTA), 아펙(APEC) — 경제 통합 정도가 다른 지역 경제 블록에 비해 떨어지지만 — 등의 경제 블록들은 다른 지역 경제권에 대한 보호무역주의를 뜻한다. 지역 경제 블록들은 그 블록에 속해 있는 나라들끼리 무관세 규정을 마련함으로써, 역외 상품에 대해서는 무관세 수입을 억제하는 등의 보호무역주의를 적용하기 때문이다.

지역 경제 블록에서도 선두를 달렸던 EC의 통합 과정은 지역 내의 통합조차도 순탄한 과정이 아님을 보여 주었다. EC는 87년에 역내 무역의 비중이 58.7퍼센트에 이를 정도로 경제통합 정도가 다른 지역에 비해 두드러진다. 그렇지만 여전히 전 유럽적이기보다는 서로 가까이 있는 나라들의 기업들과 결합되는 형태가 대부분이고, 유럽 이외의 기업들과 연결돼 있는 경향들이 동시에 존재한다. 그래서 그 통합과정은 이해를 달리하는 자본들의 반발과 갈등을 낳았고, 80년대 들어서 시작된 EC 통합은 92년 마스트리히트 조약을 체결하기까지 오랜 조정 과정을 거쳐야 했다.

또한 가까스로 마스트리히트 조약이 체결된 그 해에 영국과 이탈리아가 통화 가치 불안정으로 유럽환율체제(EMS)를 탈퇴함으로써 유럽 경제통합의 기초인 유럽통화기구(EMI)로의 이행이 불투명해졌다. 최근에는 이전부터 계속돼 왔던 EC 내 국가 간 국제수지 격차가 확대된 데다 독일이 통일에 따른 재정 부담을 해소하기 위해 고금리 정책을 펴자 다른 국가들의 통화가치가 폭락했다. 이러한 독일의 금리 인상은 마스트리히트 조약 체결 직후부터 유럽 국가들 사이에서 갈등을 빚는 원인이었다.

그나마 경제 통합 정도가 비교적 높다는 EC의 현실이 이러한데, 나프타나 아펙을 가지고 그 안에서 자유무역을 통해 경제를 활성화할 수 있다고 보는 것은 환상에 지나지 않을 것이다. 얼마 전 멕시코 페소화 가치 폭락을 통해 바로 미국이 주도하는 나프타 역시 골이 깊어만 가는 세계경제의 불안정으로부터 자유로울 수 없음이 분명하게 드러났다.

이처럼 현실은 지금의 시대를 '초국가자본주의'로 규정하는 사람들이 매달리려는 환상과는 판이하다. 물론 자본의 국제화는 부정할 수 없는 추세이고 앞으로도 이러한 경향은 더욱 진전될 것이다. 그러나 여전히 세계 자본주의 체제는 국민국가의 한계를 뛰어넘을 필요와 여전히 자본주의 생산과 착취를 유지하기 위해서는 국민국가에 의존해야만 하는 모순 사이에 갇혀 있다. 이것은 세계적으로 통합돼 나가는 생산에 걸맞게 '구조 조정'을 해야 할 필요성과 위기의 시기에는 국가의 역할이 더 크게 대두될 수밖에 없다는 현실 사이의 갈등이기도 하다.

평화공존의 시대가 왔는가

'초국가자본주의'가 함축하는 정치적 결론은 냉전이 끝나면서 세계가 탈제국주의 시대로 접어들었다는 주장이다. 지배자들이 주장하는 "새로운 세계질서"를 받아들이면서 국가 간의 분쟁이 국제기구의 개입과 조정으로 평화롭게 해결될 수 있다는 기대가 거기에 포함돼 있다. 생산의 국제화와 이에 따른 자본의 전 세계적 통합으로 전쟁은 시대에 뒤떨어진 낡은 것으로 되었다는 것이다.

《세계 자본주의 체제의 구조변화와 신흥공업국》(신평론, 89년)의 저자인 나이절 해리스가 바로 이러한 경우의 전형이었다. 그는 "낙관주의를 가질 수 있는 이유 가운데 하나는 전쟁으로 향하는 추세가 약화되고 있다는 것이다. 자본과 국가가 조금씩 분리되어 감에 따라, 세계전쟁 압력도 조금씩 누그러지고 있다."고 주장했다.*

그러나 과연 냉전 종식이 세계 제국주의 강대국들의 군비 경쟁이 사라졌음을 뜻할까?

냉전시대 양쪽 진영을 대표했던 유럽 군사동맹체인 북대서양조약기구(NATO)와 바르샤바조약기구가 해체된다고 해서 미국과 옛 소련 등의 제국주의 국가들이 무장 해제하고 있다는 징조는 어디에서도 나타나지 않고 있다.

작년에 있었던 나토 정상회담에서 서방 16개국 지배자들은 "냉전 종식 후 유럽 신질서"에 걸맞는 "새로운 군사전략"을 둘러싸고 사분오열했다.

먼저, 유럽 방위의 중심을 미국이 주축인 나토와 서유럽동맹(WEU)이 공동으로 할 것인지, 아니면 유럽이 독자적으로 해결할 것인지를 둘러싸고 유럽 국가들과 미국이 갈등을 빚었다.

미국은 "소련의 대서방 위협이 증대하던 때에 조직된 나토가 소련 세력의 붕괴와 바르샤바조약기구의 해체로 개편될 필요는 인정하고 있지만 미국 군사력의 보호에 대한 유럽의 의존도를 크게 감소시키는 나토 개편에는 반대"할 뜻을 밝혔다.

반면에 유럽의 독자적인 안보 전략을 주도하고 있는 프랑스와 독일은 양국 군대로 1개 여단을 편성해서 병력 3만 5천 명의 독자적 유럽군단으로 확대하려는 움직임을 보이고 있다.

---

* 크리스 하먼, 앞의 책, p.97에서 재인용.

미국은 여전히 일본이나 독일에 의해 잠식돼 왔던 경제적 지위를 회복하기 위해 애쓰면서도 군사적 패권을 통해 세계 지배자의 자리를 유지하려고 한다. 그러나 91년 걸프전에서도 나타났듯이, 미국이 다른 서방국가들에 군비를 부담시키면서도 자신의 군사적 패권을 유지하려는 것에 대한 다른 서방 국가들의 불만 때문에 서방 국가들 내부의 협력은 언제나 불신과 갈등을 동반한다.

러시아 역시 경제적 위기 심화로 군사적 패권에 대한 야심을 잠시 접어두고 군비 축소를 서방의 경제 지원과 맞바꿔야 했지만, 패권국가의 지위를 완전히 포기한 것은 아니다. 러시아는 여전히 재래식 무기면에서는 세계 최대 무기보유국이다. 또한 새로운 대륙간 탄도 미사일을 개발해 낸 데서 보여지듯이 미국과 마찬가지로 최첨단 군비 개발에 열심이다. 그래서 나토 정상회담은 옛 소련 방위산업의 민영화 지원을 밝히면서 동시에 대소 특별 성명을 발표해서 "소련의 핵무기가 협상의 수단이 되지 않도록 보장"하라고 촉구했던 것이다.

정리하자면, 미국과 러시아는 무장을 해제하거나 축소시키고 있는 게 아니라 여전히 최첨단 무기를 개발해서 군비 부문에서 '구조조정'을 해나가고 있는 것이다. 군사적 패권을 잃는다면 자국 자본의 경제적 이해를 관철시킬 수 없다는 것을 그들은 잘 알고 있기 때문이다.

독일과 마찬가지로 냉전 시기 동안 군비 부담을 면제 받으면서 경제적으로 꾸준히 부를 축적해 왔던 일본 역시 군사적 강대국으로 부상하고 있다. 일본은 이미 군비 예산 규모가 세계에서 세 번째로 큰 나라다. 물론 당장 일본이 미국의 군사적 패권에 도전할 수 있고 그러기를 바란다고 말하는 것은 지나친 과장이다. 미국이 여전히 군사력 면에서만큼은 유일한 초강대국이기 때문이다. 일본은 미국의 경제·정치·군사적 세계 지배전략에 협조하면서 자기 목소리를 키워나가려 할 것이다.

또한 제국주의 국가들뿐만 아니라 제3세계에서 출현한 새로운 신흥공업국들 — 남한, 브라질, 아르헨티나, 홍콩, 대만, 싱가폴 등의 나라들이 여기에 해당한다 — 도 해당 지역에서 영향력을 키워나가려 함으로써 잠재적으로 불안정의 한 요인이 될 것이다. 물론 짧은 시일 내에 이 국가들이 지역 패권을 확대하기 위해 이라크의 후세인처럼 도발적으로 행동하지는 않을 것이다. 그러나 이들은 점점 격렬해지는 경쟁에서 살아남기 위해서 세계체제에서 자신들의 지위를 높이면서 동시에 군사력을 보강하기 위한 노력을 잊지 않고 있다. 남한이 군사비 규모에서 세계 10위를 달리게 된 것에서 볼 수 있듯이 말이다.

냉전 이후 시기에 주요한 특징으로 자리잡아 가고 있는 민족주의 강화 움직임도 세계 체제 불안정의 요소이다. 유고 연방 해체 이후 전쟁의 포화가 끊일 줄 모르는 보스니아 내전이나, 르완다 내전은 자본이 국민국가에게서 등을 돌리는 게 아니라 더 강력한 국민국가를 필요로 한다는 점을 보여 준다.

냉전이 종식됐다고 해서 제국주의 강대국들이 "무기를 보습으로" 만들어 나가고 있는 것은 아니다. 경제적 경쟁과 마찬가지로 군사적 경쟁은 여전히 경쟁의 주된 형태이다. 서로 다투는 국민국가들에 통합돼서 경쟁하는 자본들로 이루어진 세계 체제가 계속해서 존재하는 한, 전쟁이 갈등의 최후 중재자임은 변함이 없기 때문이다.

동유럽 블록 해체 이후 세계는 전쟁 가능성이 사라진 체제가 아니라 오히려 그 불안정성으로 전쟁이 일어날 가능성이 드높아진 체제에 불과하다.

위기와 기회의 시대

동유럽 블록 해체 이후 자본주의 세계 체제가 보여준 여러 가지 불안정의 징후들 — 반복되는 금융 위기와 거대한 금융 자본들의 도산, 무역 분쟁, 끊일 줄 모르는 민족 분규들 — 은 위기가 동유럽 블록에만 한정되지 않음을 보여 주었다. 동유럽 블록은 국가자본주의 경향에 더욱 충실했기 때문에 더 일찍이 위기에 직면했지만, '시장 개혁'을 한 이후에도 상황은 나아질 기미가 없다.

그러나 서방 자본주의 국가 역시 '사회주의에 대한 자본주의의 승리'라는 달콤한 열매를 맛볼 기회가 없었다. 세계 지배자들은 70년대 중반과 말에 겪었던 커다란 경제 불황, 80년대 중반의 금융 위기, 다시 90년대 들어서 격렬해져 가는 장기간에 걸친 불황에 시달리고 있다.

지배자들은 WTO를 통해 오랫동안 자신들의 발목을 붙잡는 고통으로부터 벗어날 탈출구를 찾고 있다. 그러나 그들에게 이 문제로부터 완전히 자유로울 수 있는 해결책은 존재하지 않을 것이다. 앞으로 당분간 자본가들은, 국민적 국가자본주의 시대를 넘어서기 시작했지만 지역적 국가자본주의(지역 블록)로 나아가는 것도 순탄치 못하고 '순수 시장' 체계로 돌아갈 수도 없는 혼란된 세계에서 경쟁할 수밖에 없을 것이다. 지금의 세계는 자유무역과 보호무역주의가, 경제적 경쟁과 국가들 사이의 군사적 경쟁이 공존하는 불안정한 상태에 놓여 있다.

이러한 세계 체제의 위기와 불안정은 노동자 투쟁이 세계적으로 활성화할 수 있는 조건이 되고 있다. 지배자들이 경제 불황의 대가를 노동자들에게 떠넘겨서 해결하려 하기 때문에 대중의 불만은 전반적으로 높아지고 이것은 급진화된 행동으로 나타나고 있다.

문제는 위기를 기회로 연결시킬 수 있는 독립적인 정치 대안이다.

쌀 시장 개방을 어떻게 볼 것인가

지난해 농민사망과 경찰폭력 규탄 운동의 도화선이 된 쌀 시장 개방 반대 투쟁은 노무현 개혁의 허구성에 대한 국민 대중의 분노, 농민과 마찬가지로 억압받는 도시 노동대중의 울분, WTO로 대표되는 신자유주의적 세계화에 대한 반감, 경제 위기의 부담을 부당하게 떠맡고 있다는 노동자·농민의 억울한 심정 등이 표출된 것이다.

노무현 정부는 도시 산업 자본가 계급의 이익을 대변해, 기존의 농업 이익을 희생시키는 농산물 개방을 추구하고 있다. 노동계급의 이익이라는 관점에서 볼 때 사회주의자들이 지배자들의 쌀 개방 정책이 잘 시행되도록 그들에게 힘을 보태 줄 수는 절대 없다.

하지만 그렇다고 해서 노동계급의 이익을 추구하는 사회주의자들이 농업의 특수 이익을 지지할 수도 없다. 한국산 농산물과 쌀의 가

최일붕. 격주간 〈다함께〉 72호, 2006년 1월 25일. https://wspaper.org/article/2826.

격은 국제시장 가격에 견주면 훨씬 비싸다. 그러므로 쌀이 개방되면 장기적으로 쌀값이 저하할 것이다. 완전한 수입자유화의 초기에는 국제가격과 국내가격의 차가 관세로 흡수돼 국내가격의 대폭 인하가 없겠지만, 세율을 점차 낮춰가야 하므로 장기적으로는 가격이 안정화 추세를 보일 것이다. 이것은 도시 노동계급의 생활수준에는 분명히 도움이 되는 일이다.

물론 농업 생산력(농업에서의 노동생산성)이 낮은 영세하고 낙후한 한국 농업은 최악의 경우 쌀 생산 기반이 (밀과 면화의 경우처럼) 붕괴될 수도 있다.

식량안보론

이러한 측면에서 많은 사람들이 '식량 안보'를 걱정하고 있다. 미국의 쌀 카르텔들이 담합해 쌀값을 대폭 인상한다든가, 아예 판매를 중지한다든가, 아니면 미국 농가들이 대흉작을 겪는다거나(실제로 1974년에 이런 일이 일어나 쌀값이 82퍼센트나 폭등했다), 미국이 전쟁에 휘말리면 어떡하느냐고 그들은 묻는다.

그러나 자본 간의 담합이 영구적일 수는 없다. 미국의 쌀 카르텔들이 상당 기간 독점을 유지할 수 있다고 해도 세계 쌀 수출 1위국인 타이와 2위국인 베트남, 3~5위국들인 중국·인도·파키스탄이 미국의 독점 체제를 동요시키고 파괴할 것이다. 미국이 판매를 중지해도 그 밖의 다른 나라들이 모두 미국을 따라하지는 않을 것이고, 그럴 수도 없다. 대흉작의 경우에도 마찬가지 이야기를 할 수 있다.

자본 간의 담합이 자본들 사이의 경쟁에 의해 얼마나 빈번이 수포로 돌아가는지 아주 잘 보여 주는 실례를 하나 들겠다. 냉전 시대였던 1960년대와 1970년대에 곡물 메이저들은 '철의 장막'을 넘나들며 어느 한 쪽에 얽매이지 않고 거래를 했다. 1976년 옛 소련에 심한 흉년이 들었을 때 미국 정부는 소련산 석유를 국제 시세보다 싼 값에 넘겨주면 식량을 팔겠다고 소련 정부에 제의했다. 소련의 다급한 식량 사정을 감안해 미국은 소련이 이 제안을 덥석 받아들일 것으로 생각했다. 그러나 소련은 오히려 큰소리를 치며 일언지하에 거절했다. 곡물 메이저들이 미국의 등 뒤로 소련에 식량을 공급하고 있었던 것이다.

전쟁의 경우, 미국이 쌀 생산을 하지 못할 만큼 심각하게 전쟁에 휘말려 있다면, 그 때엔 쌀이 문제가 아니라 세계대전이 문제이고 세계혁명이 당면 일정에 올라 있을 것이다. 그 때는 세계 주요 국가들에서 노동계급이 식량에 대한 통제력을 장악하는 것이 당면 과제로 제기될 것이다. 또, 쌀 개방 철회를 요구하고 있을 때가 아니라 국제 연대를 통한 식량 제공을 호소할 때인 것이다.

사실, 쌀은 없어도 일정 기간 동안 보리나 그 밖의 다른 곡물 또는 식량으로 때울 수도 있지만 석유가 없으면 단 몇 달도 버틸 수 없다. 석유는 이 나라에서 단 한 방울도 나오지 않고, 전체 원유 수입량의 80퍼센트를 중동에 의존하고 있다. 만일 국제 석유 메이저들이 담합해 한국에 석유 공급을 하지 않는다고 가정한다면, 그 때 한국 산업은 완전히 정지될 것이고 민중은 쌀이 없을 때보다 더 혹독한

곤궁과 재난에 빠지게 될 것이다. 철광석의 경우도 석유보다는 훨씬 덜하지만 결국엔 마찬가지일 것이다.

사실, 좌파 민족주의자들에게 쌀보다 더 큰 골칫거리는 비농업 부문이다. 그러나 문제는 이제 지구상의 어느 나라도 쇄국적인 국가자본주의 발전을 고집할 수 없다는 점이다. 자유무역이 세계 지배자들에게 갈 길을 훤하게 열어 주지도 못하겠지만, 보호무역은 더더욱 그럴 수 없다. 왜냐하면 오늘날 세계 주요 공업국의 지배계급들이 모두 신자유주의 경제정책들을 채택하고 있으므로 불행히도 자본과 생산의 세계화는 특정 빈국 지배계급들의 동맹을 통해 패퇴시킬 수 없는 도도한 추세이기 때문이다.

따라서 노동계급에게도 문제는 '자립적 민족경제'라는 신기루를 좇을 수 없다는 것이다. 일국사회주의론은 확고히 패배했으며(1989/91년 옛 소련 블록 몰락이 증명한 것처럼), 좌파 민족주의자들이 농산물 개방에 반대하는 것은 낡은 이데올로기의 잔재일 뿐이다.

농업붕괴론

어떤 사람들은 농가들이 피해를 입을 것이고, 농업의 비중이 감소할 것이고, 이농(離農)으로 농업 인구가 감소할 것이고, 쌀 자급률이 90~95퍼센트로 하락할 것이라고 걱정한다.

그러나 사실 이 일은 그 동안 쌀을 개방하기 전에도 계속 일어난 일이다. 자본주의 자체가 농업에 별로 큰 흥미가 없는 데다(왜냐하면 농업 생산력 증대는 공업 생산력 증대에 도저히 견줄 수 없기 때문에), 한국의 경우 농민은 부채와 낮은 추곡수매가와 각종 부과금(세금)을 통해 자본주의 국가에 의해 착취당해 왔다. 그리하여 이 나라에서 공업화가 진행돼 오는 동안 농민 수는 급속히 줄어들어 이제 농민은 전체 인구의 7퍼센트밖에 안 되는 3백50만 명이고, 농업의 비중이 급감해 왔고, 농가는 피해액을 메우기 위해 채무 부담을 지고 있다.

이농은 어느 나라든 자본주의가 성장하는 데 필연적으로 따라다닌 현상으로 이것은 슬퍼하거나 기뻐할 일이 아니라 노동계급의 세력과 단결력 강화라는 관점에서 다뤄야 한다.

1세기 전에 나로드니키(제정 러시아 시대의 민중주의자들)는 러시아 자본주의 발전으로 말미암은 농촌 공동체와 농업 자체의 파괴를 개탄하며 심지어 자본주의의 존재 자체를 보지 않으려 했다. 이와 대조적으로, 플레하노프와 '합법 마르크스주의자들'은 자본주의가 비록 농가를 파괴하긴 하지만 생산력 급증이라는 진보적 역할을 하고 있으므로 자본주의를 지지할 만하다고 암시했다.

그러나 레닌과 볼셰비키는 도덕론적으로 농민의 파멸을 애석해 하고 있을 일도 아니고 관조적으로 자본주의의 성장을 승인하고 묵종할 일도 아니라면서 진정한 관점은 자본주의가 증대시키고 있는 생산력 가운데 가장 중요한 생산력, 즉 노동계급을 정치적으로 조직하는 것이라고 주장했다.

21세기 초 한국 사회주의자들도 동일한 변증법 논리에 따라야 한다. 즉, 농촌과 농민과 농업의 붕괴를 우려하며 한국 농업의 안위를 걱정하기보다는 앞으로 이농할 농민 출신 노동자들이 정치적으로

각성하도록 노동계급의 조직과 결속을 강화하는 노력을 배가해야 할 것이다.

이 점에서 1994년 프랑스의 사례는 시사적이다. 프랑스 농민들은 막 파업 승리를 거둔 에어프랑스 노동자들에게 음식을 가져다 주고 격려했다. 이것은 노동자들이 자신들의 독립적인 힘(세력)으로 정부를 굴복시킬 수 있음을 농민들에게 보여 주었기 때문이다.

실업자 양산론

실업자가 대량으로 생겨나서 사회 불안 요인이 될 것이고 임금 압박 요인이 될 것이라는 주장도 제기되고 있다. 이 주장이야말로 노동자들이 쌀 시장 개방을 반대해야 한다고 생각하는 가장 강력한 근거일 것이다.

쌀 시장 개방을 반대하는 한 노동자는 이렇게 말한다. "쌀 시장 개방으로 농민들이 더 이상 농촌에 살 수 없어 도시로 몰려오면 직장 얻기가 훨씬 어려워지고 임금도 내려갈 것이다. 또, 집값도 뛰어 가뜩이나 어려운 내 집 마련이 더욱 힘들어지게 될 것이다."

그러나, 여성이 노동력 시장에 유입되어 설사 실업이 늘어나고 임금 압박이 증대한다 할지라도 — 그런데 이것은 부분적으로만 사실이다 — 사회주의자들은 여성이 가정을 지켜야 한다고 말하지 않는다. 흑인이 남부 노예주들로부터 해방돼 북부 도시로 오는 것을 지지한 마르크스는 실업 증대와 임금 압박을 걱정하지 않았다.

마르크스주의자들은 사회 변혁의 진정한 동력이 오직 노동계급뿐이라고 확고히 믿기에, 농민이 노동계급으로 합류하는 것을 안타까워하지 않는다.

더구나 실업자를 생산 과정으로 유입시키지 못하는 것은 자본주의의 책임이지, 이농한 상대적 과잉인구의 책임은 아니다.

한국 자본주의가 장기 호황을 누리던 1997년 이전 거의 40년 동안 1천만이 훨씬 넘는 농민들이 필요한 가재 도구를 보따리에 싼 채 도시로 향했다. 1987년쯤에 농민은 한 해에 60만 명씩 도시로 이주했다. 그러나, 자본주의가 호황이었기에 실업은 문제로 제기되지조차 않았다. 미국과 영국에선 농민이 전체 인구의 각각 0.7퍼센트와 1퍼센트 남짓밖에 안 되는데도 실업 문제가 존재한다. 농민의 도시 유입이 실업의 원인은 아닌 것이다. 자본주의가 확장되기만 한다면 이농 인구는 대부분 생산 과정으로 유입된다.

농촌·농민·농업이 망한다는 두려움의 의미

빈농과 농업 노동자는 농촌에서든 도시에서든, 농업에서든 산업에서든 광의의 노동계급이기는 매한가지이다. 따라서 농촌·농민·농업이 망한다면 시름에 잠긴 계층들은 소농 이상의 농민들(소농·중농·부농)과 농업 관련(농약상·비료상·농기계상·종묘상 등과 창고업·운반업·도정업에 종사하는) 자본가들이다. 후자는 노동계급의 이해관계와 아무런 관계가 없다. 또한 농업 자본가라고 할 수 있는 부농의 이익을 보호해야 한다고 명시적으로 주장하는 좌파는 없을 것이다. 결국 소농과 중농의 이해관계가 문제가 되는데, 농산물 개방 훨씬 전에도 그들을 몰락시켜 온 결정적 요인은 낮은 농업 생산력이었다.

적은 땅, 낙후한 기계설비류, 영세한 영농 규모, 낙후한 농경 방법 등이 소농과 중농을 높은 생산비로 고통받게 해왔다. 비록 2004년까지 정부가 국제시장 가격보다 높은(대략 한 가마에 4만 3천 원가량 더 쳐줌으로써) 가격으로 추곡을 수매했지만, 농민들에게는 생산비에도 못 미치는 가격이었다. 그래서 그들은 빚을 져야 했으며, 원리금 상환 부담은 그들을 한층 더 높은 빚더미에 짓눌리게 만들었다. 과거엔 수세(水稅)가 큰 부담이어서 그것에 반대하는 격렬한 투쟁도 있었다. 그래서 수세를 폐지시키는 데 성공하긴 했지만, 아직도 이러저러한 공과금과 부과금이 존재하며 이것은 간접세의 형태로 농민을 착취하는 셈이다.

쌀 개방은 소농과 중농을 몰락시키는 근본 요인이라기보다는, 이미 진행되던 몰락을 가속시키는 요인이라고 할 수 있다. 정부가 농민으로부터 쌀을 수매하는 가격과 방출하는 가격 사이엔 격차가 있었는데, 이것은 일종의 정부 보조금이었던 셈이다. WTO와 함께 보조금이 없어지게 돼 있는데, 바로 이 정부 보조금의 감축과 폐지야말로 소농과 중농의 기존 몰락 추세를 가속시키는 데 가장 크게 일조할 조건인 것이다.

그러나, 이 과정에서 동전의 뒷면 논리는 농민의 계층 분화가 가속된다는 사실이다. 즉, 부농과 일부 중농, 심지어 일부 소농은 농업 생산력 증대에 성공해 살아남을 것이다. 정부가 1996년 농민 무마

책으로 제시한 농지법 시행은 이러한 사정에 비추어 이해돼야 한다 (2000년 이후 6만 3천 헥타아르까지 거래 가능).

그렇다면 우리는 좌파 민족주의자들이 우려하고 있는 농촌·농민·농업의 붕괴라는 것이 실제로는 기우이며 단지 농민층 분해에 대한 두려움일 뿐이라는 점을 알 수 있다. 올해부터 쌀과 농산물이 완전 개방되면 농업 자본주의 발전이 가속될 것이라는 점에서 그들의 공포는 자본주의에 대한 공포이고, 이 점에서 그들은 나로드니키의 후예답다고 하겠다.

그러나, 레닌이 나로드니키 비판에서 지적했듯이 자본주의는 이미 우리 곁에 있다. 문제는 그것을 외면하고 그것의 공포에 절규하는 것이 아니라, 그것을 타도하기 위한 현실적 전략을 명확히 하고 그 행위주체를 규정하며 그들을 정치적으로 조직하는 것이다.

게다가 농업에서의 자본주의 성장은 미래의 농업 집산화를 위한 토대가 된다. 농업 자본주의의 성장은 배격할 대상이 아니라 변혁할 대상인 것이다. 주체주의자들이 농업의 반봉건성을 얘기했을 때 자본주의는 이미 거기에 있었다. 그것의 성장은 자신의 무덤을 파는 사람, 즉 도시 산업 노동계급의 성장을 가져올 것이다.

민족과 국익의 이면에 있는 이해관계

쌀과 농산물 개방을 둘러싼 이해관계의 충돌은 국내 농업생산에는 별로 관심이 없는 산업 자본가 계급의 이익과 농민의 이익 사이의 충돌인 것이다. 산업체 경영자들이 국내 농업생산에 별로 관심이 없는 것은 거기에선 이윤이 많이 나오지 않고, 또 노동력 재생산 비용(필요노동 시간의 화폐적 표현)의 단축을 위해서는 해외 농산물 수입이 더 영리한 방침이기 때문이다. 자본주의는 도시와 농촌의 격차를 심화시키는 체제이다. 그 체제는 농촌(농업)을 수탈함으로써 도시(산업)를 먹이는 경제 메커니즘을 포함하고 있다.

노동계급의 진정한 대안은 자신이 해방됨으로써 자신의 부모와 형제인 농민을 해방하는 것이다. 마르크스와 트로츠키가 강조했듯이 농민이 자신을 해방할 수 없음은 역사가 그들에게 부과한 천형(天刑)이다.(마르크스의 《루이 보나파르트의 브뤼메르월(月) 18일(日)》과 트로츠키의 《평가와 전망》을 보시오.)

농민은 독립적인(형식적 의미는 아니너라도 실질적 의미에서) 정치세력이 될 수 없다. 생산의 기술적 조건이 부과한 소규모 생산 방법 — 그것이 아무리 생산력이 높을지라도 — 과 그들의 고립된 존재 조건이 그들을 정치적으로 결속시키지 못한다.(그래서 농민은 세상이 바뀌어도 '자, 이제 우리 땅을 각각 나누어 가집시다' 하고 나서는 반면에 현대차 노동자들이 '자, 이제 우리 공장과 우리가 만든 차를 3만 조각으로 나누어 가집시다' 하고 나설 수 없는 것이다.)

그리하여 농민은 도시의 양대 계급, 즉 자본가 계급과 노동계급 가운데 하나에게 정치적으로 자신을 의탁한다. 농민을 견인하기 위해서는 노동계급은 먼저 자신을 독립적인 정치세력으로 곧추세우고 자본가 계급에 맞서서 자신의 독립적인 이해관계를 추구함으로써 노동계급 주도력을 확보해야 한다.

그리고 일상적인 비혁명적 시기에 농민 운동을 주도하는 것은 소농이라는 사실이 역사 전체를 통해 입증됐다. 그러므로 빈농과 농촌 노동자의 이익은 그것에 가려져 있고, 따라서 노동계급이 일상적 시기에 농민 — 사실은 소농 — 의 이익을 지지하는 노농동맹을 추구할 수는 없다. 노동계급은 혁명적 시기에 표면으로 떠오를 수도 있는 빈농과 농업 노동자의 고유한 이익을 지지하는 혁명적 노농동맹을 수용할 수 있을 따름이다.

그러나, 자본주의 이전 생산관계의 잔재가 거의 존재하지 않는 한국 농촌이 혁명기에 빈농과 농촌 노동자의 특수한 요구를 제기하지 않을 수도 있음을 이해해야 한다. 또한 설사 제기된다 할지라도 여전히 소농 주도 하의 재분배에 관한 것일 수 있다. 이 경우, 원래 토지 국유화와 농업의 점진적 집산화를 지지하는 사회주의자들은 농업혁명(농토의 혁명적 재분배)에 대한 자신들의 지지가 토지 소유자들의 세력을 분쇄하기 위한 양보요 일보후퇴임을 알고 있어야 할 것이다.

한국 농업의 근본 모순은 토지 소유 관계에 있다기보다는 정부의 불충분한 가격 보장과 부채와 세금에 있다. 따라서 사회주의자들은 추곡수매 부활(그리고 충분한 추곡수매가 인상)과 부채 탕감과 세금 감면을 지지하는 게 옳을 것이다.

수입 개방 문제에 대한 사회주의자들의 테제

1. 자본주의는 국제적 체제이다. 자본가들은 어디에서 가장 많은 이윤을 얻을 수 있는가에 대한 판단에 기초하여 생산을 배치한다. 이러한 결정을 내리는 데는 많은 요소들이 고려된다. 토지가격, 원료 산지와의 지리적 근접성, 사회간접자본의 상태, 노동력의 교육수준 등. 그러나 중심적 고려사항은 역시 노동비용이다. 왜냐하면 자본가들은 임금이 낮은 지역에 생산을 배치하려 하기 때문이다.

자본가들은 어떤 한 나라나 한 지역에 대한 충성심을 전혀 갖고 있지 않다. 그들은 자기들 마음대로 한 나라 안의 여러 지역이나 여러 나라들로 생산을 이동시킨다. 생산이 매우 국제화된 나머지, 오늘날 많은 상품들의 원산지를 전혀 알 수 없게 되었다. 한 상품의 부품들을 십여 개의 다른 나라들에서 얻을 수 있고 대여섯 개 이상의 나라들에서 조립할 수 있다. 이러한 생산의 일부가 어디에서 이루어

최일붕. 이 글은 《사회주의 노동자》 창간호(1992년 3월)에 실린 것이다.

지는가를 결정하는 주된 기준은 이윤이라는 잣대이다.

2. 마르크스는 자본가 계급을 서로 다투는 한 무리의 형제들로 묘사했다. 자본가 계급은 노동자 계급에 대항하여서는 단결하면서도, 각각의 자본가는 다른 자본가와 경쟁을 벌인다. 개별 자본가들은 어떤 자본가가 생존할 것인가를 순수한 시장력이 결정하도록 놔두지 않는다. 왜냐하면 패배의 대가, 즉 파산의 대가가 너무 크기 때문이다. 따라서 자본가들은 순수한 경쟁을 훼손시키려 한다. 즉, 자본가들은 가치법칙을 보존하기 위해 가치법칙을 부정한다. 다시 말해서 그들은 자신들의 기업을 보존하기 위해 순수한 시장력의 작용을 약화시키려 한다.

3. 이러한 목표를 달성하기 위해서 자본가들은 흔히 국가에 기대곤 한다. 국가는 국내 자본가들에게 직접적 도움을 제공할 뿐 아니라 파산 일보 직전이거나 이전하겠다고 위협하는 기업에 국가경제나 지역경제의 번영이라는 미명으로 보조금과 유인(인센티브)을 제공한다. 국가가 자국 지배계급을 도와주기 위해 사용하는 한 가지 방법은 국내 자본가들이 이익을 얻는 방식으로 교역조건 — 국내적으로는 국민의 여러 부문들 사이의 그리고 국제적으로는 다른 나라들과의 — 을 정하는 것이다.

4. 마르크스는 자본주의가 그 이전 사회 조직 형태들을 제거하고 결핍의 제거를 위한 물질적 조건을 창출하기 때문에 자본주의는 진보적인 것이라고 주장했다. 그는 자본주의적 생산양식이 거의 균등하게 세계 전역으로 확산되어 나갈 것이라고 믿었다. 바로 이 때문에 마르크스는 국가들 사이의 무역 자유화를 지지했다. 그는 자유무역

이 봉건제의 잔재를 모두 제거하는 데 도움이 될 것이라고 주장했다.

그러나, 제국주의가 등장함에 따라서, 자본주의적 관계들이 세계 전역에 걸쳐서 골고루 발전하지 않을 것임이 분명해졌다. 19세기말 이래, 사회주의자들은 자본주의가 더 이상 진보적 역할을 할 수 없으며 오히려 '자유무역'이 가장 발전된 나라들의 제국주의적 지배를 강화시키는 정책을 합리화하는 방패막이 역할만을 함을 인식해 왔다.

5. 자본가들은 어떤 시장들에서는 무역 자유화를 주장하는 동시에 다른 시장들에서는 무역 제한 — 즉 보호무역주의 — 을 주장하는 정책을 결합시켜 추구하는 것을 전형적으로 지지한다. 다른 나라의 자본가들에 대해 경쟁우위를 누리는 자본가들은 자유화를 주장한다. 외국과의 경쟁 때문에 기업 운영이 위협을 당하는 자본가들은 무역제한을 요구한다. 19세기 내내 세계 최강의 산업국 영국은 자국 수출품이 어떤 시장에서든 경쟁에서 이길 수 있을 것이라는 믿음에서 자유무역 정책을 주장했다. 그에 비해 독일과 미국은 상대적으로 취약한 자신들의 산업을 영국의 수출품으로부터 보호하기 위해 무역규제 정책을 실시했다. 2차대전 이후에 세계 최강의 산업국으로 부상한 미국은 자유무역을 주장한 반면, 다른 나라들, 특히 독일과 일본은 무역규제에 의존했다. 1980년대에 와서 이러한 역할은 대체로 역전되었다. 미국이 강력한 무역규제 장벽을 세운 것이다.

국가들은 산업과 시장에 따라서 서로 다른 무역전략을 추구한다. 미국은 캐나다·멕시코와의 무역자유화를 지지하고 있을 뿐 아니라 '관세 및 무역에 관한 일반 협정(GATT)'을 통해 다자간 무역자유화도 지지하고 있다. 이와 동시에 미국은 일본에 대해서는 보호무역 조치를 추구하고 있다.

6. 자본가들은 자유무역 정책 하에서든 보호무역 정책 하에서든 노동자들을 공격한다. 자유무역주의의 논리는 보호무역주의의 논리이다. 두 논리 모두가 착취 체제와 노동자들이 일자리를 얻기 위해 서로 경쟁해야 한다는 반동적 사상을 전제로 삼는다. 자유무역은 종종 해고의 핑계로 제시되어 왔다. 노동자들은 자신들이 다니는 회사의 제품들이 수입상품과 경쟁할 수 없기 때문에 해고당하는 것이라는 말을 듣고 있다. 그러나 자본가들은 또한 보호무역주의를 내세워 노동자들을 공격한다. 지난 몇 년 동안 일어난 남한의 가장 중요한 파업들 가운데는 일자리에 대한 사용자들의 공격을 둘러싼 투쟁들이 꽤 있었다. 그러나 그 가운데 어느 회사도 수입상품의 위협을 받는 업종에 속하는 회사가 아니었다. 이러한 파업들은 일자리에 대한 공격이 자본주의의 논리 — 더 적은 비용으로 더 많이 생산해야 하는 압력 — 에 고유한 것임을 보여주고 있다. 2차대전 후 철강은 미국에서 섬유 다음 가는 두 번째로 중요한 산업이었기 때문에 수입 철강으로부터 상당한 보호를 받아 왔다. 그러나, 철강 산업에 대한 보호가 증대되는 동시에 철강 노동자들에 대한 공격 역시 증가했다.

7. 보호무역주의는 일자리를 보호해 줄 수 없다. 그것은 일자리를 희생시킨다. 수출과 수입은 남한 경제에 없어서는 안 될 부분이다. 남한 경제성장의 주된 추진력이 대외무역이었음은 이미 잘 알려진 사실이다. 1985년에서 1990년 사이에 창출된 남한의 모든 일자리 가운데 대부분이 무역과 관련된 것이었다. 무역업체 수는 87년 40.7%,

88년 27.7%, 89년 26% 등으로 늘어 왔다. 수입규제는 외국에서 수입하는 부품들에 의존하는 산업들에 타격을 가한다. 또한, 반드시 그에 뒤따르는 다른 나라들의 보복 조치가 남한 수출품의 시장을 봉쇄할 것이다.

8. 지배계급의 모든 부문이 노태우의 수입 개방 정책을 지지하는 것은 아니다. 즉, 어떤 부문의 자본가들에게는 개방이 이익이 되지만 어떤 자본가들에게는 그렇지 않다.

9. 사회주의자들은 이러한 지배계급 내부의 정책 논쟁에서 편을 들어서는 안 된다. 무역자유화도 무역규제도 노동계급에게 이익을 가져다 주지 않는다. 수입 개방에 대해 우리가 취하는 입장은 찬성도 반대도 아니다.

10. 우리의 진정한 관심사는 노동운동의 입장이다. 불행히도 노동조합 상급단체 관료는 보호무역주의 정책을 지지하는 데 온 힘을 쏟고 있다. 상급 노조 관료들은 노동자들에 대한 공격의 진정한 원천과 싸우기보다는 대외 경쟁을 비난하는 데 집중하고 있다. 그러한 전략은 실패로 끝나고야 만다. 왜냐하면 대외 경쟁으로부터 보호받는 산업에서도 사용자들은 대외 경쟁에 직면한 산업에서처럼 서슴없이 노동자들의 일자리를 공격하기 때문이다. 그리하여 일부 남한 노동자들의 일자리를 보호하려는 노조 관료들의 잘못된 시도는 다른 노동자들(외국인 노동자들은 말할 것도 없고)을 희생시키는 결과를 낳는다. 그러나 그러한 부문적 보호 노력은 쓸모없기도 하거니와 해로운 것이다. 왜냐하면 그것은 남한 노동자들의 이익이 자신들의 고용주들과 손잡고 다른 나라의 노동자들에 대항하는 데 있다는 환

상을 심어 주기 때문이다.

11. 수입 개방은 사실 지금까지 진행되어 온 추세를 인정하는 것에 지나지 않는다. 많은 품목들이 전부터 이미 국내에 들어와 있었다. 우리가 그 개방을 논하기가 무섭게 그것은 우리 주변에 있었던 것이다. 그러므로, 우루과이 라운드 협상에 반대하는 사람들은 협상 이전에 이루어지고 있던 국제무역의 진행 정도에, 그리고 국제무역 자체에 반대해야 그 나름대로 일관된 자세일 것이다. 노동조합 상급단체 지도자들이 취하고 있는 입장의 논리는 그들로 하여금 미래의 협정뿐 아니라 사실상 모든 국제 무역에 반대하도록 이끈다. 민족주의적 좌파가 주장하듯이 자유무역에 반대하는 편에 설 수는 없는 노릇이다. 그렇다고 해서 보호무역주의를 지지할 수도 없다. 두 입장이 서로 분리될 수 있는 것이 아니기 때문이다.

12. 노동조합 관료가 노동자들의 일자리를 보호하기 위한 자신의 주된 전략으로서 보호무역주의를 지지해 왔기 때문에, 보호무역주의 사상이 일자리를 보호하기 위한 (특히 "합리화" 지정 업체에서의) 투쟁에서 널리 유행하고 있다. 우리는 일자리를 보호하기 위한 그 어떤 진정한 투쟁도 지지한다. 많은 노동자들이 일자리에 대한 사용자의 공격이 수입개방 탓이라고 믿더라도 말이다. 그러나 우리는 결코 보호무역주의 사상에 투항할 수 없다. 우리는 노동자들의 그 투쟁은 지지하지만 언제나 보호무역주의에 반대한다.

13. 공장폐쇄에 반대하는 투쟁에 보호무역주의 요구들을 연결시키는 것이 갖는 위험성은 그것이 활동가들로 하여금 다른 지역이나 나라들의 노동자들을 비난하도록 이끈다는 것이다. 투쟁은 공장을

폐쇄하는 자본가에 반대하는 것이어야 하지, 자본가가 고용하는 노동자들에 반대하는 것이어서는 안 된다. 사실, 그러한 공격들에 대항하는 공동행동의 토대를 만드는 유일한 방법은 다른 지역이나 나라들의 노동자들과의 진정한 연대를 조직하는 것이지, 그 노동자들을 해고의 원인으로서 비난 대상으로 만드는 것은 아니다.

노동운동은 다른 나라의 노동자 조직들과의 진정한 연대를 구축하고 이 나라에서 노조 없는 직장들의 노동자들을 조직하려는 새로운 노력을 통해서 국제화된 경제의 도전에 맞서야 한다. 그렇지 않을 경우, 노조 노동자들은 언제나 협박 ─ 양보조치를 받아들이든지 그렇지 않으면 공장을 이전하겠다는 ─ 에 쉽게 굴복하게 될 것이다. 또한 우리는 어떠한 자유무역주의도 최소한 하나의 상품 ─ 노동 ─ 에 대해서만큼은 규제를 유지시킬 것임을 지적해야 한다. 노동이 자유롭게 국경을 넘나들 때만 여러 다른 나라들의 노동자들 사이의 임금 격차가 없어질 것이다.

아셈 반대 투쟁에서 배우기

입에 풀칠을 하기 위해 몸을 팔아야만 했던 여성들이 불이 났어도 감옥처럼 쇠창살로 가둬 놓은 방에서 빠져 나오지 못해 타 죽는 세상이다. 단란주점에서 일하는 또 다른 가난한 여성들은 너무 빨리 불이 번져 타 죽거나 질식해 죽었다. 두 경우 모두 행정당국과 경찰은 책임 회피하기 급급하다.

월곡4동 재개발 지역 주민의 경우, 집안에 사람이 있는데도 철거 깡패들은 포크레인을 밀어붙였다. 오히려 경찰은 철거민들을 보호하려던 대학생들을 연행했다. 깡패들은 그 동네를 지나가는 대학생처럼 보이는 청년들을 검문하기까지 한다고 한다. 이런 마당에 법을 지키라는 김대중의 설교는 뱀의 마음에 부처의 말이다.

대상식품의 비정규직 사내하청 노동자들은 평일에 밤 11시까지 일

김하영. 2000년 민주노동당 학생그룹이 펴낸 《세계의 반자본주의 운동과 아셈 반대 투쟁 평가》에 실린 글이다.

하고 일요일에도 일해야 겨우 80만 원가량 받는다. 카드회사 텔레마케터로 일하거나 콜 센터에서 일하는 전화 상담 여성 노동자들은 매우 짧은 식사 시간을 포함해 하루에 12시간 이상 일한다. 그러고도 두통·근육통·난청·허리통증 등 직업병을 얻는다.

휠체어를 타고 다니면서 액세서리를 팔아 생계를 유지하던 장애인이 서울시장 앞으로 유서를 남겨 놓고 스스로 목숨을 끊었다. "서울 시내 거리의 턱을 없애 주십시오."가 유서의 골자였다. 부유한 장애인도 억압과 소외를 겪지만, 가난한 장애인은 그 정도가 더 심하다. 중증 장애인이 아니어도 장애인의 실업률은 일반인의 7.5배다. 지난 8월 30일 지하철 전동차에 뛰어들어 자살한 이헌규 씨는 컴퓨터 취급 기술을 갖고 있었는데도 기업들로부터 취업을 거부당했다. 자살 직전에 그는 천신만고로 어떤 회사의 면접 시험을 통과했다. 첫 출근을 위해 그는 양복과 구두를 새로 장만했다. 하지만 회사는 그를 최종 불합격시켰다.

한 필리핀 여성 이주 노동자는 입국해 일하던 중에 임신 사실을 알게 돼 일을 그만두려 했다. 그러자 회사측은 태아를 낙태시키거나 위약금 2천 달러를 물거나 둘 중 하나를 택하라고 그녀에게 강요했다. 그러나 지난해 11월에 계약이 만료됐으므로 회사가 그녀에게 일을 강요하는 것을 불법이다. 이 경우에도 관계 당국과 경찰은 오불관언이다. 거의 모든 이주 노동자들이 취업 알선업체나 회사에 의해 여권을 빼앗기는데도 역시 그들은 마찬가지 자세다. 특히 미등록 이주 노동자(정부 관료, 기업주, 언론사주 등 권력 집단이 "불법 체류 외국인 노동자"라고 부르는)는 강제 송환을 가장 두려워해야 하므로 기업주들은 이를 이용해 초저임금과 초열악한 작업 조건을 강요할 수 있다.

롯데 호텔과 이랜드는 노동조합을 인정하지 않고 있다. 단체교섭을 거부하거나 단체협약을 위반하는 불법을 저지르고 있어도 까딱없다. 노동자들은 합법 파업으로도 구속돼 있는데 말이다. 두 기업 모두 성희롱(더 정확히 말해 성적 괴롭힘)이 심각했음이 드러났다. 그들은 모두 자기들이 한 짓이 성희롱이었다는 걸 깨닫지조차 못하고 있다. 특히 이랜드는 — 그리고 현대중공업도 — 구사대를 시켜 노동자들을 집단 폭행하는 짓도 저질렀다. 그리고 롯데 호텔은 노조원들이 노조 홈페이지에 접속하는 것도 차단하고 있다. 이유인즉 "음란 사이트나 주식 사이트처럼 백해무익한 것을 막"기 위함이라고 한다. 진짜 '음란한' 자들, 주식투기하는 자들이 누구길래 미친 개천연한 체하고 있는가. 이밖에도 현대중공업, KBS(한국방송공사), 교육부 등 여러 기업과 정부가 단체협약이나 단체교섭을 무시하는 등 노동조합을 사실상 인정하지 않고 있다. 한국통신은 계약직 노조 간부 9명을 해고했다. 사회보험노조 김한상 위원장은 기본적으로 노동조합을 인정하지 않으려는 사용자인 국민건강보험공단 이사장에게 손찌검을 했다 해서 며칠 전 법원에서 무려 4년형을 선고받았다.

이 모든 사례는 사람보다 이윤을 먼저 생각하는 자본가들과 그들의 정부에 의해 자행된 가장 최근의 행동 중 극히 일부일 뿐이다. '신자유주의'는 이런 행태를 정당화하는 이데올로기이자 정책이다. 그것은 적나라한 탐욕을 아름답게 포장하는 미사여구 덩어리이자 그

러한 탐욕을 고무하는 수단들이다. 신자유주의를 전폭 수용하는
자들과 반쯤만 반대하는 자들로 이뤄진 노사정위는 노동 조건을
후퇴시키고 노동시간 단축을 단계적으로 실시하는 것에 10월 23일
합의했다. 또, 정부의 '비정규 근로자 보호대책'이 비정규직을 확산시
킬 것인데도 사용자 단체인 경총은 '경영권 침해'라며 이것마저 반대
하고 있다. 이처럼 신자유주의는 만약 저지되지 않는다면 노동 조건
과 생활 조건을 악화시켜 노동자와 가난한 민중의 삶을 더욱 망가뜨
려 놓을 것이다.

아셈의 본질

이런 맥락에서 2000년 제3차 서울 아셈(아시아·유럽 정상 회의)은
신자유주의 반대의 국민적인 — 그리고 국제적인 — 초점이 됐다. 앞
서 말했듯이 신자유주의가 자본주의적 이윤 논리와 탐욕의 적나라
한 표현이라면, 신자유주의 반대 분위기를 반자본주의적 감정이라고
봐도 괜찮을 성싶다. 물론 반자본주의가 반드시 사회주의를 뜻하지
는 않을 것이다. 〈노동과 세계〉에 따르면, 민주노총 소속 간부들의
대다수가 마음에 어렴풋이 그리고 있는 대안 사회는 시장경제와 국
가 조절이 결합된 경제 체제다.(그들은 이것을 '사회민주주의'라고도
대답했고 '시장 사회주의'라고도 대답했다.) 그러나 지난해 말 시애
틀 이후 서울까지 대중적으로 표출되곤 하는 이 반자본주의적 정서
를 단순히 '세계화 반대'로 규정하는 것은 지나치게 협소한 관점이다.

노동자 계급과 억압받는 사람들의 대중이 반대하는 것은 세계화라기보다는 세계 자본주의다. 대중은 아셈이 촉진하려는 무역과 투자 자유화 자체보다는 그러한 자본 운동이 가져올 참상, 예컨대 대량해고, 노동시간 연장, 노동강도 강화, 초착취 공장(스웨트숍), 사회 복지 감축, 여성 차별 악화, 환경 파괴 따위에 반대하고 저항하려는 것이다. 이 모든 것들은 자본주의의 전형적인 효과·결과로, 19세기 이래 모든 반자본주의 운동이 ― 대안을 무엇으로 내놓든 간에 ― 제거하기를 원했던 것들이다.

아셈이 뭐길래 세계 반자본주의 운동의 초점이 됐는가? 아셈은 비록 APEC(아시아·태평양 경제협력체)처럼 실질적인 지역(유라시아)협의체를 지향하긴 하지만, 이번 서울 아셈까지는 지역 간 ― 정확히 말하면 유럽과 동아시아 사이의 ― 순수 자문협의체였다. 또, 비록 정치·안보와 문화까지 포괄하는 것을 지향한다고는 하지만, 정치·안보 분야는 다른 분야와 달리 각국의 주권 주장과 결부될 수 있다는 점에서 정치적으로 상당히 민감하고 각국 정부의 입장이 매우 다르므로 이 분야의 의제화 자체가 매우 어렵다. 그래서 민주주의와 인권 문제는 해당 정부에 대한 부담을 고려해 논의 대상에서 제외됐다. 그래서 경제 협력에 대한 논의가 주종을 이뤄 왔다. 그러나 아셈의 핵심 경제 쟁점은 무역과 투자의 자유화로, 더욱 구체적으로는 시애틀에서 회의 무산으로 출범하지 못한 WTO(세계무역기구) '뉴라운드'의 조속한 출범을 표명하는 것이었다. 그러므로 아셈은, 비록 아직까지는 제한적인 기여지만 WTO 체제에 기여하기 위한 것이다.

그러므로 아셈은 미국의 주도권을 견제할 수 있는 기구이기는커녕 미국이 주도하는 WTO 체제를 오히려 강화하기 위한 또 다른 제국주의적 기구다.

서울에서 벌어진 반자본주의 시위

10월 20~21일 아셈에 항의하는 시위가 벌어졌다. 이것은 지난해 11월 30일 시애틀에서 시작돼 워싱턴·미요·멜버른·프라하에서 벌어진 반자본주의 운동의 맥을 잇는 것이었다. 20일 '서울 행동의 날'에 2만여 명이나 모인 것은 세계화하는 자본주의가 낳는 참상에 대한 반대 분위기 덕분이었다. 다국적 기업의 이윤 논리가 인권과 환경과 노동권을 짓밟고 있는 것에 많은 사람들이 분노했다. 시위 참가자들은 "'세계화'가 더 많은 일자리와 번영을 가져온다는 주장과는 달리 무차별적 구조조정과 정리해고, 농업 파탄, 사회복지 제도의 해체를 불러올 뿐"이라고 비난했다. 이 시위는 세계화가 무소불위의 힘을 가졌으며 노동자 운동은 저항할 힘을 잃었다는 신자유주의자들의 주장에 대한 통렬한 반박이었다. 20일 2시 올림픽공원에서 열린 서울대회 선언문의 제목은 "대안은 있다"였다.

서울대회가 특히 인상적이었던 것은 2만여 명의 시위 참가자 가운데 압도 다수가 노동자였다는 점이다. 민주노총 소속의 노동자들이 대열의 90퍼센트 가까이 됐다. 이와 함께 여성 운동가, 환경 운동가, 이주 노동자, 인권 운동가, 농민, 평화주의자 등의 다양한 집단들이 자본주의를 문제로 여기고 시위에 참가했다. 노동자들과 이처럼 다양한 집단들이 어우러진 모습은 매우 인상적이었다.

서울대회는 대다수 참가자들에게 아쉬움도 남겼다. 서울대회를 마친 뒤 아셈 타워가 멀리 바라보이는 잠실운동장 앞에서 대열을 해산했을 때, 사람들은 아셈 회의에 차질을 주지 못한 것을 못내 안타깝게 생각했다. 행진이 끝난 뒤 저녁 일정과 다음 날 일정은 공식으로 마련돼 있지 않았다. 이런 상태에서 경찰 저지선을 뚫으려는 일각의 행동이 있었다 해도 역부족이었을 것이다.

그 날 시위에 참가한 2만여 명이 경찰 저지선을 뚫는 데 전부 참가했더라도 2~3만*의 경찰을 상대하기엔 역부족이었을 것이다. 수적으로도 열세인 데다가 참가자들은 어떻게 행동할 것인지도 공유하지 못한 상태였다. 프라하에서 2만여 명의 시위대는 1만 1천 명의 경찰을 상대했다. 김대중 정부는 시애틀과 미요와 프라하 같은 일이 서울에서 벌어질까 봐 병력을 대량 투입해 경비를 철통같이 유지했다. 특별 치안강화 지역으로 정해진 아셈 회의장 일대는 물대포·장갑차·페퍼포그·전경차 따위로 둘러싸였고 일반인들의 접근을 아예 봉쇄해 시민들의 불만을 사기도 했다. 아셈 회의장 주변 광경은 이것이 그들만의 축제임을 한눈에 보여 줬다.

서울의 반자본주의 시위는 노동자들의 대거 참가로 거대한 잠재력

---

* 아셈 회의가 있기 직전에는 경찰을 3만여 명 동원할 예정이라고 했으나 아셈 회의가 끝난 뒤 보도된 바에 따르면 2만 명을 동원했다고 한다. 처음의 것이 엄포였는지, 나중의 것이 축소 보도였는지 우리는 진실을 알 수 없다. 또는, 어쩌면 20일에 대치 상태가 발생하지 않아 3만 명을 다 동원할 필요가 없었을지도 모른다.

을 보여 준 동시에 아쉬운 점도 드러냈다. 아셈 서울 행동을 건설하는 데서 드러난 강점과 약점을 평가하는 것은 운동 전체에 교훈이 될 수 있을 것이다.

선전·선동·조직 노력

서울 행동의 날에 많은 사람들이 운집했지만 총력 동원했다고 말할 수는 없을 것이다. 운동에 사람들을 총력 동원하기 위해서는 '오더 때리기'로는 안 된다. 선전과 선동에 바탕을 둔 창발적이고 치밀한 조직 노력이 있어야 사람들의 모순된 의식을 파고들어 확신을 심어 줌으로써 대열을 불릴 수 있다.

"우리는 신자유주의가 나쁘다는 것을 다 안다. 이거 말고 뭐가 더 필요한가?" 하고 말하는 사람이 있을 것이다. 또, "더 깊이 들어가면 머리만 아픈데 나머지는 학자들에게나 맡겨라" 하고 말하는 사람도 있을 것이다. 하지만 이런 태도로는 운동을 확대하는 데 무능력을 드러낼 수밖에 없다. 아셈 항의 운동에 단 한 명이라도 참여시키려고 한다면 누구든 상대방을 설득시키기 위한 주장을 펴야 한다는 것을 깨닫게 될 것이다.

늘 만나다시피 하는 사람 몇 명을 시위에 데려오는 데는 며칠이면 되지만(사실은 이것도 쉽지 않다), 대중 운동을 건설하기 위해서는 몇 달 전부터 차근히 준비해야 한다. 자생성이 충만한 우리 나라 운동에서 이런 노력은 적은 편이다. 많은 투사들과 활동가들이 토론을 무시하고 건너뛴 채 행동부터 하려 든다.

반자본주의 운동의 전환점이었던 시애틀은 자생적 요소도 있었지만 장기적인 선전·선동·조직이 더 주효했다. 서로 다른 시각에서이긴 하지만 신자유주의에 대해 신랄하게 비판하는 사상적 지도자들 — 이 가운데 월든 벨로, 수잔 조지, 노엄 촘스키, 헬레나 노르베리-호지 등의 책은 국내에서도 번역·출판됐다 — 이 있었고 활동가들은 신자유주의에 대한 반대 주장을 지속적으로 펴면서 운동을 건설했다.

아셈 반대 운동을 건설하는 데서는 아셈이 왜 신자유주의와 관계 있는지를 설명하는 것, 즉 신자유주의 반대와 아셈을 연결하는게 중요했다. 신자유주의가 가져온 비참함 또는 그 대표적 기구들인 WTO와 IMF에 대해서는 공분이 있지만, 아셈은 이름조차 생소했기 때문이다. 뿐만 아니라 지금껏 한번도 시위에 참가해 본 적이 없는 사람들을 대열로 끌어들이려면 신자유주의/세계화가 무엇이며 그것이 어떤 참혹한 결과를 가져왔는지도 들춰 내 보여야 했다. 또, 시애틀 시위 이래 반자본주의 운동 안에서 벌어지는 다양한 논쟁들도 소개하고 토론할 필요가 있었다. 빈곤·개발·생태파괴·농업·부채탕감 등의 문제를 어떻게 봐야 하는지, 국민 경제 복원이 대안인지, 신자유주의/세계화의 진정한 대안은 무엇인지, 자본주의 자체에 반대해야 하는지 아니면 지난 10~20년 동안 발전한 신자유주의에만 반대해야 하는지 등등. 특히 아셈 반대 운동을 둘러싸고 벌어지고 있던 '비판적 개입'이냐 '반대'냐 하는 문제와 아셈 반대 운동을 어떻게 펼칠 것인가는 반드시 토론돼야 했다.

민주노총, 민중행동* 등이 선전·선동을 하기는 했으나 충분했다고 말하기는 어렵다. 늦게나마 이 일에 가장 열의를 보인 단체는 아마도 민주노동당 학생그룹이었을 것이다. 민주노동당 학생그룹은 서울·경인지역에서 다섯 차례 이상 "아셈 항의 설명회"를 개최해 8백 명 가량을 모았다. 이것은 좋은 출발이었다. 민주노동당 학생그룹은 아셈 반대 운동 관련 기사가 실린 《열린 주장과 대안》(5호)과 《열린주장과 대안》 호외를 판매하고 토론했다. 시애틀 비디오를 제작·판매했고, 아셈 관련 대자보 여러 종과 포스터 2종을 서울시내 대학들에 부착했다. 이밖에도 '국민행동'에서 나온 자료집, '서울 행동의 날 준비위원회'에서 나온 포스터 등을 판매·부착했다. 민주노동당 학생그룹은 신생 조직으로서 동원력이 작았지만 대열을 늘리기 위해 노력했다. 8월 15일 노동자 대회 때 최고 250여 명을 집결시켰던 것에 비해 10월 20일에는 340여 명을 민주노동당 학생그룹 깃발 아래 모을 수 있었다. 하지만 이런 노력은 전체 사태를 변화시키기에는 턱없이 역부족이었다.

서울 행동의 날 규모는 전적으로 민주노총의 동원에 달려 있다고 해도 과언이 아니었다. 실제로 민주노총 조합원이 대열의 90% 가까이를 차지함으로써 위력을 보여주었다. 가정해 보건대, 민주노총 간부들이 현장 조합원들에게 파업을 호소했다면 대열은 엄청나게 불었을 것이다. 만일 민주노총 간부들이 일찍부터 현장 조합원들에게 아

---

* '신자유주의반대·민중생존권쟁취 민중대회위원회'와 '투자협정·WTO 반대 국민행동'은 '아셈2000 민간단체 포럼'의 사업에 대해 비판적 인식을 갖고 공동 투쟁기획단을 꾸렸다. 이것을 '민중행동'이라 규정했다.

셈 서울대회 참가를 공공연히 호소하고 이를 위한 파업을 선동했다면 사태는 매우 달라졌을 것이다. 파업에 들어가지 않는 한, 현장 조합원들이 서울 행동의 날에 참가하기는 쉬운 일이 아니었다. 민주노총 간부들의 선전·선동·조직이 충분하지 못했던 탓에 현장 조합원들은 자신들이 일상적으로 겪고 있는 고통인 노동 유연화, 정리해고, 공기업 민영화 등 신자유주의 조처들의 결정체라는 아셈의 의미를 제대로 이해하지 못했던 듯하다. 민주노총 지도부가 10월 12일에 '한일·한미 투자협정' 토론회를 연 것은 좋은 일이었다. 이 같은 토론회가 주요 단위 노조들에서 개최돼 더 많은 노동자들이 더 가깝게 토론을 접할 수 있었다면 노동자들의 참가는 한층 늘었을 것이다. 대자보와 포스터 부착 등은 노조원들도 해 봐야 하는 중요한 정치 활동의 일부이므로 민주노총 간부들이 현장 조합원들에게 이런 활동을 조직하도록 했다면 좋은 교육적 효과를 거둘 수 있었을 것이다.

민주노총과 함께 실질적 동원력을 갖고 있는 세력인 한총련은 매우 굼떴다. 한총련은 남북 공동선언 실천에 활동의 역점을 두고 있어 아셈이 며칠 남을 때까지 거의 아무런 움직임도 보이지 않았다. 한총련의 대응은 아셈 서울 행동의 날을 며칠 남겨 두고서 대자보를 붙이는 게 전부였다 해도 과언이 아니므로 총력 동원을 위한 노력을 거의 기울이지 않았다고 말할 수 있다. 한총련은 동원 능력에 비해 훨씬 적은 인원만을 서울 행동의 날에 동원했다.

'민중행동' 측은 자료집을 발행하고, 대자보를 부착하고, 국제 포럼을 주최(민주노동당/사회진보연대 주관)하는 등 행사와 투쟁 조직을 주도했다. 민중행동이 "아셈 민간포럼의 사업에 대해 비판적 인식"*을 갖고 있는 상황이었던 것에 비춰 보면 이것을 공론화하기 위한 선전·선동은 매우 중요했다. 하지만 다른 활동에 비해 이것은 부차적으로 취급됐던 듯하다. '민중행동'은 큰 규모의 대중 토론회를 열지 않았고, 유일했던 토론인 국제 포럼에 많은 사람들을 참가시키지 못했다. 250여 명 남짓한 참가자의 90퍼센트 이상이 민주노동당 학생 당원들이었다.

국제 포럼은 전야제의 사전행사 격으로 계획됐는데도 홍보도 제대로 되지 않았다. 국제 포럼이 끝났을 때 숭실대 운동장에는 2천여 명의 노동자와 학생 들이 전야제 식전 행사에 참가하고 있었다. 이 사람들이 모두 국제 포럼에 참가했다면 얼마나 좋았을까? 그랬다면 국제적 활동가들과 토론하면서 국제 연대도 맛보고 — 포럼 분위기는 매우 뜨거웠다 — 다음 날 행동에 대해서도 토론할 수 있었을 것이다.

문화제와 워크숍

문제 제기를 좀 더 근본적으로 던져 보자면, 우리 나라 운동에는 대중 토론을 꺼리고 문화공연을 더 선호하는 분위기가 있다. 그러나 모든 사람들이 투쟁의 대상과 방법을 잘 알고 있지는 않다. 10월 8

---

* '사회진보연대 평가 초안', 1쪽.

일에 있었던 국민행동 문화제 때는 물론이고 전야제 문화제 때조차 아셈에 대한 태도와 개막식 저지 등에 대해서 무엇 하나 분명한 것이 없었다. '비판적 개입'이 옳은가 '반대'가 옳은가, 개막식을 저지하려 할 것인가, 경찰 탄압에 어떻게 대처할 것인가 등등을 토론하는 게 시급한 상황이었다. 행사 참가자들이 모든 것을 잘 알고 있고 이제 결의만 다지면 되는 상황은 아니었던 셈이다.

운동의 일부 지도자들은 행사 참가자들이 토론을 귀찮아하고 싫어할 것이라고 암묵적으로 가정하곤 한다. 전야제 때 행사 참가자들이 운동장에서 노래를 듣고 공연을 관람하는 동안 지도자들은 따로 모여 이른바 '전술' 회의를 했다. 다음 절차는 일방적 하달일 게 뻔했다. 이것은 사람들을 활동의 주체가 아니라 수동적 관람자로 만드는 것이다. 하지만 누구든 자신이 하는 활동의 의미와 방향을 제대로 이해했을 때 더 능동적으로 활동할 수 있는 법이다. 운동에 참가하는 사람들이 서로에게서 배우고 의견을 모을 수 있는 토론을 하는 것은 매우 중요하다. 전야제가 민간포럼 워크숍의 일종의 대항 행사였다는 점은 운동 내 토론 문화 부재를 다시 한번 돌아보게 한다.

아셈 민간포럼은 17일부터 전야제가 열리기 직전까지 건국대에서 워크숍을 진행했다. 이 워크숍에는 800여 명의 국내외 NGO 활동가들이 참여해 노동, 농민, 경제와 무역, 빈곤과 개발, 문화, 여성, 인권, 평화, 환경, 미디어, 종교, 자원봉사, 청년 학생 등 13개 분과별 토론을 했다.

'민중행동'은 민간포럼의 워크숍에 개입했어야 했다. '민중행동'이 국제포럼에 초대한 연사들이 발표하는 분과에 참여하고, 워크숍의 하나로 '아셈을 어떻게 볼 것인가' 등의 뜨겁고 논쟁적인 쟁점을 주관했다면 좋았을 것이다. 워크숍 참여자들의 생각이 모두 똑같은 것이 아니었고, 분과별로도 분위기가 상당히 달랐기 때문에 '민중행동'이 개입할 여지는 얼마든지 있었다. 몇몇 분과는 아주 따분했지만, 노동, 여성, 무역과 경제, 청년 학생 등은 매우 유익했다. 특히 노동, 여성 분과는 아시아 여러 나라들의 노동 조건과 투쟁, 여성 노동자들의 처지 등 생생한 사례를 들을 수 있어서 매우 유익했다. 특히 아시아에 진출한 다국적 기업의 횡포와 이를 비호하는 아시아 정부들, 노동자들의 저항, 수하르토 퇴진 이후 인도네시아 노동자 투쟁 상황 등은 아주 흥미로웠다.

'민중행동'이 워크숍에 개입해 아셈과 관련된 여러 쟁점들을 다루고 주장과 논쟁을 폈다면, '민중행동' 지지자들을 교육하는 동시에 워크숍 참가자들 일부를 견인할 수 있었을 것이다. 〈한겨레〉가 지적했듯이 한쪽은 행동, 다른 한쪽은 토론인 식이어서는 안 된다. 행동은 결국 토론을 통한 확신 속에서 더욱 효과적이 될 수 있는 것이다. 민간포럼을 탈퇴한 인권단체의 한 관계자는 "사태의 심각성이 외국인들과 세미나나 하고 있을 정도는 지났다"며 "주최 측이 국제회의 호스트냐"고 힐난했다고 한다.* 하지만 이런 반응은 단순한 도덕론일 뿐이다. 사태의 심각성이 더해 가는데 우리 운동 측이 올바른 대안을 제시하지 못하고 우왕좌왕한다면 오히려 결과는 부정적일 것이다.

---

* 《말》 2000년 11월호, 103쪽.

만약 '민간포럼' 측이 '민중행동' 측의 워크숍 참여를 거절했다면 대항 워크숍을 준비하면 됐을 것이다. 그래서 아셈 반대 운동과 관련된 온갖 논쟁점들을 낱낱이 토론하고 행동 통일의 기회로 삼았다면 좋았을 것이다. 국가보안법 폐지 국민연대는 민간포럼 워크숍 건물 주변에서 국가보안법 철폐 집회를 개최해 성공적인 선동의 기회로 이용했다.

'민간포럼'의 "비판적 개입"론

'아셈2000 신자유주의 반대 서울 행동의 날'은 세 조직(민간포럼, 민중대회위원회, 국민행동)에 의해 주도됐다. 이 가운데 민간포럼이 가장 일찍부터 아셈에 대비해 왔다. 아셈 정상회의와 마찬가지로 아시아-유럽 민간포럼도 이번이 3차였다. 민간포럼은 "서울 아셈을 이끌어 나가는 아시아와 유럽의 각 정부의 활동에 시민단체와 NGO의 의견을 반영하고 적극적인 참여 보장을 목적"으로 하며, 이를 위해 아셈 기구 내 '시민사회포럼(social forum)' 설치를 제안했다. 정부에 압력을 넣음으로써 "정부 간 정상회담의 실질적 이슈에 대해 보다 민중적이며 시민사회에 바탕을 둔 의제를 확립하도록""" 할 수 있다고 믿고 있는 것이다.

---

* 아셈2000 민간포럼 자료집, 10쪽.

** 같은 책, 14쪽.

시애틀과 프라하 등 반자본주의 시위에 참여한 활동가들 가운데 상당수도 정부에 압력을 넣는 것을 대안으로 여겼다. 예컨대 다국적 기업의 책임을 늘리는 개혁 입법을 촉구하는 식으로 말이다. 어떤 활동가들은 열강들을 설득하기는 어렵다고 보고 열강에 대한 제3세계 정부들의 대항에 관심을 갖는다. 대표적 인물이 월든 벨로다. 하지만 대부분의 제3세계 지배자들은 세계 자본주의로의 통합을 추구하며, 그렇지 않은 나라의 지배자들도 국민과 괴리된 부패한 집단이다. 이런 자들에게 희망을 걸 수는 없다.

이것은 WTO 등과 같은 기구를 개혁해야 하는가 폐지해야 하느냐 하는 논점과도 관련이 있다. 개혁 주창자들은 WTO의 노동조합 관련 조항에 아동노동 금지, 단결권과 협상권 침해 금지 등과 같은 '사회적 조항'을 포함시키자고 주장하기도 한다. 이처럼 "비판적 개입" 이냐 "반대"냐 하는 문제는 유독 아셈에 대해서만 제기된 것은 아니었다.

서구에서는 이미 국제 자본주의 기구와 NGO 간의 "비판적 개입" 통로가 만들어진 경우도 있다. 이것은 NGO들을 다루는 국제 자본주의 기구의 전략이 되고 있다. 1998년 7월 루지에로 당시 WTO 총재는 "비정부기구들이 WTO 활동에 대한 대중의 이해를 높일 수 있다는 것을 알게 됐다"며 '비정부기구와 협력 개선을 위한 계획'을 발표하기도 했다.* 프라하 시위대에 대한 세계은행 총재 울펀슨의 대응이 바로 이랬다.

———

* 《말》 2000년 11월호, 103쪽.

울펀슨은 프라하 시위대에 대해 너무 온건하다고 〈파이낸셜 타임스〉로부터 비난을 받았다. 〈파이낸셜 타임스〉는 "'시민사회'의 이미개한 대표자들에게 어떻게 대응해야 하는가" 하고 묻고는 "경멸로써"라고 답했다. 하지만 울펀슨은 NGO들의 일부를 흡수하려 했다. 그는 세계은행의 구조조정 정책을 "빈곤 감축 전략"이라고 이름을 바꿨다. 울펀슨은 이렇게 말했다. "나는 빈곤과 싸우는 새 세대의 헌신을 포용한다. 나는 그들의 정열을 공유한다."

엔지오 내에서 그리고 엔지오들 사이에서 이런 구애 공세에 대해 어떻게 대응할까를 놓고 논쟁이 벌어지고 있다. 프라하의 엔지오 포럼에서도 이 문제로 논쟁이 벌어졌다. 쥬빌리2000의 엔 페티포는 다른 NGO 대표들과 함께 체코 대통령 바츨라프 하벨, 세계은행 울펀슨, IMF 총재 호르스트 쾰러와의 대화에 참석했다. 엔 페티포는 울펀슨과 쾰러가 힘없는 공무원일 뿐이며 실제 권력은 G7(선진 7개국)에 있고 이런 기관들을 개혁하기 위해 압력을 행사해야 한다고 주장했다. 한편, 필리핀에서 온 월든 벨로는 IMF 같은 기관들은 개혁될 수 없고 해체돼야 하며, 항의 시위자들은 이 기관들이 직면하고 있는 "정당성 위기를 격화시키"려 해야 한다고 말했다. 청중들은 "비판적 개입"을 주장하는 NGO 지도자들이 아니라, 세계은행을 비난하고 항의시위가 계속돼야 한다는 자유 발언자들의 주장에 더 공감했다.

"비판적 개입"은 WTO, IMF, 세계은행, 아셈 같은 기구들에 대한 환상을 조장할 것이다. 민간포럼은 "[사회포럼의 설치를 통해] 아셈은 광범위한 계층의 다양한 의견을 수렴하는 총괄적인 조정기구로서의 역할을 담당할 수 있게 될 것"이라고 주장했다. 그러나 엔지오들의 개입은 들러리가 되는 데 그칠 뿐 그런 기구들의 성격을 변화시킬 수는 없다. 미셸 초스도프스키는 "비판적 개입"에 대해 이렇게 비판한다.

비정부 기구는 신자유주의 지구화를 진심으로 반대하는 조직과 어용조직으로 나뉜다. 미국과 WTO는 시민사회운동에 대해 분할 및 약화 전략을 구사하고 있다. 그들은 주요 비정구기구에 밀레니엄 라운드를 위한 의제 설정에 참여하도록 요청하고 그럴듯한 테이블까지 만들어 준다. 지원금도 제공한다. 그리고 국제기구 회의 때는 공식회의의 투명성을 높인다는 취지로 소비자, 노동, 환경, 개발 등 비정구기구 회의를 마련해 주는가 하면 그 지도자들을 유력인사가 참석하는 칵테일 파티에 초대하는 등의 방식으로 유혹한다. 국제기구는 물론 비판을 허용하는 척하면서 자유시장과 국제기구의 합법성만은 도전받을 수 없다며 핵심적 부분을 비켜간다. 결국 비정구기구들은 WTO에 인간의 얼굴을 부여하는 역할을 맡게 된다.**

민간포럼의 "비판적 개입" 태도는 지배자들을 이성적으로 설득시켜 세계를 변화시킬 수 있다고 여겼던 공상적 사회주의와 닮았다. 그들은 더 나은 사회를 원했지만 그것을 성취할 수 있는 세력, 즉 노동계급의 존재를 깨닫지 못했다.

---

*   아셈 2000 민간포럼 자료집, 17쪽.

** 《말》 2000년 11월호, 101쪽에서 재인용.

민간포럼, 민중행동, 민주노총

민간포럼은 아셈에 대한 태도, 즉 "비판적 개입" 문제를 둘러싸고 처음부터 분열될 모순을 안고 있었다. 좀 더 명망 있는 NGO들은 그들의 대화 제의와 비판을 아셈 정상회의가 수용하려는 듯한 자세를 보이면 쉽사리 투쟁을 포기할 태세가 돼 있었던 것이다. 아셈 정상회의가 '시민사회포럼'에 대한 확답을 지연시키고 있는 동안 민간포럼은 정상들의 신경을 건드리지 않게끔 조심조심 행동했다. 워크숍 장소 변경과 서울행동의 날 집회 장소 변경은 이런 맥락에서 이해할 수 있다. 이런 상황은 민간포럼에 적극 개입해 민간단체의 일반 지지자들을 견인하는 전술을 취해야 했음을 뜻하는 것이다. 하지만 민중대회위원회와 국민행동이 서울행동의 날을 '민간포럼'과 공동 주최했던 것은 이런 의식적인 개입이 아니라 울며 겨자 먹기 식 대응이었던 듯하다.

민중대회위원회와 국민행동의 핵심 대중조직인 민주노총이 민간포럼의 시민행동을 실질적으로 주도하고 있는 상황이었기 때문에, 민중대회위원회와 국민행동은 아셈이 상징하는 신자유주의 세계화에 대한 반대와 저항 투쟁을 자신의 주요한 사업 과제로 설정하고 있었지만, 민간포럼의 10월 20일 시민행동과 다른 별도의 민중연대집회를 상정할 수 없었던 것이다.*

---

* '사회진보연대 평가 초안', 1쪽.

민간포럼이 분열될 모순을 안고 있다는 점, NGO 지도자들과 단순 지지자들을 구분할 필요가 있다는 점, 이제 막 반자본주의 운동에 관심을 갖게 된 사람들이 시민단체에 이끌릴 수 있다는 점(한국 사회에서 영향력 있는 단체 1위부터 6위까지를 시민단체가 차지했다) 등등은 아쉽게도 민중대회위원회와 국민행동의 고려 사항이 아니었다. 민간포럼과 공동행동(10월 20일 공동집회)을 하게 된 것은 순전히 민주노총이라는 '발'이 민간포럼 주최의 집회에 동원될 형국이었기 때문이다. 만약 이런 상황이 아니었다면 민중대회위원회와 국민행동은 "별도의 민중연대집회"를 고집했을 것이다.

하지만 아셈에 항의하는 운동은 될수록 하나로 모이는 게 좋았다. 그래서 의도야 어찌 됐든 결과적으로 '아셈2000 신자유주의 반대 서울 행동의 날 준비위원회'를 구성한 것은 좋은 일이었다. 그것은 공동전선이었다. 공동전선은 정치사상이 다르지만 특정한 요구들을 둘러싸고 단결할 용의가 있는 사람들과 공동 활동을 하는 것을 뜻한다. 그렇게 되면 공동의 적에 맞선 투쟁의 힘을 한층 강화시킬 수 있다. 또한, 공동전선을 함께 형성하고 있는 타 단체의 지지자들에게 자기들의 생각을 알리고 조직할 수 있다. 사람들은 활동과 투쟁 경험을 통해 자본주의가 낳은 온갖 폐해에 맞서는 더 올바르고 더 효과적인 방법이 무엇인지 알게 되고, 그래야 이전 조직과 절연할 수 있다.

공동행동을 한다는 것은 결코 강령을 통일해야 한다는 뜻이 아니다. 오히려 정치적 독립성을 유지하고 함께 공동전선을 형성하고 있는 사람들을 언제건 비판할 자유, 자신들의 간행물을 만들고 선전·

선동할 자유, 필요하다면 독자적으로 행동할 자유를 가져야 한다.

하지만 민중대회위원회와 국민행동은 울며 겨자 먹기로 '서울행동의 날 준비위원회'를 구성한 뒤에 이번에는 '민간포럼'에 대한 비판을 하지 않는 잘못된 태도를 취했다. "결국 아셈에 대한 '비판적 개입'인가 아니면 '전면적 투쟁과 비판'인가라는 현실 인식, 투쟁 수위와 방식을 둘러싼 '아셈민간포럼'과 '민중대회위원회 및 국민행동' 간의 입장 차이는 민주노총을 경계로 하여 매우 불분명한 형태로 봉합되어 있었다고 볼 수 있다."* 준비위원회를 구성할 때 이런 상황을 인식하고 있었음에도 '민중대회위원회'와 '국민행동'은 '민간포럼'에 대해 공개적인 비판을 거의 하지 않았다.

'민중대회위원회'와 '국민행동'은 공동 투쟁기획단 '민중행동'을 꾸리고 2시 집회를 제외하고는 가능한 모든 행사를 '민간포럼'과는 따로 하는 방식을 택했다. 필요할 때 독자적 행동을 하는 것은 올바른 것이다. 하지만 공동전선을 형성하고 있는 타 조직의 지지자뿐 아니라 자신의 지지자들에게 '민중행동'이 올바름을 입증하기 위해서라도 모든 비판과 논의는 공개될 필요가 있었다. 논쟁은 지도자들끼리 회의 석상에서나 하는 찻잔 속의 폭풍이어서는 안 된다. 심지어 그런 논쟁도 안 이뤄지고 고작해야 술자리의 쑥덕공론일 때도 허다하다. 두 세력이 무엇 때문에 따로 행동하려 하는가 하는 점을 알지 못한다면 대중은 옳고 그름을 판단할 잣대를 가질 수 없을 것이다. '민중행동'이 워크숍 같은 '민간포럼' 행사에 개입해 공개적인 토론을 벌이고 그

---

* '사회진보연대 평가 초안', 1쪽.

지지자들을 견인하는 노력을 전혀 기울이지 않았던 것은 매우 안타까운 일이다. 사실, "입장 차이"가 공개적으로 논쟁되지 않은 채 "봉합"돼 있기는 '민중행동' 측 내부도 마찬가지였다. 박하순 국민행동 집행위원에 따르면 "'국민행동' 소속 단체 모두가 공식적으로 '아셈 반대'에 합의한 것으로 보기도 어려[운]" 상태였다.*

민간포럼으로부터 인권단체들이 탈퇴할 때도 비슷한 문제가 나타났다. 서울 행동의 날에 관심을 갖고 있는 평범한 사람들은 처음에 인권단체가 민간포럼으로부터 왜 탈퇴했는지 알지 못했다. 논의 과정, 그들 사이의 쟁점이 전혀 공개되지 않았기 때문에 막상 인권단체가 탈퇴했을 때서야 뭔가 갈등이 있었나 보다 하고 생각하는 형편이었다.

인권단체들이 탈퇴 이유로 제시했던 것은 워크숍 장소를 봉은사에서 건국대로 양보한 점, 정부로부터 재정 지원을 받은 점, 정부에 로비하는 식의 활동, 신자유주의에 대한 불명확한 태도, 민간포럼 결정 방식의 비민주성 등이었는데 이 비판 자체는 전적으로 타당했다. 물론 모든 인권 단체들이 통일된 생각을 가지고 있었던 것 같지는 않다. 인권실천시민연대의 김유경 씨는 〈인권하루소식〉과의 인터뷰에서 "아셈 회의의 성격, 요구 등이 서로 달라서 탈퇴한 것은 아니다" 하고 말했다. 또, 3차 아셈 회의에서 나라 간 이견으로 인권 문제가 다뤄지지 않자 민간포럼에서 탈퇴하기로 마음먹은 단체 또는 개인들이 있을지도 모른다.

민간포럼이 인권단체들이 지적한 문제로 비판받는 것은 마땅하다.

---

* 〈인권하루 소식〉 2000년 10월 13일자. 박하순 국민행동 집행위원 인터뷰.

하지만 그렇다고 인권단체들이 곧장 탈퇴하는 것만이 능사는 아니었다. 인권단체들이 민간포럼 내 의미 있는 세력의 지지를 받고 그들을 끌고 나와 대안적 행동을 건설할 수 있는 상황도 아니었다. 이견이 있다 해서 공동전선에서 탈퇴해야 하는 것은 아니다. 서로 다른 의견은 냉철히 비판하면서도 행동은 함께 할 수 있다. 함께 행동하면 비판해선 안 되고, 비판하면 함께 행동할 수 없다는 생각은 스탈린주의의 유물일 뿐이다. 중요한 것은 탈퇴냐 아니냐가 아니라 대안적 행동을 어떻게 건설할 것인가이다. 인권단체들은 민간포럼에 남아 민간포럼을 공개적으로 비판하고, '인권침해감시활동'을 제안해서 거부당하면 독자적으로 행동하면서 지지를 획득하는 것이 더 바람직한 방법이었을 것이다.

포스코 앞이냐 올림픽공원이냐

20일 2시 서울행동의 날 집회 장소가 결정되는 과정은 전형적인 찻잔 속의 폭풍이었다. 애당초 집회 장소는 포스코 앞이었으나 김대중 정부는 이를 불허하고 올림픽공원을 제안했다. 워크숍 장소도 이미 봉은사에서 건국대로 옮긴 민간포럼은 정부측 제안인 올림픽공원을 받아들이려 했다. '시민사회포럼'을 제안해 놓은 상태에서 정부와 충돌하기를 원하지 않았던 것이다.

그러나 이 문제는 전혀 공론화되지 않았다. 서울 행동의 날에 관심을 갖고 있던 대부분의 사람들은 집회 장소의 최종적 결정에 대해서만 알 수 있었을 뿐 세 단체의 지도자인 9인위원회에서 어떻게 논의되고 결정됐는지 통 알길이 없었다. 이른바 '전술회의' 참여자들의 얘기를 들어 보면, 집회 장소가 올림픽공원으로 잡힌 것에 문제를 제기하고 토론하다가, 결정권은 9인위원회 가운데 2인(이수호, 최열)에게 위임되며, 그러면 최종 결정은 다시 올림픽공원이 돼서 돌아왔다고 한다. 토론은 요식절차였을 뿐이고 결정은 비민주적인 방식으로 이루어지고 있었던 것이다. 결국 대회 사흘 전까지도 장소를 확정짓지 못하고 혼선을 되풀이했다.

더 주된 문제는 민주노총의 동요에서 비롯했다. 민중대회위원회와 국민행동이 포스코 앞을 강력히 주장하더라도 민주노총이 따르지 않는다면 소용없는 일이었기 때문이다. '민중행동'에게는 "구조적 제약을 감수하면서 개입 전술을 채택하든가 아니면 대회 자체를 보이코트하고 별도의 대중 행동을 조직하든가 양자 선택 외에 존재하지 않았다."* '민중행동'이 별도의 집회를 시도하지 않았던 것은 올바른 선택이었다. 문제는 그 다음이었다. 올림픽공원 집회가 있기 전과 뒤에, 그리고 다음 날에 독자 행동을 조직하는 것이 필요했다.

개막식 저지의 좌절

민간포럼은 10월 20일 2시 집회와 행진 말고는 어떤 행동에도 참

_____
* '사회진보연대 평가 초안', 5쪽.

여하지 않으려 했다. 그들은 아셈 회의가 열리지 못하거나 중단되기를 바라지 않았다. 그들은 유럽과 아시아 정상들이 머무는 호텔 앞에서, 아셈 회의장 근처에서 아셈 회의 대표자들을 겁주고 위협하기를 바라지 않았다. 민간포럼은 유럽과 아시아 정상들의 이성에 호소해 민중적 의제를 받아들이게 할 수 있다는 환상을 품었던 듯하다. 그들은 아셈 회의가 정상적으로 잘 진행돼 민간포럼이 제안한 '시민사회포럼' 설치가 결정되기를 바랐다. 개막식 저지 등을 위해 거리로 나섰다가 괜스레 아셈 정상들의 심기를 불편하게 만들고 싶지 않았던 것이다. 아셈측은 '시민사회포럼' 참여 여부를 회의가 다 끝난 21일이 돼서야 결정했는데 그 동안 민간포럼을 인질로 삼고 있었던 셈이다.

'민중행동'은 '민간포럼'과 달리 아침행동을 계획했다. 오전 10시에 3-4천 명 가량이 모인 뱅뱅사거리 앞 집회와 행진은 의미 있는 일이었지만 개막식을 저지할 수준에는 어림도 없었다. 아침 행동이 효과적으로 조직되지 못한 이유를 파악하려면 단지 전투 방식이 아니라 주요 단체들이 개막식 저지 등을 위해 실질적 조직을 해 왔는가 하는 관점에서 이 문제에 접근해야 한다.

애초에 '민중행동' 측은 오전 8시에 아셈 정상이 묵는 호텔 봉쇄 또는 아셈 회의장으로 가는 도로 봉쇄와 오전 10시에 뱅뱅사거리 집회 및 행진을 구상했다. 그러나 20일 오전 행동 일정은 사람들에게 광범하게 알려지거나 미리 조직되지 않았다. 기가 막힌 일이지만, 20일 새벽 3시가 되도록 오전 행동에 대한 결정이 내려지지 않고 있었으니 홍보가 제대로 되지 않은 것은 당연했다.

민간포럼이 참여하지 않는 독자 행동에서 가장 중요한 것은 민주노총의 향배였다. '민중행동'은 동원할 광범한 기반이 없기 때문에 민주노총이 참여해야만 소수파 행동이 아니라 의미 있는 대중 행동을 할 수 있었다. 그러나 민주노총은 독자 행동을 조직하는 데서 계속 동요를 보였다. 19일 전야제와 20일 오전행동에 얼마나 참가할 수 있을지 민주노총이 무엇 하나 확답을 하지 못했기 때문에 '민중행동'은 예측을 하면서 일들을 원활하게 계획할 수 없었다. 동요는 몇 시간 전까지 계속됐다. 10월 19일 전야제가 끝날 무렵 신언직 민주노총 조직국장이 "내일 오전에 강남으로 이동할 것이다. 숙소로 이동하는 대로 10인 1조로 대오를 편성하고 조장을 선출해 달라"고 말했는데도, 몇 시간 뒤 새벽 회의에서 '숭실대부터 아셈 회의장까지 달리기' 같은 황당한 제안이 다시 나오기도 했다.

민주노총은 워크숍과 올림픽공원 집회를 민간포럼과 함께 주최하는 동시에, 민간포럼이 동의하지 않는 부분은 단호하게 독자적으로 ('민중행동' 측과) 행동해야 했다. 민주노총이 처음부터 민간포럼과 결별하지 않은 것은 바람직했다. 만약 그랬다면 경찰이 민주노총과 '민중행동'만을 집중 공격했을 것이다. 하지만 2시 행동을 함께 하고, 그 앞뒤로 있는 시위에서 민주노총이 공격을 당했다면 시민단체 일선 활동가들의 촉구 때문에라도 민간포럼이 못 본 체하기는 어려웠을 것이다. 하지만 민주노총은 필요한 독자 행동에 대해서 계속 동요했다.

민주노총 지도부는 무엇 때문에 그렇게 동요했을까? 민주노총 지도부는 전투가 붙을지도 모를 시위에 조합원들을 얼마나 동원할 수 있을지 자신이 없었던 듯하다. 이것은 민주노총 지도부가 그 동안 충분한 선전·선동을 해 오지 않은 자연스런 결과였다. 와이셔츠 첫 단추를 잘못 끼운 것처럼 이것은 나중까지 계속 문제를 일으켰다. 민주노총은 산하 연맹에 전야제와 아침 행동 참여를 적극 호소하지 않고 있었다. 마치 구차한 부탁이라도 되는 듯이 지도자들은 집회 호소를 꺼렸다. 19일 오후에 사회보험노조 집회가 있었는데도 노조 지도자들은 조합원들에게 전야제에 참여하라고 주장하지 않았다. 20일 오전 행동이 있을 무렵 서울역에서는 비정규직 노동자들의 집회가 열리고 있었는데, 이들은 자신들의 상급단체인 공공연맹이 아침 행동에 참여하지 않는다는 것을 별도 집회의 근거로 삼고 있었다. 투쟁은 파편화·부문화된 채 아셈을 향해 집중되고 있지 못했다.

민주노총 60만 조합원 가운데 정리해고·인원삭감·노동조건악화·민영화 등과 아셈의 밀접한 연관에 대해 들어 본 노동자가 얼마나 있을까. 그 가운데 아침 행동에 참여하자는 호소를 들어 본 사람은 또 얼마나 될까. 이런 이유로, 그 날 시위 분위기는 대중의 분노는 부글부글 끓는데 지도부가 이것을 회피하고 김빼기를 하는 형국은 전혀 아니었다. 오히려 노동자 대중 자신이 아셈 반대의 의의를 깊이 깨닫지 못했다는 게 더 걸맞는 평가일 것이다. 지도의 미흡함은 바로 이 점, 즉 앞서 선전·선동하고 조직하지 못했다는 것이다.

민간포럼은 아셈을 1년 이상 준비했다고 한다. 하지만 민간포럼의 일원이었던 민주노총은 그렇지 못한 듯하다. 민주노총이 7~8월에 바쁜 투쟁의 나날을 보냈음을 생각하면 이 점이 충분히 이해가 간다. 동시에 이것은 정치의 부족을 드러내는 단면이기도 하다. 우리 나라 노동자 운동은 아직 작업장 쟁점에서 벗어나지 못하고 있다. 작업장 쟁점은 더 큰 범위의 정치와 연결돼야 한다. 정치적·경제적 쟁점이 하나로 결합되는 반자본주의 시위라면 노동자들에게 많은 것을 가르칠 것이다.

기습 시위와 대중행동

민주노총의 동요는 우리처럼 대중 행동을 추구하는 종류의 좌파를 난감하게 했다. 다른 한편, 민주노총이 아침 행동을 망설이고 동요할수록 기습 시위(이른바 '뗏다비')의 정당성에 무게가 실렸다. 반갑게도 민주노총이 10시 행동에 참여하기로 했지만, 아쉽게도 8시 행동에는 불참 의사를 밝혔다. 민주노총이 조합원들에게 개막식 저지를 호소해 아셈 회의가 시작되기 전인 8시부터 행동에 나섰더라면 가장 좋은 일이었을 것이다. 10시에 할 수 있다면 숭실대(전야제)에 있는 노동자들에게 호소해 2시간 전에는 왜 못 한다는 말인가.

그 다음 문제는 일단 민주노총이 참여하지 않기로 한 8시 행동에 소수 학생들만을 참여시키는 게 옳으냐 하는 것이다. '민중행동'은 8시에 "학생 단위를 소규모로 재편하여 아셈 회의장 주변에서 기습 시위를 연속적으로 전개하는 것으로 최종 방침을 결정"했다.* 사회진보연대는 이에 대해 이 투쟁이 "민주노총과 무관한 학생들만의 투쟁이

---

* '사회진보연대 평가 초안', 4쪽.

아니었다"고 강조한다. 물론 학생들의 투쟁이 형식적으로는 민주노총과 무관한 것이 아니었다. 하지만 중요한 것은 민주노총이 공식성을 인정해 줬느냐 아니냐 하는 형식이 아니라 내용이다. 무엇보다 이런 소수파 행동이 결코 효과적이지 않다는 점을 이해해야 한다.

20일 8시에 학생들은 양재동과 교대와 논현동 일대에서 기습 시위를 했다. 기습 시위는 사실상 경찰이 정보를 듣고 오기 전에 재빨리 목적지까지 뛰는 것이다. 기습 시위에 참가하는 학생들은 목적지가 어딘지도 모른 채 지하철을 타고 뱅글뱅글 돌다가 어느 역에선가 밖으로 나와 정신 없이 달리기를 하게 된다. 권위주의적 정부의 탄압을 피하기 위해 생겨난 이런 종류의 항의 방법은, 한때는 그러한 정부에 맞서 싸웠던 적이 있는 자가 통치하는 상황에서 효과적일 리 없다. 매봉역에서부터 양재역까지 줄달음치는 과정을 지켜보는 사람들은 아마도 한총련 학생들이 뭔가를 피해 도망치고 있다고 느낄 것이다. 기습 시위를 한 번이라도 해 본 사람이라면 잘 알겠지만, 바로 이런 느낌 때문에 참가자들은 결코 자신감을 얻을 수 없다.

민주노총이 8시 행동에 참여하지 않겠다고 한 것을 설득할 수 없었다면 그 대신에 기습 시위를 하는 것이 대안이 될 수도 없었다. 대중 행동을 소수파 행동으로 대체할 수는 없다. 어떤 사람들은 기습 시위 식의 투쟁이 전투성의 상징인 양 얘기하면서 기습 시위를 하지 않은 민주노동당 학생그룹이 "민주노총을 추수했다"고 말한다. 만약 대중 행동의 중요성을 강조하는 것을 두고 추수라고 한다면 우리는 계속 민주노총 노동자들을 '추수'하겠다. 소수 집단이 자기들만 격렬하게 싸운다고 해서 사태 해결에 좀 더 근접할 수 있는 것은 아니다. 소수의 폭력이 아무리 강력하더라도 이윤 체제를 중단시킬 수 없기 때문이다. 이윤 체제를 중단시킬 수 있는 유일한 세력은 노동계급이다. 그들이야말로 체제의 작동을 중단시킬 수 있을 뿐 아니라 스스로 민주적으로 생산을 조직함으로써 대안을 구축할 수 있는 유일한 사회 세력이다.

때때로 어떤 사람들은 경찰과 충돌하기 위해 일부러 계산된 공격을 한다. 붉은 손수건으로 얼굴을 가리고, 각목과 쇠파이프와 화염병을 든다. 경찰이 맞공격을 하며 곤봉을 휘두르고 최루탄을 쏘아 댄다. 뉴스는 "폭력"에 대해 위선적으로 떠들어 댄다. 하지만 그 뒤 변한 것은 아무것도 없다. 소수의 폭력 행동은 거의 도움이 되지 않는다. 그런 행동은 때때로 체제의 옹호자들이 자기 적들을 상대로 더 큰 수준의 폭력을 이용할 수 있는 구실을 제공하곤 한다.

규율 있는 대중 운동의 비폭력 행동은 다국적 기업과 국가 권력의 폭력적 본질을 대중에게 이해시키는 데 이바지할 수 있다. 물론 IMF와 세계은행과 WTO, 김대중과 사장들에 맞서 싸울 수 있는 쉽고 안전하고 비폭력적인 방법이 있다고 생각해서는 안 된다. 결국 비폭력만으로는 이 잔인하고 폭력적인 체제에 맞서 싸울 수 없다. 자본주의 역사는 지배 계급이 비폭력 운동을 아주 처참하게 파괴해 왔음을 보여 준다. 최초의 노동계급 운동인 1830년대 영국 차티즘(인민헌장 운동)의 지도자 브론테어 오브라이언은 다음과 같이 썼다. "지금 부자들은 여느 때의 그들이다. 냉혹하고 교정할 수 없는 … 그런 적에 맞서 도덕적 힘을 얘기하는 것은 웃기는 짓이다. 오직 압도적 세력에 대한 압도적 두려움만이 인류를 위해 그들을 다스릴 것이다."

폭력적인 체제에 맞설 수 있는 길이 소수의 폭력에 있지 않다면 비폭력 원칙에도 있지 않다. 그 길은 IMF와 세계은행 등에 의해 자행되는 진정한 체제의 폭력에 대항하기 위해 모든 수단을 사용할 필요를 이해하는 대중 운동을 발전시키는 것이다. 중요한 것은 진정으로 체제에 맞서서 싸울 수 있는 세력, 즉 노동자 계급을 조직하려는 노력이다.

아셈 투쟁의 평가를 하면서 '왜 떳다비를 하지 않았는가', '왜 각목 등을 준비하지 않았는가', '왜 붙어 보지도 못하고 해산했는가' 하는 데만 주목하는 사람들은 노동자 대중 운동을 조직하는 것이 진정으로 중요한 문제임을 이해할 필요가 있다.

조직 문제

20일 2시 집회/행진이 끝난 뒤와 21일에는 아무 행동도 조직돼 있지 않았다. 예컨대 강남과 삼성동 일대의 사무직 노동자들에게 항의 행동을 호소하는 등의 계획 같은 것은 전혀 없었다. 행진을 마친 사람들은 불평을 토로하면서도 대열을 해산하든가 소수가 산발적인 시위를 하는 수밖에 달리 도리가 없었다. 단병호 민주노총 위원장은 2시 집회 대회사 때 이렇게 말했다. "시애틀에는 밤이 없었다. 프라하에도 밤이 없었다. 오늘 서울에도 밤이 없게 만들자. 힘차게 행진해서 아셈 타워로 가자." 하지만 안타깝게도 이것은 공허한 얘기가 될 수밖에 없었다. 실제로 아무것도 조직돼 있지 않은 상태에서 싸우고 싶은 사람은 각자 알아서 싸우라는 말이 돼 버렸다.

아셈 항의 운동은 조직 문제를 드러냈다. 실컷 토론하고 결정해 놓고도 뒤돌아서서 그것을 지키지 않는 일이 많았다. 민간포럼은 장소가 확정되지도 않았는데 마치 올림픽 공원으로 확정된 것처럼 기자회견을 해(민주노총도 참여) 다른 단체들의 분노를 산 일이 있었다. 이것은 집회 장소를 확정짓기 위해 토론하고 그에 따라 행동을 통일하려는 과정 전체를 무시하는 태도로서 명백한 잘못이었다. 또, 토론을 실컷 하고는 그 다음 일은 각자 알아서 하자는 식으로 돼 버린 경우도 있었다. 사실 거의 모든 일들이 할 수 있는 단체는 하고 그렇지 않은 곳은 하지 않는 식이었다.

서구의 반자본주의 운동 내에는 운동이 느슨하고 자율적이고 "탈중앙집중적"이어야 한다는 생각이 퍼져 있다. 저명한 반자본주의 운동가인 나오미 클라인은 "더한층의 철저한 분산화가 필요"하다고 주장한다. 하지만 그녀조차 이런 방식의 조직에 문제가 있다는 점을 시인한다. 나오미 클라인은 〈네이션〉 지 최근 호에서 올해 4월에 열린 IMF/세계은행에 항의하는 투쟁에서 있었던 일을 소개했다. 4월 16일 정오경 세계은행과 IMF 본부 주변의 모든 교차로를 봉쇄하는 데 참여한 관련 단체들의 대변자 회의가 소집됐다. 교차로들은 오전 6시부터 봉쇄돼 있었는데, IMF/세계은행 대표들이 오전 5시 전에 회의장에 몰래 들어갔다는 것을 항의 시위자들이 그 때서야 알았던 것이다. 대변자 가운데 일부는 교차로를 포기하고 일립스에서 열리는 공식 행진에 참여하는 게 나을 거라고 생각했다. 다른 일부는 회의장을 빠져나오는 IMF/세계은행 대표들을 막기 위해 교차로에 남아 있어야 한다고 생각했다. 둘 사이에 논쟁이 벌어졌다. 대변자 회의는 다음과 같은 타협에 도달했다. 글로벌 익스체인지의 케빈 대너허는 메가폰을 들고 이렇게 소리쳤다. "각 교차점은 자율성을 갖고 있습니다. 어떤 교차점이 계속 봉쇄 시도를 한다면 그것은 좋은 생각입니다. 만일 교차점이 행진하러 가시길 원한다면 그건 그것대로 좋습니다." 이것은 매우 공정하고 민주적인 것처럼 보일지 몰라도 아무 의미도 없는 결정이었다. 일부 교차로는 열리고 일부 교차로는 봉쇄된다면 IMF/세계은행 회의 대표들은 열린 교차로를 통해 집으로 돌아갈 것이기 때문이다. 이것이 바로 정확히 현실에서 일어난 일이었다.

이 이야기는 우리 운동에도 시사점을 던져 주고 있다. 논쟁은 훌륭한 것이다. 논쟁은 모든 측면에서 배운다는 것이다. 하지만 논쟁은 어떤 결론에 도달해야 한다. 사람들이 함께 모여 뭘 할지 논의하고 나서는 마치 아무 토론도 없었던 양 그저 자기 하고 싶은 대로 한다면 아무 소용이 없다. 언제나 우리는 최선의 의견을 취하고 그에 따라 일치 단결한 방식으로 행동할 필요가 있다. 민주적인 토론과 논쟁, 그리고 이에 바탕한 행동 통일이 필요하다. 결정에 입각한 일치된 행동이 없으면 민주주의도 없게 된다. 소수가 다수의 결정을 그냥 무시할 테니까 말이다.

토론한 것에 따라 행동을 통일하지 않는다면 운동의 힘은 약화될 것이다. 모든 능동적인 사람들은 구속력 있는 민주적 의사 결정 과정에 참여해야 한다. 어떤 종류의 운동이든 한데 모인 사람들이 무엇을 어떻게 할지 결정할 민주적 집중주의가 필요하다.

반자본주의 시위와 노동자

아셈 반대 운동은 변혁의 잠재적 주체로서 노동자 계급의 중요성을 보여 줬다. 반자본주의 시위에서 이처럼 노동자가 압도적인 경우는 오히려 예외적이었다. 시애틀과 미요에서만 노동조합원들이 다수 참여했다. 이것은 한국의 반자본주의 운동이 체제에 도전할 수 있는 실질적인 세력인 노동자 계급에 기반하고 있음을 보여 주는 것이다.

그런데 일부 단체들은 아셈 항의 운동에서 보여 준 민주노총 지도부의 동요 때문에 민주노총이 아셈 반대 운동의 걸림돌이었던 것처럼 말하기도 한다. 그래서 다음부터는 민주노총에 연연하지 말고 필요하면 따로 해야겠다는 투로 말한다. 하지만 이번 아셈 항의 운동으로부터 이런 결론을 이끌어 내는 것은 잘못이다. 앞에서처럼 민주노총 지도부의 잘잘못은 분명히 지적돼야 한다. 하지만 이것이 노동자 계급의 중심성을 훼손하는 것으로 나아가서는 안 된다.

다시 심각한 경제 위기가 닥치고 있다. 11월 3일 퇴출로 정부 공식 통계로만 2만 7천 명의 실업자가 생겼다. 대우차가 부도나 조업이 중단됐다. 노동계가 심상치 않아 '동투'가 벌어질지도 모른다는 우려가 벌써부터 언론에서 나오고 있다. 경제 위기의 대가를 노동자들에게 떠넘기려는 온갖 조처들에 맞서 노동자들이 투쟁에 나선다면 이것이 바로 아셈 반대 투쟁을 잇는 반자본주의 운동이 될 것이다.

행동하는 지성 부르디외를 추모하며

지난 1월 23일 프랑스의 탁월한 사회학자 피에르 부르디외(Pierre Bourdieu)가 파리의 한 병원에서 암으로 사망했다. 1930년 프랑스 남부의 시골에서 태어난 부르디외는 콜레주 드 프랑스(프랑스의 최고 석학들이 교수진으로 있는 시민 대학 또는 개방 대학) 교수를 지낸 프랑스 학계의 최고봉이었다. 그러나 그는 평범한 사람들이 겪는 고통을 결코 외면하지 않고 《세계의 비참》(동문선)이라는 유명한 책에서 이를 고발했다. 죽기 전 10년 동안 부르디외는 정치 활동에 투신해 자본주의적 세계화에 반대하는 운동의 거목 중 하나가 됐다.

부르디외는 세계적으로 유명한 포스트구조주의의 거장 철학자 미셸 푸코, 질 들뢰즈, 자끄 데리다 등과 같은 세대다. 그는 파리고등사범학교에서 데리다와 함께 철학을 공부했다. 그러나 인류학자이자

알렉스 캘리니코스. 월간 〈다함께〉 10호, 2002년 3월 1일. https://wspaper.org/article/341.

사회학자로서 쓴 책에서 그는 자유주의적 개인주의와 구조주의·포스트구조주의 사이의 대립 — 그는 이것을 쓸데없는 대립이라고 여겼다 — 을 뛰어넘으려 했다. 자유주의적 개인주의는 개별 주체를 세계의 주인으로 보는 반면, 구조주의나 포스트구조주의는 그런 주체를 비인격적인 구조와 과정의 산물로 여긴다. 부르디외는 '아비투스'라는 유명한 개념을 통해 이런 대립을 피하려고 했다. 그는 사회 구조가 개인에게 요구하는 것이 사람들의 몸에 배어 일상 생활에서 행위나 지각 양식으로 나타난다고 주장했다. 그래서 그의 많은 저작 중에서도 가장 유명한 《구별짓기》(새물결)에서는 그가 '문화 자본'이라고 부른 것의 불평등한 분배가 개인의 예술적 취향을 어떻게 좌우하는지를 보여 주었다. 문화 자본이란 중간계급 가정에 익숙한 상징들, 그리고 대학 입시나 고소득 직종을 위한 경쟁에서 그들의 자녀에게 결정적으로 유리한 상징들을 다루는 기술을 말한다.

부르디외는 과학이 세계를 제대로 인식할 수 있다는 점을 부인하는 상대주의에 격렬하게 반대했다. 그는 스스로를 19세기 말 에밀 뒤르캥의 저작에서 유래한 프랑스 사회학 전통에 서 있다고 생각했다. 그러나 과학적 객관성을 얻기 위해 치러야 하는 대가도 알고 있었다. 《파스칼적 명상》(동문선)이라는 탁월한 저서에서 부르디외는 학술 연구와 일상 생활을 분리시키는 간극을 비판적으로 고찰한다. 비교적 풍족하고 여유 있는 학자 생활은 사회적 특권의 한 형태이지만 그 덕분에 평범한 물질적 압력에서 벗어나 현실의 변화를 통찰할 수 있게 해 준다고 그는 주장했다. 부르디외의 초기 저작 일부는 겉보기에 자율적인 예술가와 지식인 들의 세계가 어떻게 역사적으로 특정

한 사회적 토대를 갖게 됐는지 잘 보여 준다. 그는 《예술의 규칙》(동
문선)에서 19세기 파리의 모더니즘 미학이 출현하는 과정을 추적한
다. 그는 끝없는 경쟁을 분석하는데, 그런 경쟁 속에서 각각의 예술
적인 혁신이 더 큰 사회에 수용되고 동화됐듯이 새로운 유파들이 나
타나 훨씬 더 상식에 어긋난 스타일과 기법을 발전시켰다는 것이다.
현대 예술은 절대적 자율성을 선언하지만, 그 발전은 부르디외가 '예
술적 장(場)'이라고 부른 것의 사회적 논리에 근거하고 있다. 《예술의
규칙》은 현대 프랑스 사회의 탁월한 인물이 형성되는 과정을 분석했
다. 그 인물은 예술이나 과학 영역에서 거둔 업적으로 명성을 얻고
그런 권위를 이용하여 공적 생활에 개입한다. 1890년대의 드레퓌스
사건에 개입한 에밀 졸라나 제2차세계대전 후의 장 폴 사르트르가
그런 예다.

생애 말년에 이런 역할을 향해 한발 나아간 사람이 바로 부르디외
자신이다. 1970년대 말에는 프랑스의 소위 '신철학자들'이 마르크스
주의를 스탈린주의와 등치시킴으로써 마르크스주의를 지적인 세계
의 주변부로 몰아내는 데 성공했다. 1989년 이후에는 신자유주의가
아닌 대안은 없는 것처럼 보였다.

그럼에도 1995년 11월과 12월의 공공부문 대파업에서 저항은 폭
발했다. 그리고 부르디외는 그런 파업을 열정적으로 옹호했다. 그의
초기 저작들에는 피억압자에 대한 공감이 저변에 흐르고 있었다. 그
런데 이제는 그것이 표면으로 떠올랐다. 부르디외는 1995년 12월에
파리 북부역 앞에서 파업 중인 철도 노동자들에게 "문명의 파괴에 맞
서서 싸우고 있는 것"이라고 말했다. 그는 실업자나 난민 들이 직접

행동에 들어갔을 때도 그들을 지지했다. 부르디외는 가까운 협력자들과 함께 그가 '연구자 활동가들'의 조직이라고 부른 '레종 다쥐르'('행동해야 하는 이유들')를 결성했다. '레종 다쥐르'는 값싸고 얇은 책들을 시리즈로 출판했고 이는 널리 읽혔다. 이런 책들은 부르디외가 '숙명론'이라고 비난한 것, 즉 정치인·언론인·학자 들이 신자유주의 정책들의 불가피성을 주장하는 데 이용한 '숙명론'을 산산조각냈다. 1997년 6월에 집권한 리오넬 조스팽의 '복수 좌파' 연립정부가 이런 정책들을 계속 추진하자 부르디외는 가차없는 비판을 퍼부었다. 그는 '블레어-조스팽-슈뢰더'라는 신자유주의 트로이카'에 대한 대안으로 1995년 이후 발전해 온 사회운동에 기초한 '진정한 좌파'('좌파 중의 좌파')를 소집했다. 그는 이제 학술 세미나보다는 노동조합 대회에 훨씬 더 자주 나타났다. 농민 지도자 조제 보베는 2000년 6월 미요의 대규모 시위에 참가한 부르디외를 다음과 같이 묘사했다. "그는 이틀 동안 토론에 참가했다. 거기서 그는 다른 모든 사람들 사이에 이름 없이 앉아 있었다." 부르디외가 비록 금융투기 반대 운동 단체인 '금융거래과세 시민연합'(ATTAC)의 공동 창립자 크리스토프 아기통과 정치적으로 절친했지만, 어떤 친구에 따르면 그는 "ATTAC이 너무 개량주의적이고 정부 당국과 너무 가깝다고 생각했다." 부르디외의 저작들에서 동의할 수 없는 부분을 찾아 내기는 어렵지 않다. 이론적으로 그의 저작들은 부당하게도 마르크스주의를 결정론으로 여기는 잘못이 있어 보인다. 정치적으로 그는 비록 국가 차원에서는 실패한 사회민주주의를 유럽 차원에서 재창조하여 자본주의를 통제할 수 있다고 생각했다. 그러나 이 모든 것은 이제 그다지 중요하지 않다. 부르디외는 프랑스의 탁월한 지식인이 얻을 수 있는 엄청난 명성을 신자유주의 반대 투쟁에 제공했다. 반자본주의 운동은 가장 강력한 대변인 가운데 한 명을 잃었다.

신자유주의의 대안

신자유주의를 반대하는 반란의 물결이 계속 고조되고 있다. 유럽에서 이 점이 가장 분명히 드러난 곳은 프랑스다. 프랑스에서는 1년이 채 안 되는 기간에 신자유주의 유일사상(팡세 위니크)이 두 번이나 아찔한 패배를 경험했다. 첫째는 유럽연합 헌법 찬반 국민투표에서 좌파들의 반대 운동이 승리한 것이고, 둘째는 청년 노동자들의 권리를 제한하려는 최초고용계약법(CPE)에 반대하는 사회적 반란의 성공이었다.

그러나 이런 승리들은 신자유주의의 대안이 무엇이어야 하는가 하는 문제를 훨씬 더 날카롭게 제기했다. 대안세계화 운동이 실질적 성공을 거둘수록 이 운동에 대한 지겹게 오래된 비난, 즉 대안세

알렉스 캘리니코스. 〈맞불〉 40호, 2007년 4월 18일. https://wspaper.org/article/4069. 자유시장 옹호자들은 "대안이 없다"는 말을 끊임없이 되풀이한다. 알렉스 캘리니코스는 신자유주의 반대 운동이 이런 주장을 반박할 수 있으려면 민주적 계획의 실행 가능성을 분명히 할 필요가 있다고 주장한다.

계화 운동(다른 세계를 향한 운동)은 단지 현 상태를 반대할 뿐 독자적인 대안 강령을 전혀 제시하지 못한다는 비난도 늘어나고 있다.

운동의 일부는 이런 도전에 대처하려고 노력한다. 예컨대, 프랑스 국민투표 뒤에 대안세계화 운동의 활동가들은 신자유주의적 유럽 헌법의 대안으로 "다른 유럽의 원리 헌장"을 작성하는 프로젝트를 시작했다. 지난해 11월 피렌체 회의에 이어, 최근 아테네 유럽사회포럼의 한 세미나에서도 이 문제가 집중적으로 논의됐다.

지금까지 작성된 헌장 초안은 논쟁의 여지가 거의 없다. 이 초안은 기존의 인권을 확장해서 일련의 "공통된 사회적 권리들"을 명확히 규정하는 데 집중하고 있다. 이런 사회적 권리들은 예컨대 공공 서비스가 초국적기업들의 먹잇감이 되지 않도록 보호할 것이다.(이 초국적기업들은 세계의 거의 모든 정부가 실행하고 있는 사유화 정책에서 이윤을 얻으려고 혈안이 돼 있다.)

이 헌장은 전후 사회민주주의의 이데올로기 틀 안에 있다. T H 마셜은 그의 고전적 에세이에서 지난 2백 년 동안 시민권 개념이 시민적 권리(예컨대 개인의 자유, 사유재산)에서 정치적 권리(특히 보편적 참정권)를 거쳐 사회적 권리(예컨대 고용·사회복지·교육)에 이르기까지 확장된 과정을 추적했다. 신자유주의적 "반(反)종교개혁"[반동]은 근본적으로 전후의 복지국가[사회보장제도]로 대표되는 사회적 권리들을 제거해서 이 시민권 확장 과정을 되돌리려는 노력이다.

사유재산에 도전하기

이런 맥락 속에서 볼 때 이 사회적 권리들은 반드시 지켜야 한다. 그러나 이 권리들을 지키는 것과, 이 권리들 자체가 신자유주의의 대안이라고 보는 것은 전혀 다른 문제다. 널리 유행하는 워싱턴 컨센서스는 아주 순수한 형태의 자본 논리를 나타낸다. 이에 따르면, 상품이 될 수 있는 것은 무엇이든 상품으로 변모한다. 이런 논리를 거부하려면 다른 사회적 논리를 도입해야 한다. 그러나 위의 헌장은 이 사회적 논리가 어떤 것이어야 하는가에 대해서는 침묵한다.

여기서 제기되는 한 가지 핵심 문제는 소유권이다. 모든 것이 상품으로 변모해야 한다면, 개인과 기업이 그런 상품 — 유전자 같은 추상적 재산도 포함하는 — 을 소유할 수 있고 남들은 그런 상품을 사용하지 못하게 배제할 권리가 확고하게 보장돼야 한다. 세계은행 같은 국제 금융 기구나 세계무역기구(WTO)가 매우 강력하게 추진하는 신자유주의 의제의 주된 취지 가운데 하나가 절대적 사유재산권의 강화·확장이다.

그렇다면 대안세계화 운동은 이에 대해 뭐라고 말하는가? 대안세계화 운동은 세계를 기업들과 부자들의 개별적 재산으로 만들려는 신자유주의 공세에 맞설 대안으로 어떤 소유 개념을 제시하는가? 이것은 단지 학술적 문제가 아니다. 2006년 5월 1일 볼리비아의 새 대통령 에보 모랄레스는 군대를 보내 석유·천연가스 시설을 장악하게 하고 탄화수소 산업을 다시 국유화한다는 포고령을 발표했다. [석유·천연가스] 산업 국유화는 2005년 5~6월 우파 대통령 카를로스 메사를 축출한 민중항쟁의 주된 요구였다.

사실, 많은 대안세계화론자들은 이런 요구[국유화]를 불편하게 여긴다. 지난해 10월 나는 멕시코시티의 꽉 막힌 도로 위 미니버스 안에서 승객들 — 전 세계에서 온 지식인들과 활동가들 — 이 서로 열띤 논쟁을 벌이는 장면을 목격했다. 그들은 볼리비아 운동이 국유화 요구를 제기하는 것이 옳은지 그른지를 둘러싸고 논쟁했다. 이와 비슷한 맥락 속에서 위의 "원리 헌장" 초안은 소유 문제에 대해 다음과 같이 얼버무린다.

"이런 공공 서비스의 기능과 토양·대기·물·에너지 같은 공공재의 사용은 사회적 소유 프로젝트의 실행이 필요하다. 우리는 새로운 종류의 사회화를 고안해야 한다. 국가 소유나 정부 소유가 아닌, 그리고 사람들과 노동자들이 공공 서비스의 조직·기능·구상과 관련된 의사결정 과정에 참여할 수 있게 해주는 사회적 소유 말이다."

이렇게 일그러진 정식화는 여러 언어가 사용되는 운동이 안팎으로 소통하기 위해 흔히 영어를 소통 수단으로 사용하는 데서 비롯한 문제점을 반영하는 것만은 아니다. 국유화에 대한 의심의 이면에는 동구권에서 스탈린주의가, 서구에서 사회민주주의가 도입한 관료적 국가 소유의 기억이 있다. 그러나 더 직접 영향을 미친 것은 존 홀러웨이의 유명한 책 《권력을 잡지 않고 세계를 바꾸기》[국역: 《권력으로 세상을 바꿀 수 있는가》, 갈무리] 제목에 요약된 자율주의 이데올로기다. 다시 말해, 우리는 국가를 잊어야 하고, 신자유주의의 지역적 대안들을 발전시켜야 한다는 것이다.

국유화

홀러웨이의 태도는 일반적 전략으로서는 가망 없는 것이다. 또, 당면한 문제를 해결하려 할 때도 가망 없기는 마찬가지다. 볼리비아인들은 탄화수소 사유화의 폐기를 원한다. 이것은 탄화수소 산업을 렙솔YPF나 페트로브라스 같은 외국의 다국적기업들한테서 빼앗았을 때 어떤 일이 벌어질 것인가 하는 문제를 제기한다. 불가피하게 이것은 소유 문제를 제기한다. 먼저, 국유화가 아닌 대안은 없는 듯하다.(굳이 들자면, 모랄레스가 1백 퍼센트 국유에 못 미치게 국유를 복원했다는 비판을 받을 수는 있을 것이다.)

국가는 탄화수소 산업 장악처럼 뭔가 야심찬 사업을 집행하는 데 필요한 강제력과 정치적 정당성을 모두 가진 국민적 기구이다. 더욱이, 그 정당성은 국가가 대중의 요구에 민감하게 반응하는 것으로 행세할 수 있는가에 결정적으로 달려 있다. 이 때문에 국가는 아래로부터의 압력에 따를 수도 있다. 볼리비아 대중운동의 압력만 하다면 말이다. 사회주의운동당(MAS) 지도자 모랄레스는 대통령이 되기 전에 탄화수소 국유화 요구에 사실상 반대했다. 그 조처를 그에게 강요한 것은 그를 권좌로 밀어올린 운동이었다.

그렇다고 해서 우리가 전통적인 사회민주주의의 낡은 실수를 되풀이해야 한다거나 기존 국가를 진보적 사회 변화의 주요 주체로 여겨야 한다는 말은 아니다. 자본주의 국가는 대중의 압력에 반응할 수 있지만, 그럼에도 그 국가는 자본의 지배를 유지하려 한다. 이를 위해 국가는 무엇보다 대중의 참여·주도력·통제를 배제하는 관료적·위계적 방식으로 조직된다. 이 때문에 혁명적 마르크스주의 전통은 자본에 반대하는 혁명이 성공하려면 그 국가를 파괴하고 그것을 기층의 민주주의 기구로 대체해야 한다고, 그래서 노동 대중이 스스로 통치할 수 있어야 한다고 항상 주장해 왔다.

따라서 국유화 자체는 충분하지 못하다. 그렇다고 해서 볼리비아에서 일어난 일의 중요성이 달라지는 것은 아니다. 수십 년 동안 공공 자산이 사적 이윤을 위해 매각된 뒤에 한 나라의 정부가 신자유주의에 반대하는 대중 반란 때문에 뭔가를 되돌리는 조처를 실제로 취해야만 했다. 그런데 그 뭔가가 단지 낡은 것만도 아니었다. 모랄레스 정부가 석유·천연가스 산업을 장악했을 때 세계의 정·재계 권력자들이 죽겠다고 비명을 지른 것에서 분명히 드러나듯이 말이다.

이런 경험은 프랑스 혁명적공산주의자동맹(LCR)의 앙트완 아르투(Antoine Artous)가 다음과 같이 말한 것을 확인시켜 준다. "특정 소유관계를 당장 전복하지는 않더라도 적어도 심각하게 수정하지 않은 채 사회 변혁의 역동성을 실현할 수 있으리라고는 생각하지 않는다." 아르투는 더 나아가 국유화만으로는 충분하지 않다고 지적한다. "사회적 소유라는 개념 전체를 단지 소유권의 법률적 이전으로 환원할 수는 없다. 그것은 자본주의 분업(생산의 위계적 편제)에 대한 도전과 그것을 협력적 생산 형태로 대체하는 것을 전제한다."

시장이냐 계획이냐

사실, 신자유주의적 자본주의의 논리와 정말로 단절하려면 국유화의 경계 확장과 민주적 자주관리 형식들의 도입이 병행해야 할 것이다. 이를 통해, 국유 산업의 노동자들은 그 산업이 공동의 이익을 위해 어떻게 운영돼야 하는지 소비자들과 함께 집단적으로 결정할 수 있을 것이다. 이것도 단지 학술적 문제만은 아니다. 베네수엘라에서는 대통령 우고 차베스가 미국에 대항하며 '21세기의 사회주의'를 주창하고 있다. 그 곳에서는 상황의 급진화 때문에 대안적 경제 편제 형식이 의제로 떠오르고 있다.

이 문제를 진지하게 다룬다는 의미는 또 다른 금기를 깨뜨리고 단지 국유화뿐 아니라 계획에 대해서도 말한다는 것이다. 1930년대 이래로 계획은 옛 소련과 그 종속국들의 관료적 지령경제와 같은 것으로 여겨져 왔다. 이들 경제가 성장하는 동안에는 계획이 엄청난 위세를 떨쳤고, 그래서 인도 같은 탈식민지 국가들의 모방 대상이 됐다. 옛 소련의 쇠퇴와 몰락 이후 계획은 철저한 불신의 대상이 됐고 신자유주의가 득세하게 됐다. 널리 유행하는 정설 경제학은 오늘날 세계에서 가장 성공한 경제들 가운데 일부 — 중국과 남한 — 가 국가 개입에 얼마나 의존했는지를 체계적으로 은폐한다.

계획에 대한 반감 때문에, 심지어 자본주의의 대안을 발전시키려는 사람들조차 모종의 시장경제를 피할 수 없다고 여긴다. 이 점은 예컨대 철학자 데이비드 밀러와 경제학자 존 로머(John Roemer)가 옹호하는 시장사회주의에서 가장 분명히 드러난다. 시장사회주의에서는 집단적으로 소유된 협동조합들이 자신의 생산물을 시장에서 판매하기 위해 서로 경쟁한다. 심지어 마르크스주의 철학자인 토니 스미스(Tony Smith)조차 그의 신간 《세계화: 체계적인 마르크스주의적 설명》(Globalisation: a Systematic Marxian Account)에서 시장을 민주화할 수 있을 것이라고 주장한다.

이런 식의 전략에 내재한 근본적 문제점은 어떤 시장경제든 필연적으로 경쟁에 바탕을 두고 있다는 것이다. 조금 더 전문적으로 말하면, 시장경제에서는 자원의 할당이 기업 간 경쟁의 의도치 않은 결과이다.(그 기업들은 공동으로 그러나 비(非)집단적으로 경제를 지배한다.) 다시 말해, 각 기업이 할당받는 몫(자원의)은 그들이 자신의 상품이나 서비스를 얼마나 성공적으로 시장에서 판매했는가에 달려 있다. 자원 배분 방식을 둘러싼 사회 전체의 집단적 결정은 존재하지 않는다. 어느 기업이 경쟁에서 패배하면 그 기업은 자신의 자원을 잃고 파산한다. 따라서 시장경제의 개별 단위들은 경쟁력을 유지하기 위해 생산비를 절감해서 상품의 가격을 낮춰야 한다는 체계적 압력을 받는다.

당연히, 이런 구조는 경제 전체 수준에서 민주적으로 조직될 수 없다. 왜냐하면 민주적이든 아니든 자원 할당을 둘러싼 집단적 결정 자체가 존재하지 않기 때문이다. 그러나 이런 구조는 개별 기업 안에서도 민주적 조직을 유지하기가 매우 힘들다. 이 점은 〈지넷〉(ZNet)의 마이클 앨버트가 아주 잘 설명했다. 어떤 노동자 통제 기업이 민주적이고 평등하게 조직되지만 그 생산물을 판매하지 못한다고 치자. 노동자들은 무엇을 해야 하는가?

이런 상황에서, 노동자들이 파산을 피하려면 대체로 두 가지 선택을 할 수 있을 것이다. 하나는 자기 임금을 깎고, 노동조건 악화와 노동강도 강화를 받아들이는 것이다. 이것은 그들이 정서적·심리적으로 감당하기 쉽지 않은 매우 낯선 방법이다. 다른 하나는 이런 비용 절감 및 생산 증대 정책을 실행할 경영진을 고용하는 것이다. 반면 그 경영진 자신을 그 정책의 부정적 효과에서 보호하면서 말이다. 실제로는, 후자의 가능성이 아주 크다. 따라서 시장에는 노동인구를 두 집단으로 나누는 강한 압력이 존재한다. 두 집단이란 복종하는 다수와 결정을 내리는 소수다. 후자는 더 많은 소득과 권력을 향유하고, 자신들이 남들에게 강요할 비용 절감 정책의 부정적 효과에서 벗어난다.

　따라서 시장경제의 논리는 시장경제 안에서 나타날 수도 있는 민주주의·평등의 고립된 섬들을 침식하고 마침내 침몰시키는 경향이 있다. 이것이 뜻하는 바는, 시장을 민주화할 수 있다고 믿는 로머와 스미스 같은 사회주의자들도 그들 나름의 딜레마에 봉착하게 된다는 것이다. 그들은 시장의 작동에 온갖 규제를 가해서 시장이 민주주의를 훼손하지 못하게 막거나(이 경우에 그들이 제안한 원리들에 따른 경제는 붕괴할 가능성이 크다. 왜냐하면 경쟁 논리가 제대로 작동하지 못할 것이기 때문이다.) 아니면 경쟁 논리가 제대로 작동하게 하려다가 자신들이 실현하고자 하는 사회주의의 이상을 파괴할 것이다.

파레콘

이것의 함의는 모름지기 신자유주의의 지속가능한 대안이라면 시장이 아니라 민주적 계획을 바탕으로 해야 한다는 것이다. 이것이 어떻게 작동할 수 있는지를 보여 주는 모델들이 있다. 그 중 하나는 앨버트의 파레콘(참여경제)이다. 참여경제에는 노동자 평의회나 소비자 평의회가 있다. 이런 평의회에서 개인과 기업은 자신이 원하는 사회적 자원의 몫을 제출해서 점진적 조정 과정(앨버트는 이것을 "반복"이라고 부른다)을 거친다. 한편, 기술 전문가들은 모든 사람이 원하는 대로 최대한 많이 자원을 할당받을 수 있는 계획을 제출한다.

이 모델의 주된 약점은 자원 할당 요구가 개별적 수요에 따라 좌우되는 시장경제의 작동 방식을 너무 많이 모방한다는 것이다. 앨버트는 아나키스트인데, 분권화에 대한 그의 열정이 여기서는 너무 멀리 나아갔다. 사회적 자원의 할당은 가치 중립적인 기술적 문제가 아니다. 그것은 모종의 집단적·민주적 의사결정 과정이 필요한 정치적 문제다. 그런 결정은 흔히 사회적 우선순위에 대한 이견들 중에서 하나를 선택하는 것이다.

이런 관점에서 보면, 영국의 좌파 경제학자 팻 더바인(Pat Devine)이 제시한 이른바 협상 조정 모델이 더 우월하다. 여기서 자원 할당은 대체로 생산자와 소비자와 이해당사자 집단이 서로 논의한 결과다. 그러나 경제적 우선순위에 대한 전반적 결정의 틀 안에서, 그리고 국내적·국제적 수준에서 민주적으로 결정된다.

물론 민주적 계획에 대해 할 말은 — 무엇보다, 할 일이 — 훨씬 더 많다. 그럼에도 앨버트와 더바인을 비롯한 여러 사람들이 하는 작업의 중요성은 계획에 대한 편견을 깨뜨리기 시작했다는 것, 그리고 시장을 거부한 경제가 어떻게 민주적이면서도 효율적으로 운영될 수 있는지를 개략적으로 보여 주기 시작했다는 것이다.

노동자 국가

그러나 자본주의와의 단절은 완전한 계획경제로 순식간에 도약한다는 형식을 취할 수 없다. 오래 전에 마르크스는 《고타 강령 비판》에서 새로운 노동자 국가가 물려받을 사회는 자본주의의 오점이 깊이 새겨진 사회일 것이라고 주장했다. 처음에 노동자 국가는 낡은 질서와 타협해야 할 것이다. 그리고 점차 "능력에 따른 노동, 필요에 따른 분배!"라는 공산주의 원리가 지배하는 사회로 나아갈 것이다.

마찬가지로, 오늘날 자본주의와 단절한 사회라면 우선순위를 경쟁의 무계획성에 내맡기지 않고 민주적으로 결정하는 경제로 결정적 전환을 해야 할 것이다. 이를 위해 금융시장을 통제하고, 노동자 통제 아래 핵심 경제부문을 국유화하고, 부(富)와 소득을 부자에게서 빈민에게로 분배하는 누진세를 바탕으로 사회복지 제도를 확장하는 조처 등이 필요할 것이다.

이런 조처들은 비록 급진적이지만, 여전히 시장경제의 많은 측면들을 간직하고 있다. 규모가 큰 부문들은 여전히 민간의 수중에 있을 것이다. 경제 전체를 민주적 계획의 원리에 따라 전환하려면 지속적인 압력과 새로운 조처들이 필요할 것이다. 한 가지 핵심 조처는 오늘날 우리의 생활을 좌지우지하는 자본주의 노동시장의 힘을 약화시키는 것이다.

내가 보기에 이를 위한 최상의 방법은 보편적 직접 소득을 도입하는 것이다. 다시 말해, 모든 국민이 비교적 낮지만 어지간한 수준으로 자신의 기본적 필요를 충족시킬 수 있는 소득을 받는 것을 당연한 권리로 만드는 것이다. 이것은 두 가지 목적에 이바지할 것이다. 첫째, 기존 사회복지 제도보다 훨씬 더 효율적으로 모든 사람의 기본적 복지 수준을 높여 줄 것이다. 자녀가 있거나 신체 장애가 있거나 그 밖의 이유로 남들보다 더 많이 필요한 사람들은 기본 소득을 더 많이 받을 것이다.

둘째, 기본 소득이 보장되면 사람들이 노동시장에서 무슨 일자리든 닥치는 대로 구해야 하는 압력이 크게 줄어들 것이다. 자본주의의 주된 전제조건 가운데 하나 — 노동자들에게는 임금노동 말고 달리 대안이 없다는 것 — 가 제거되는 것이다. 노동과 자본 사이의 힘의 균형이 고용주의 본성과 무관하게 노동자들에 유리한 쪽으로 바뀔 것이다.

더 크게 보면, 권력 문제가 결정적으로 중요하다. 내가 방금 간략히 설명한 구상에서 분명한 과제 하나는, 변화의 방향이 시장 자본주의나 옛 소련에서 득세한 국가자본주의로의 복귀가 아니라 민주적 계획경제를 향하게 해야 한다는 것이다. 그렇게 할 수 있는 확실한 방법은 정치 권력이라는 지렛대를 노동자들 스스로 통제하는 것뿐이다.

권력을 위한 투쟁

국가가 오늘날과 같은 형태 — 관료적으로 조직되고, 위계적 구조로 짜이고, 국가 기구를 운영하는 자들의 이해관계가 자본의 이해관계와 서로 맞물려 있는 — 를 취하는 한은 사회의 어떤 개선도 일시적이거나 취약할 수밖에 없다. 홀러웨이 등이 옹호하는 국가 무시 전략이 어리석은 이유는 이 때문이다. 우리가 민주적 계획경제를 향해 나아가려 한다면, 기존 국가와 대결해서 그것을 분쇄해야 한다.

이 과제는 다른 종류의 권력을 발전시켜야만 이룰 수 있다. 이 권력은 노동자들을 비롯한 가난한 사람들의 자체 조직을 토대로, 그들이 자본에 맞서 투쟁하는 과정에서 발전해 나온다. 1917년 러시아 10월 혁명의 노동자·병사 평의회부터 1978~79년 이란 혁명기의 노동자 쇼라에 이르기까지 20세기의 위대한 혁명 운동들은 이런 권력을 언뜻언뜻 보여 주었다. 2003년 10월과 2005년 5~6월 볼리비아 민중항쟁 당시 운동이 만들어낸 자체 조직들을 보면, 오늘날 반신자유주의 운동들도 이런 종류의 권력을 창출할 수 있음을 알 수 있다.

민주적 계획경제는 자주관리 사회일 것이다. 그 사회에서는 작업장과 지역사회에서 직접 선출된 평의회들이 자신들의 일상사를 책임지고 서로 연계해서 사회 전체를 위한 결정들을 내릴 것이다. 1871년의 파리 코뮌을 보며 마르크스가 얻은 핵심 통찰은, 이런 조직 형태들이 새로운 사회 건설 전에 낡은 사회에 맞서 싸우는 과정에서 발전할 것이라는 점이었다. 자주관리 사회의 토대가 될 이 자체 조직은 피착취·피억압 대중이 자본 자체에 저항하고 마침내 자본 자체를 전복하는 데도 필요하다.

자본을 전복하는 것은 그 자체로 하나의 과정이다. 앨버트는 시장 경제에서 노동자 협동조합이 딜레마에 부딪힐 것이라고 보았는데, 이는 여전히 자본주의가 지배하는 세계에서 민주적 계획 원리를 도입하기 시작한 사회가 직면할 딜레마이기도 하다. 이 똑같은 딜레마가 1917년 러시아 10월 혁명의 변질과 궁극적 패배의 원인이다. 세계의 어느 한 곳에서 뚫린 돌파구가 살아남을 수 있는 길은 그 돌파구가 계속 확산하고 점차 세계 규모로 자본의 논리를 전복하는 것뿐이다.

이것은 비현실적 공상처럼 들릴지 모른다. 그러나 자본의 세계화 때문에 저항도 세계화했다. 세계의 각지에서 벌어지는 투쟁들이 서로 영향을 주고받는다. 치아파스와 시애틀은 세계적 반향을 불러일으켰다. 프랑스의 위대한 반(反)CPE 투쟁은 그리스 학생 운동을 고무해서 우파 정부를 패퇴시키는 데 일조했다. 라틴아메리카의 운동들은 신자유주의에 맞서 싸우는 사람들 모두의 등대가 됐다.

심지어 한 나라에서도 자본주의를 전복하려면 많은 진전을 이룩해야 한다. 그러나 규제받지 않는 시장에 반대하는 세계적 저항은 단지 자본주의의 대안이라는 견해를 의제로 복원시키는 데 그치지 않고, 그 대안을 쟁취할 수 있는 조건을 만들어내는 데도 일조하고 있다.

제2부
세계화: 신화와 진실

세계화의 신화에 대한 도전

모든 나라의 지배계급은 노동자들을 자신들의 지배에 묶어 두고 어떻게 사회를 조직할 수 있는지에 관한 대안적 사상의 확산을 막기 위해, 비록 선택하는 방법은 유연할지라도 단호하게 행동하고 있다. 냉전에서 승리한 서방 지배자들은 자유에 관한 말은 줄이고(어떤 독재자를 악마로 만들 필요가 있을 때를 제외하면), 시장에 관한 말은 늘리고 있다. 우리는 시장이 아닌 대안은 없다는 말(소련의 붕괴와 중국 자본주의의 부흥을 보라는)뿐 아니라 시장력의 '세계화' 때문에 국가의 조치나 노동운동의 행동을 통해 시장력을 길들이려는 시도는 가망이 없어졌다는 말을 듣고 있다. 비극이게도, '세계화'는 "오

에이드리언 버드. 《열린 주장과 대안》 8호, 2001년 2월 1일. https://wspaper.org/article/106. 이 글은 킴 무디의 《신자유주의와 세계의 노동자》(문화과학사)에 대한 에이드리언 버드의 서평이다. 그는 영국 South Bank University의 정치학 교수로, 세계화와 국가에 대해 연구하고 있다. 이 글의 원문은 Adrian Budd, "Review: Workers in a Lean World", *Historical Materialism*, No.3(1998년 겨울/반년간), pp. 189-201이다.

늘날 좌파의 목을 누르고 있는 가장 육중한 이데올로기적 장애물"이자 반자본주의로부터의 후퇴와 패배주의에 대한 변명이라는 엘런 메익신스 우드의 규정을 기꺼이 받아들이는 좌파는 거의 없는 듯하다.[1] 킴 무디는 그렇지 않은 사람들 가운데 하나다. 그는 세계화가 "설명하는 것 이상을 은폐해 왔으며, 모든 것을 포괄하는 무정형적 분석 도구"(69쪽)라고 언급하고 있다.

"세계화 담론" 대부분은 자본주의의 변모하고 있는 외관 뒤에 있는 착취와 축적이라는 본질의 연속성을 신비화하고 있다. 그러나 지난 20년 동안 세계 경제는 실제로 좌파가 무시해 온 새로운 일들을 겪었다. 세계의 즉각적인 현상의 형태는 그 본질만큼이나 실제적이고 객관적이라는 레닌의 주장은 여전히 타당하지만, 그럼에도 더욱 완전한 이해를 위해서는 현상과 본질 간의 관계에 대한 변증법석인 접근이 필요하다. 좌파는, 변하지 않고 남아 있는 것을 버리지 않으면서도 변한 것을 인식하고 그에 대처해야 한다.

1998년 여름에 열린 월드컵 결승전은 노동자와 대기업과 국가 간의 관계가 변했음을 은유적으로 보여 주었다. 많은 봉급을 받지만 유연 노동자인 호나우두는 경련을 일으켰지만 네 시간 뒤에 나이키의 압력으로 의심되는 모종의 압력을 받고 경기에 출전했다. 브라질의 다국적 기업 스폰서인 나이키는 1억 2천5백만 달러의 후원금을 낸 덕분에 브라질 팀이 어디서 경기를 하고 누가 출전할지 결정한다. 1970년 월드컵 결승전에 출전했던 토스타우는 이렇게 말했다. "내가 활약하던 시절에는 브라질을 통치하던 군 장성들이 팀을 선발하려 했다. … 지금은 스폰서, 기업인, 언론계 거물이 그

일을 한다."[2] 이것은 변화지만, 우리는 피상적이고 일면적인 결론을 끌어 내지 않도록 주의해야 한다. 여전히 숙련 노동에 의존하고 있고 결정적으로는 국제 경쟁 체제에 편입돼 있는 국민(국가) 팀을 나이키는 후원해 왔다. 국제 경쟁 체제 속에서 다국간 자본주의 조직은 여전히 국가의 지원을 필요로 하며, 여전히 국가에 소속될 필요가 있다.

킴 무디는 《신자유주의와 세계의 노동자》에서 국제 경제에 내재한 연속성과 변화의 변증법을 미묘한 뉘앙스로 설명했다. 그의 목적은 학자적인 말장난을 하는 데 있는 것도 아니며, 자본주의 구조조정의 제물이 된 사람들의 처지를 탄식하는 데 있는 것도 아니다. 그의 목적은 노동자의 저항을 강조하는 데에, 세력 저울이 노동자 계급에게 유리하게 변할 가능성을 강조하는 데에 있다.[3] 그는 이를 위해서는 노동자와 실업자, 도시 주민과 농촌 주민, 여성과 남성, 흑인과 백인, 북반구인과 남반구인을 막론하고 계급 전체의 선두에 서는 전투적인 노동조합운동이 필요하다고 역설한다. 그가 "사회운동 노조주의"라고 부르는 것의 임무는 즉자적 계급이 국제적 차원에서 대자적 계급으로 자각하도록 하는 데 있다. 그가 계급 본능에 충실하다는 점은 의심할 여지가 없지만, 나는 국제적 신디컬리즘이라고 부를 수 있는 무디의 입장이 결국은 그가 원하는 종류의 변화를 위해 필요한 실현 가능한 계획을 제공할 수 없다는 점을 논증하고자 한다.

'세계화'

《신자유주의와 세계의 노동자》 전반부는 '자본의 공격'(제1부)과 '자본의 통치기구'(제2부)라는 표제 아래에서 세계 경제의 국제화 경향이 지닌 모순적 성격과 불균등성, 그리고 자본과 자본주의적 국가가 사용하고 있는 다양한 규제 방식을 다루고 있다. '세계화'에 대한 무디의 견해는 좌파들이 벌이고 있는 '초세계화'에 대한 점증하는 반격에 기여하고 있다. 그는 '초세계화론' 대부분이 '세계적 헛소리'에 지나지 않는다고 지적한다.[4] 1973~74년에 자본주의가 고전적인 호황-불황 순환으로 복귀한 이래로 해외 직접 투자의 속도가 빨라졌다는 점을 인정하는 무디는 "오늘날 세계 경제의 통합이 그것에 선행했던 두 주요 시대(1870~1914년과 1914~45년)의 양상과 다를 뿐만 아니라 더 심화되고 있다."(87쪽)는 점을 인정한다. 그럼에도 그는 국제 경제가 완벽하게 통합된 전체가 아니라고 주장한다. 여전히 축적 과정의 중심으로 남아 있는 국민국가들이 국제 경제를 종횡으로 교차하며 지배하고 있다는 것이다. 그 한 예로 선진 경제들에서는 고용/생산의 무려 70퍼센트가 국내 시장(교육·보험·소매 등등)을 위해 충당되고 있다. 따라서 저임금 경제들이 적절한 사회 기반 시설[도로·항만·공항·통신·우편·용수·댐 — 옮긴이]을 갖고 있다 할지라도 그것들을 국외의 저임금 경제들로 돌리는 것은 쉬운 일이 아니다. 우드에 따르면, "다국적 기업들의 해외 지사들은 세계 산업 생산의 15퍼센트 가량을 생산하는 반면, 그 85퍼센트는 단일한 지리적 장소에 소재하는 국내 기업들이 생산한다."[5] 다국적 기업이라기보다는 다국간 기업이라고 해야 더 정확한 묘사인 이 기업들은 국내 기반에 입각한 활동을 계속하고 있다. 더욱이 3장에 등장하는 불균등 발전에 대한 무디의 분석은 국제화가 단일한 과정이 아니라는 점을 강조하고 있다. "어떤 종류의 세계적 균질화와도 거리가 멀었던 자본주의의 확산은 훨씬 더 많은 경제적 분절화를 낳았다. 시장의 지속적인 개방은 이것을 치유하지 못하며, 오히려 복잡하게 만들 뿐이다."(112쪽)

다양한 모순의 산물인 자본주의적 국가는 그러한 모순을 완화하기 위해 영속적인 노력을 기울이게 된다. 흔히 맑스주의자들은 이 모순들이 주로 국민국가 내부에서 작용한다고 봐 왔다. 따라서, 재산법 체계 제공, 교육과 훈련, 사회 기반 시설, 은행 감독, 사회 안정을 보장하기 위한 조치들, 자본 간 내분 중재 등등은 "현대 자본주의 국가의 감축 불가능한 핵심을 형성하고 있다. 또한 이러한 기능들이 현대 자본주의 체제가 사라질 수 없는 이유를 구성하고 있다."(223쪽) 이것은 그 자체로 사실이지만, 언제나 국가는 자본처럼 국가 간 체제 내에서 복수로 존재해 왔다. 가치 법칙이 국제화함으로써 '외적' 조건이 국가의 내적 논리와 긴밀하게 맞물리는 상황에서 축적 조건을 보장하고 국제화를 중재하는 보증인으로서 국가의 의무는 강화됐다. 1970년대 초 이래로 축적과 이윤율 위기에 대한 대응으로 무역, 생산, 금융의 국제화가 심화하면서 초세계화론자들의 주장과 달리 국가의 중심성에 대한 이러한 주장은 모순을 빚기는커녕 실제로는 강화된다. 국가가 노동 계급의 이해관계에 노출될 위험 때문에 세계의 지배 계급들은 규제의 요소를 IMF와 WTO 같은 국제 기구들로 상향 이동시켰지만, 그 기구들의 관할 영역은 지배 계급들 간의 협상과 조정을 통해 결정된다. 시장의 국제화는 경쟁의 국제화를 뜻하며, 따라서 개별 자본과 국민 경제들이 불안정을 일으키는 촘촘한 상호 작용 망에 더 크게 노출되는 것을 뜻한다. 심리적 갈등을 보이는 신경증 환자가 바깥 세계의 적대와 마주치면 이를 상쇄할 방어 수단이 필요한 것과 꼭 마찬가지로, 자본의 갈등은 국가의 방어를 요구한다. 국가는 직접 생산처럼 케인스주의의 전성기에 습득한 몇 가지 역할을 버렸을지 모르지만, 대자본은 국가를 버릴 수 없으며, 국가는 여전히 자본이 갖고 있는 모순의 중심부에 남아 있다.

4장과 5장에서 무디는 린 생산[유연 생산], 스트레스에 의한 관리[해고 압박 경영], 비정규직 고용, 군살 빼기('다운사이징'), 적시 생산 등의 전략을 통한 자본주의 생산 구조조정을 분석한다. 그는 이런 일들이 1970년대 중반 이래로 개별 자본들과 국가의 결합된 권력이 노동 계급에게 가한 심각한 패배 뒤에 일어났음을 보여 준다.[6] 따라서, "북[북반구]의 노동자들 내에서 일어난 고용과 수입의 손실 중 상당수는 자본이나 일자리 수출의 직접적인 결과가 아니라, 그 자체로 신자유주의 정책들과 북의 나라들 자체의 비용 삭감 노력이 결합된 결과이다."(93쪽) 전후 호황이 가장 더디게 진행됐던 미국과 영국만큼 전후의 계급 타협을 해체하는 것이 자본에게 긴요했던 나라는 없다. 그래서 신자유주의의 충격은 이 나라들에서 가장 심각했다. 그러나 많은 좌파 출신 학자들이 시장과 블레어주의라는 사회민주주의의 '현대판' 친시장 버전에 순응해 온 반면, 야수의 심장부에 가까이 있는 [선진 자본주의 나라들의] 일부 사람들은 자신들의 체제를 방어하는 데서 더 큰 유연성을 보이고 있다. 그 사람들 가운데는 얼마 전까지만 해도 신자유주의의 선두에 서 있었던 많은 자들이 포함돼 있다. 일본 정부가 자기 나라 경제의 건강을 회복하기 위해 충분한 조치를 취하지 않고 있다는 맹비난은 이제 이상스럽지 않은 일이 됐다. 1930년대와 1940년대의 휘발성과 불안정성이 케인스와 폴라니 같은 이론가들과 자본주의적 규제에 대한 새로운 관심을 낳은 것과 꼭 마찬가지로, 오늘날의 위기는 국가 개입을 다시 자본의 의제에 올려 놓았다. 일본 금융 기관들에 대한 구조조정과 미국의 투기성 단기자금 회사들에 대한 구제 금융 제공은, 그리고 한국이 기아 자동차를 사실상 국유화했다가 다시 현대에 매각한 것과 말레이시아의 이단아 마하티르의 자본 통제조차도 빙산의 일각에 불과할 수 있다.

나는 '세계화'에 관한 무디의 분석이 지닌 요점은 논쟁의 여지가 없다고 생각한다. 아카데믹 초세계화 이론가들은 어디든 갈 수 있는 자본의 속성이라는 문제에서 명백히 틀렸으며, 무디는 옳게도 '세계화'보다는 국제화나 심지어 '삼극화[미국·일본·유럽 간의]'가 더 적절한 용어라고 주장한다. 그러나 무디가 20년에 걸친 자본의 지배와 싸우자고 제안하면서 문제가 드러난다.

국제 경제 속의 노동조합

이 책의 후반부에서 무디는 국제화와 구조조정에 대한 "노동의 대응"을 모색하고 있다. 무디는 포스트모던주의자들과 이와 구색이 맞는 '계급의 종말' 이론가들에 맞서 계급 정치에 대한 비타협적인 충성을 보이고 있다. "노동 계급이 작업장의 급변에 따라 다양해지고 변화되고 있다는 이유 때문에, 학계나 다양한 미래학자들은 노동 계급을 끝난 것으로 묘사할 수 있다. 그러나 노동 계급에 속하는 사람들은 자신의 삶을 침입하는 위기를 떠넘겨 받았을 뿐, 그러한 사치를 누려 본 적이 없다."(238쪽) 또한 처음부터 끝까지 그는 노동 계급이 기업의 계획에 저항할 수 있다고 낙관한다. 예컨대, 노동조합 관료들이 조직 불가능하다고 보는 노동자들을 조직하는 문제에서 그렇다. 그리고 그는 옳게도 "실패한 좌파 정당들"을 더 이상 믿을 수 없다고 주장한다. 그 정당들이 설사 노동자들의 삶을 개선할 수 있다손 치더라도 그러하다.

그는 자본이 사물이 아니라 죽은 노동과 산 노동 사이의 사회 관계이기 때문에 자본의 지배는 완전할 수 없다는 맑스주의적 견해에서 출발한다. 분명히 자본과 자본주의적 국가는 노동 계급에게 패배를 안길 수 있으며, 자본주의의 구조조정은 노동자들의 삶을 황폐화하는 결과를 낳을 수 있다. 그러나 산 노동은 자본의 필요와 충돌하는 의식, 전통, 기억, 감정, 열망을 가지고 있고, 노동 계급은 이를 통해 조직을 발전시킴으로써 기꺼이 싸울 수 있다. 헨리 포드가 자신은 손 두 개만 필요할 뿐인데 한 사람 전체를 고용해야 한다며 탄식했던 것도 당연하다. 지난 몇 십 년 동안 구축돼 온 국제적 생산 연쇄[생산 사슬]는 분권화의 외관을 띠고 있는 것이 아니라 실제로는 다국간 기업들의 중앙집권적인 통제와 조정의 필요를 늘리고 있다. 무디가 지적하고 있듯이, "현실화되고 있는 것은 자본이 작은 단위나 고립된 생산 지역으로 이동하는 탈조직화된 파편화가 아니다.

오히려 소수의 거대 기업들에 의해 지배되는 명백한 위계제가 가시적으로 드러나고 있는 것이다."(131쪽) 객관적으로 볼 때, 적어도 노동자들은 일부에서 일어나는 파업에도 매우 취약한 생산 사슬 속에서 전례 없이 국제적으로 단결하고 있다. 그래서 1990년대에는 미국의 개별 공장에서 시작된 파업으로 북미의 GM 공장 전체가 문을 닫았고, 벨기에에 있는 르노의 빌보르데 공장에 대한 [파업] 위협은 유럽 전역에 영향을 미쳤다. 또 한 번 객관적으로 볼 때, 이 사슬 내에서 영향을 받고 있는 것은 그러한 노동자들만이 아니다. 거리와 학교 청소부들의 임금과 조건도 결국 다국간 기업들에 직접 고용돼 있는 노동자들과 똑같은 비용 삭감 조치들을 당한다. 매우 옳게도 무디는 국제화 덕분에 노동 계급의 국제적 단결을 이룰 수 있는 조건이 형성된다고 주장한다.

무디의 설명에는 다른 장점도 있다. 그는 전통적 노조 관료들을 믿지 않는다. 그들은 노동 운동의 보수적 상층을 구성하며, 사회 변혁이 아닌 협상이 그들의 존재 이유다. 그들은 구조조정이 최악의 결과를 가져오는 것을 피하기 위해 실리적 조합주의, 양보 교섭, 유연생산과 적시 생산 방식에 대한 순응의 길을 따라 왔으며, '자기' 국민 국가에 소재한 자본과 '사회적 협력'을 추구해 왔다. 1973년 이후 위기라는 맥락에서 이 전략은 재앙적이었다. 비용 삭감을 위해 노조를 무시하려고 한 선진국 지배 계급들에게 코포라티즘(단체주의)은 더 이상 맞지 않았기 때문이다. 가장 큰 양보 교섭이 이루어진 미국에서는 노조가 "미국인을 고용하라"는 수동적인 전략을 내걸고 있는 동안 일일 계약을 전문으로 삼은 파견 근로 업체 맨파워가 GM을 제치고 미국 최대의 사용자로 부상했다.

그러나 '세계화'와 세계 노동 계급(과거 어느 때보다 숫자가 많은) 의 국제적인 행동 가능성에 대한 본질적으로 정확한 평가와 노조 관료가 그런 행동을 이끌 가능성에 대한 불신에도 불구하고, 무디가 노동자 운동을 위해 옹호하고 있는 전략적 대응은 그의 분석과 모순되며 설득력이 없다. 무디가 국가의 여전한 중심성을 그토록 강력하게 역설하고 있음에도, 정치를 거의 완전히 빠뜨리고 있는 것, 아니 사실 회피하고 있는 것은 심각한 약점이다. 옛 소련권 체제가 붕괴한 이래로 맑스주의자들 사이에서 일어난 정치로부터의 후퇴는 여기서도 반복되고 있다. 무디는 우리에게 좌파의 부활에 대한 심각한 고민을 제공하지 않는다. 그 대신에 그는 국제적 신디컬리즘에 대한 혼란스럽고 추상적인 충실성을 보여 주고 있다.

노동 계급 국제주의는 어떠한 맑스주의 정치일지라도 그 핵심이어야 한다. 옳게도 무디는 '이행 중인 공식적 노동자 국제주의'라는 제목의 10장에서 자본주의의 국민적 구조와 때로는 지역적 구조를 단순히 반영할 뿐인 관료적 국제주의를 논박한다. "약화되고, 관료적이며, 보수화된 조합들을 함께 연결시키는 것은 초국적 기업의 권력을 제한하지 못할 것이다."(18쪽) 그는 1천8백만 유럽인들이 실업으로 고생하는 동안 유럽연합(EU) 위원회와 유럽 사장 연합(UNICE)과의 사회적 협력에 깊숙이 관여하고 있는 유럽 노총(ETUC) 같은 기구들을 염두에 두고 있다. 무디는 자본주의가 국제적인 체제이기 때문에 일국 사회주의나 심지어 한 지역 사회주의는 불가능하다는 점을 인정한다. 그러나 그는 국내적 투쟁들을 논박하지는 않지만, 그의 논조의 전반적 방향은 추상적 국제주의를 향하고 있다. 그 한 예로 "그들[세계의 노동자들]이 연대하는 날은 … 대안이 명확해지는 날이 될 것이다."(24쪽) 하는 그의 주장은 전적으로 옳은 말이지만, 행동을 고려하기 전에 먼저 노조의 금고가 가득 차는 날을 기다리고 있다고 엥겔스가 비난했던 노조 관료들의 안이한 사고를 답습하고 있다. 사실, 국내 투쟁들과 국제주의의 관계는 더욱 변증법적이다. 엘런 메익신스 우드가 주장하듯이, 전 세계 국가들의 공통된 자본주의적 논리(구조조정 등등)에 반대하는 국내 투쟁들은 "새로운 국제주의의 토대 — 사실 가장 강력한 토대 — 일"[8] 수 있다.

공통으로 겪고 있는 고통의 그림자에 대비되는 것으로서, 반격이 가능하다는 긍정적인 메시지를 국제적으로 확산하거나 구체적인 대안을 보여 주는 것만이 여기에서 문제가 되고 있는 것은 아니다. 물론 그렇게 하는 것은 매우 중요하며, 국제적인 노동자 네트워크를 통한 정보의 교환은 분명 그것에 도움이 된다. 그럼에도 철저한 국제주의의 발전이 국내 투쟁들의 핵심이라기보다는 국내 투쟁들이 철저한 국제주의의 발전에 핵심이다. 국내 투쟁들은 우리가 우리의 세력을 집중하게 함으로써 노동자들이 국제적으로 배울 수 있는 승리의 기회를 극대화할 뿐 아니라, 바로 그 성격 때문에, 국가들이 노동자들을 일국적 지배 계급들의 이익에 묶어 두기 위해 사용하는 핵심적인 정치적 메커니즘 가운데 하나, 즉 민족주의에 가장 날카롭게 도전한다.[9] 무디는 노동자 계급 내부의 분열을 정확하게 알고 있지만(7장 '노동의 분절과 재구성'을 보라), 민족주의에 대처하지 못하는 좌파 부활 전략은 저자의 의도와는 무관하게 지배 계급 사상에 여지를 남겨 줄 것임이 틀림없다.

자본-노동 관계와 개별 자본 단위를 상대로 한 투쟁에만 몰두함으로써 더 폭넓은 정치적 쟁점들을 상대적으로 소홀히 하게 되면, 노동자 행동의 부활이 일어나리라는 기대 속에서 거창한 계획과 국제적 노동자 네트워크에 우리의 힘을 소진할 위험이 있다. 예컨대, 무디는 리버풀 항운 노동자들의 경험에 관해 다음과 같이 쓰고 있다. "조합 파괴자들에 의해 운영되는 리버풀 부두의 주요한 고객들에 맞서 전 세계적인 수준으로 행동을 펼친 머지사이드 부두 노동자들의 대담한 캠페인은 우리에게 평조합원이 조직되고, 완고히 버티고, 용감했을 때 무엇이 가능한지를 보여 주었다."(433~434쪽) 무디만이 아니다. 크리스 베일리는 리버풀 파업 동안 영국에 기반을 두고 있는 '레이버네트'라는 인터넷 사이트를 운영했다. 무디처럼 그도 노동 계급 국제주의에 매우 충실하다. 그러나 그도 본말을 전도하고 있다. 베일리는 다음과 같이 쓰고 있다.

노동 계급이 부딪히고 있는 가장 중요한 문제는 우리가 19세기 같은 상황에 다시 진입했다는 인식이다. 지금은 국제주의를 통해서만 성과를 얻고 방어할 수 있다. 항운 노동자들은 국제적 활동에 의지함으로써 항운업에서 일어나고 있는 변화의 국제적 성격을 인식하고, 전 세계의 항운 노동자들에게 반격할 수 있는 유일한 길을 제시했다.[10]

이것이 "유일한 길"이라는 말을 주목하라. 그렇다면, 노동자들이 강도 높은 계급 투쟁 없이도 국민국가에서 개혁을 얻어 낼 수 있다고 암시하는 것은 명백히 위험하다. 1982~83년 미테랑 집권 초기의 개혁이 번복된 것은 그 점을 보여 준다. 또, 만약 새 독일 사회민주당 정부의 과세 계획이 그것을 지지하는 대중 동원이 없는데도 독일 사장들에 의해 축소되지 않는다면, 그것은 놀라운 일일 것이다. 좌파 정치에서는 맑스주의가 아닌 사회민주주의가 국제화 과정에서 커다란 손해를 봤다. 그러나 그 정반대의 정식화, 즉 국제주의가 국내 투쟁들에서 승리하는 열쇠라는 생각은 마찬가지로 위험하다. 한 학교를 문닫게 하는 파업이 됐든 UPS처럼 중요한 사용자를 무찌르는 일이 됐든 현지 행동들이 뚜렷한 결과를 만들어 낼 수 있다. 우리 세력이 집중되자 승리의 가능성에 다소 눈이 먼 나머지 베일리는 국제 연대 캠페인을 시작한 항운 노동자들의 이니셔티브를 지나치게 찬양하게 됐다. 국제 연대는 훌륭한 지지를 가져다 주었지만, 그럼에도 항운 노동자들의 패배를 막지 못했다.[11] 무디는 그 패배에 관해서도, 항운 노동자들의 힘을 영국의 부두들에 집중시켰다면 승리할 수도 있었을 대안적 전략에 관해서도 한 마디도 쓰지 않고 있다. 항운 노동자들의 힘을 영국의 부두에 집중시켰다면, 훨씬 더 작은 지역에 서지만 불편이 더 커졌을 것이며, 동시에 국가 권력의 문제가 훨씬 더 분명하게 제기됐을 것이다.

이것이 추상적 국제주의의 결과일 뿐이지, 노동 계급 투쟁에 대한 무디의 투신에 약점이 있기 때문이 아님은 반복할 필요가 없다. 제3 인터내셔널의 논쟁에서 트로츠키가 말했듯이, 신디컬리스트들은 자본주의와 싸우고 싶어할 뿐 아니라 진정으로 그 머리를 박살내고 싶어한다.[12] 이 때문에 무디는 근래에 국제적으로 노동조합 내부에서 일어난 변화들에 민감하다. 어용 한국노총에서 민주노총이 분리된 것, 그리고 한국노총이 "어용 관료에서 보통의 우파 노조 관료로 변모한 것", 프랑스에서 더 전투적인 독립 노조가 설립된 것, '스페인 노조 위원회'에서 '비판적 부문'이 발전한 것, 스웨덴 자동차 노동자들 사이에서 '노동조합 내 반대파'가 출현한 것 등이 그런 변화들이다.[13] 이 같은 발전은 중요하다. 그것은 현장 노조원들을 고무해 더 전투적인 노동조합 운동을 옹호하고 정당화할 기회를 만들고 있다.

무디는 노조 지도부의 변화가 가져올 효과가 제한적일 수 있다는 점을 알고 있다. 그는 1995년 AFL-CIO[미국의 통합 노총]에서 존 스위니를 중심으로 한 더 전투적인 '새로운 목소리' 팀이 지도부로 선출됨으로써 열린 가능성들에 관해 쓰고 있지만, 그럼에도 그 지도부 자체는 말에서 전투적 조합주의와 실천에서 (여전히) 실리적 조합주의를 결합시키고 있다는 점을 무디는 인정했다.[14] 오늘날 스위니는 "미국 제일의 노조 파괴자인 제너럴 일렉트릭 회장 잭 웰치와의 협력을 추구"하고 있으며, 노사 협력의 목적이 "결국 사회의 다른 이해당사자들이 정당하고 훌륭한 것으로 여길 노동계 지도자들과 재계 지도자들 사이에서 일어나는 과정"이어야 한다고 주장한다.[15] 더욱이, 스위니가 노조원을 늘리는 데 전념하고 이를 위한 자금을 10배로 증액했는데도 1997년에 미국의 노조원 수는 15만 7천 명이 감소해 미국의 노조 조직률은 20세기 최초로 10퍼센트 이하로 떨어졌다. 훨씬 더 우려스러운 것은 "지난 7년 동안 60퍼센트 이상의 노동자들이 노조를 신임하는 선거에서 노조에 반대표를 던졌다는 사실이다. 노조들은 전력으로 봐서 직장 종업원의 확고한 다수가 노조 가입을 찬성할 때만 선거를 실시했는데도 그러했다."[16]

이 점은 달갑지 않은 일이지만, 무디가 국제적으로 노조 안에서 일어나고 있는 변화를 지나치게 장밋빛으로 그리고 있는 것에 대한 해독제다. 그러나 둘 다 일면적인 그림이며, 둘 다 세계에서 무슨 일이 일어나고 있는지와 좌파의 부활 가능성에 관해 잘못된 그림을 제시하고 있다. 둘 모두의 공통된 오류는 직장 바깥에서 일어나는 정치적 변화가 노동자들의 의식에 미치는 영향력을 무시한다는 것이다. 이처럼 더 넓은 관점이 없다면, 사회주의자들은 노동 계급 투쟁의 극심한 침체기에 일어나는 투쟁 고양(물론 이것은 환영할 만한 일이다)에도 환상을 가질 수 있으며, 무디처럼 계급의 세계적인 각성에 관해 쓸 수 있다. 아니면 우리는 행동이 일시적으로 가라앉을 때나 노조가 패배를 겪을 때 절망의 수렁에 빠져들 수 있다. 그리고 더 중요하게는, 정치에 대한 더 폭넓은 개념을 가지지 못하면 우리는 노동 운동 내에서 반자본주의적 경향을 건설할 수 있는 기회를 놓칠 수 있다.

맑스는 《임금, 가격, 이윤》에서 노동자들이 "결코 중단되는 일 없는 자본의 잠식이나 시장의 변화 때문에 쉴 새 없이 일어나는 이 피할 수 없는 게릴라 전투에만 몰두해서는 안 된다."[17]고 썼다. 노동조합 활동은 로자 룩셈부르크의 말을 빌자면 시시포스의 노고이다. 그것은 필요한 노고이지만 자본주의의 한계를 깰 수 없는 노고이다. 그 때문에 우리는 계급 내부의 불균등한 의식을 인정하고, 볼셰비키가 그랬던 것처럼 경제 투쟁과 정치를 연결할 필요가 있다. 물론 볼셰비키가 언제나 적절한 균형을 유지했던 것은 아니다. 처음에는 특히 그랬다. 바쿠 유전에서 일어난 한 파업을 예로 들어 보자. 그 지역 볼셰비키 위원회 위원이었던 세실리아 보브롭스카야의 설명에 따르면, 멘셰비키 분파 출신의 "매우 훌륭한 선동가는 대중 집회에서 파업의 진정한 의미는 건드리지도 않은 채 앞치마, 벙어리 장갑 등의 지급 같은 사소한 문제들만을 지칠 줄도 모르고 토로했다." 한편, 볼셰비키는 파업을 다소 아카데믹하게 접근하는 편을 선택했기 때문에, 흔히 볼셰비키 연사들은 "벙어리 장갑과 앞치마를 요구하는 대신에 전제정의 전복을 요구한 볼셰비키에 대한 야유 때문에 제대로 연설을 마치지 못했다." 볼셰비키는 계급 투쟁을 더 폭넓은 문제들과 연결시키지 못했고, 이처럼 그 둘을 결합하기보다는 병행하려고 했기 때문에, 1905년 전제정의 전복이 정말로 중요해졌을 때, "대체로 실제의 지도를 할 수 있는 위치에 있지 않았다."[18]

그들이 신속하게 교훈을 배웠던 것은 1917년 러시아 혁명의 성공에 결코 적지 않은 기여를 했다. 1917년 러시아 혁명은 비록 나중에 스탈린주의 아래서 겪은 운명에도 불구하고, 처음으로 자본주의의 한계를 뛰어넘었다. 무디는 자본주의와 그 사회민주주의 옹호자들의 특징인 경제와 정치의 분리를 일관되게 논박하며, 우리가 앞에서 살펴보았듯이, 여전히 국가의 "환원할 수 없는 핵심"이 노동자 삶의 모든 측면을 결정하고 있다는 점을 인정한다. 그러나 그의 정치에 내재한 신디컬리즘적 지향 때문에 그는 그 둘의 결합을 전폭적으로 수용하지는 못하고 있다. 결국, 신디컬리즘은 사회민주주의라는 동전의 뒷면이다. 그 동전의 한쪽 면은 정치이고, 다른 한쪽 면은 경제다.

정당하게도 실리적 조합주의, 관료적 타협, 정치적 개량주의의 투항을 참지 못하는 신디컬리즘은 성·인종·직업·부문·정치를 가로질러 노동 계급 전체를 결속하려고 한다. 그래서 세계산업노동자협회(IWW)의 "인종, 신조, 피부색 극복"과 같은 구호는 한 차원에서는 전적으로 올바른 구호였다. 그러나 신디컬리즘은 노동자들의 단결이 처음부터 존재하며, 파업에서 성공적으로 재출현하게 될 것이라고 가정하는 경향이 있다. 그러한 단결은 신화에 가까운 단결이다. 파업이 분열을 파괴하기 시작하는 것은 분명하지만, 지배 계급 사상의 모든 이데올로기적 흔적들까지도 벗어던지는 과정은 자동적인 과정이 아니다. 오로지 우리 운동을 약화시켜 온 분열과 씨름하고 그것에 도전할 때만 우리는 진정한 단결을 이루기를 바랄 수 있다. 그러기 위해서는 계급 단결에 대한 비현실적 개념이 아니라, 루카치의 말을 빌리자면 노동 계급을 분화돼 있는 단일체로 인정하는 변증법적인 접근이 필요하다. 트로츠키가 주장했듯이, 참말이지 노동조합이 되도록 많은 노동자들을 조직하는 데 성공하면 성공할수록, 차이와 불균등한 의식에서 비롯하는 약점은 더 커질 수 있다. 차이를 주목하지 않고 또 후진적인 사상에 도전하지 않고 그냥 놔두면 그냥 놔둘수록, 차이는 줄어들지 않고 계급 단결을 방해하는 더 큰 장애물이 된다.

무디는 오히려 초국적 정보 교환(TIE)이라는 활동을 사회운동 노조주의의 핵심 요소로 본다. 무디는 초국적 정보 교환에 관해 다음과 같이 쓴다. "기능적인 국제적 네트워크를 만들기 위해 사람들은 그들을 갈라놓는 것은 숨기고, 공통점 — 전 지구적 분석과 현장에 대한 활동가적 접근 — 을 공유해야만 했다."(256쪽) 자유, 민주주의, 민족주의, 열등성/우등성 등과 같은 지배 계급 사상에 대한 일상적인 반사 작용은 지배 계급 권력의 핵심 활동을 정당화하거나 은폐한다. 대체로 무디는 그것들을 그냥 놔두고 있다.

무디는 9장과 11장, 그리고 결론에서 사회운동 노조주의를 탐구하고 옹호한다. 그러나 사회운동 노조주의에 내재한 문제들은 그가 브라질과 남아공 노조들의 경험을 끄집어내 설명을 하는 순간 분명해진다. 사실, 무디 자신은 사회운동 노조주의의 한계를 반쯤은 인식하고 있는 듯하다. 그는 심지어 그 한계를 보여 주는 증거를 제시하기도 한다. 그러나 그는 그의 정치 때문에 적절한 결론에 도달하지 못한다. 브라질 노동자당(PT)은 전투적인 노동조합 활동에서 성장해 나왔고, 남아공 노조총연합(COSATU)은 1980년대에 등장한 새로운 양상의 전투적 노동조합 활동에서 성장해 나왔다. 그럼에도 무디는 PT가 우파 사회민주주의를 소수파로 거느린 주류 사회민주주의적 선거 중심 정당이나 마찬가지라는 점을 아주 잘 알고 있다. 아프리카민족회의(ANC)의 단계적 해결책(사회주의를 위한 투쟁은 모종의 아주 먼 미래의 일로 격하하고 자본주의적 민주주의를 먼저 실현하자는 정책)과 별개의 독립적인 정치를 가지고 있지 않은 COSATU는 ANC가 이끄는 정부의 '재건·개발 계획'의 친기업 노선에 저항하지 못해 왔다. 사실, 50여 명의 COSATU 지도자들은 1994년 선거 뒤에 정부 관리로 변신했다.[19] 오늘날 COSATU는 대중의 불만과 COSATU의 영향력 감소에 대한 노조 관료 자신의 불만 때문에 정부와 대결하지 않으면 안 되고 있다. 그리고 이는 정부의 잔혹한 탄압을 받았다. 그럼에도 COSATU는 경제 구조조정을 위해 대기업과 정부에 순응하라는 거대한 압력을 받고 있다. 한편, 실업률은 40퍼센트에 육박하고 있는 것으로 추산된다.

무디 자신은 다음과 같이 쓰고 있다. "남아공과 브라질의 경험이 우리에게 상기시켜 주는 것은, 강한 사회운동 노조주의가 뿌리를 내리고 있는 곳에서조차 정치적 방향은 당연한 것으로 승인될 수 있는 것이 아니다."(347~348쪽) 더욱이, "확실히 이러한 노조들은 관료화의 경향에 직면한다. 그러나 조합원들은 이러한 추세에 맞서는 조합 활동의 충분한 경험을 가지고 있다."(448쪽) 이런 분석은 노조 관료의 구조적 권력 — 처음에 투쟁에 전념하는 관료조차 그 투쟁의 기층을 통제해/하거나 투쟁을 협상과 화해의 논리 속에 통합시킨다 — 뿐 아니라 노동조합 활동의 일반적인 한계를 심각하게 과소평가하고 있다. 이 점은 작업장을 뛰어넘어 거리와 사회 속에서 노동 계급의 더 폭넓은 이익과 연결되려 하며, 아웃소싱된 생산 사슬 내에서 미조직 노동자 집단들과 연결되려 하는 종류의 노동조합 활동에도 적용된다.

결론

자본주의 위기와 20년 동안의 구조조정이 겹치면서 노동조합들이 기층에서 국제적으로 분노가 커지고 있다는 수많은 증거가 있다. 이런 분노가 언제나 노조 관료들을 '사회적 협력'의 길에서 이탈시키는 행동으로 나타나는 것은 아니다. 지난[1998년] 9월 영국 블랙풀에서 TUC(노총) 회의가 열리기 전에 기업주와 노조를 상대로 한 여론조사는 노사관계가 점점 불안해지고 있고 파업이 증대할 것임을 보여 줬다. TUC의 대응은 단순히 여론조사 결과를 무시하는 것이었다. "그렇소. 투표는 더 광범하게 이용되지요. 하지만 노동쟁의로 이어지는 것은 거의 없소이다."[20]

칼 쇼스케는 독일 사회민주당의 수정주의에 대한 고전적인 연구서에서 다음과 같이 썼다. "노동조합 관료는 그들이 기존 질서에 대해 갖고 있는 공통의 이익 때문에 부단히 반혁명적이다. 노동 계급은 … 그와 비슷한 충성[기존 질서에 대한]을 보이지 않는다."[21] 이런 평가는 오늘날에도 여전히 타당하며, 무디가 노동 운동의 미래를 대표한다고, 그리고 노동자를 제물로 삼는 자본주의 구조조정이라는 막다른 골목으로부터의 탈출구를 대표한다고 역설하고 있는 새로운 노조의 관료들에게도 똑같이 적용된다. 그러한 노동조합주의와 특히 신디컬리즘적 사회운동 노조주의는 우리를 사회주의로 나아가는 길로 멀리까지 데려다 줄 수 있으며, 여전히 노동 계급 투쟁을 훈련하는 학교다. 그러나 그것은 자본주의의 정치적 대안을 제기하지 못한다. 자본주의의 정치적 대안을 제기하려면, 노동조합 쟁점들과 투쟁들을 직접 지향할 뿐 아니라 노동자들에게 정치적으로 도전해 당면의 긴급한 쟁점들에 대해 맑스주의적 대답을 제시하는 맑스주의 정치가 필요하다.

앞에서 얘기했던 축구에 관한 은유로 되돌아가 본다면, 무디는 전반전과 후반전으로 이루어진 책을 쓴 셈이다. '세계화'와 구조조정에 관한 전반전은 지배 계급의 변명을 해부해 그 약점을 폭로하고 있다. 자본주의에 대항한 투쟁은 후반전에서도 끝나지 않는다. 그러나 불행하게도 무디는 후반전 전술은 너무 방어적이다. 그는 자본주의의 홈 구장에서 그저 비기기를 고집하고 있기 때문에 승리의 기회를 놓치고 있다. 무디는 훌륭한 계급적 본능을 지니고 있고 진정으로 승리를 원하지만, 오늘날 위기의 심각함을 놓고 볼 때 그는 마르크스주의 정치로 이동할 필요가 있다.

주

1   Wood 1997a, p.23.

2   Smith 1998, p.22.

3   구조조정의 희생자들에게 초점을 맞추고 있는 분노해 있으나 재미 있는 설명으로는 Moore 1997을 보시오. 최근의 사회학적 설명으로는 Sennet 1998을 보시오.

4   특히 Harman 1996, Hirst and Thompson 1996과 *Monthly Review* 최근 호들에 실린 일련의 기사들을 보시오.

5   Wood 1997a, p.24.

6   특히 영국의 '사회 협약', 가장 유명한 1978년의 '몬클로아 협약'을 비롯한 프랑코 사후 스페인에서 맺어진 여러 사회 협약들, 이탈리아 자본가들이 전국에 걸쳐 노동 과정을 재통제할 수 있도록 해 준 1980년 피아트 파업의 궤멸적인 패배, 레이건 정부 당시 항공 관제사들의 패배가 그 사례들이다. 유연 생산과 합동 경영 기술을 포함하고 있는 '일본화'라는 용어는 일찍이 1950년대에 전투적인 조합 운동이 패배한 결과이다. 이 패배는 실리적 조합주의와 나중에 국제적으로 자본이 모방한 방법들이 도입되는 길을 닦았다. 전후 일본 자본주의에 관해서는 Itoh 1990을 보시오.

7   삼극화에 관해서는 Ruigrok and van Tulder 1995를 보시오.

8   Wood 1997b, pp.16~17. 제3인터내셔널과 제4인터내셔널의 경험은 이 점에서 교훈을 준다. 레닌은 제1차세계대전이 일어나자 "제3인터내셔널 만세"라고 선언했지만, 러시아 혁명이 승리한 뒤에야 제3인터내셔널을 조직하기 시작했다. 그 때조차도 제3인터내셔널은 러시아 내에서 일어난 스탈린주의 반혁명으로 타락해 갔다. 트로츠키는 20세기 최고의 암흑기에 흩어져 있는 지지자들을 집중시키기 위해 제4인터내셔널을 용감하게 선언했다. 오로지 가장 앞을 못 보는 트로츠키주의자들만이 제4인터내셔널이 실패가 아니었다고 여길 것이다. 러시아 혁명 직후 몇 년 동안 국제주의는 세계 노동자 운동 내에서 대중적인 경향이었다. 확산될 수 있는 일국적 성공이 결여돼 있었던 공식 트로츠키주의의 국제주의는 거창한 동시에 회화적이었다.

9　민족주의에 대한 최근의 맑스주의적 논의에 관해서는 Löwy 1998을 보시오.

10　Bailey 1997, p.236.

11　리버풀 항운 노동자인 테리 베럿은 사적인 통신에서 노동자 국제주의의 사례를 보여 주고 있다. 리버풀 노동자들은 캐나다의 불어 사용 지역에 있는 한 부두를 방문해, 불어가 아닌 영어로 자신들의 사정을 설명하기 시작했다. 한 항운 노동자가 와서 "여러분은 리버풀에서 온 파업 노동자들이죠, 그렇죠?" 하고 말을 걸기 전까지 '청중'들은 일을 중단하지 않았다. 그 노동자는 그러고 나서 자기 동료들에게 리버풀에서 열린 집회에 관해 듣도록 요구했다. "나는 우선 항운 노동자이고, 그 다음에 프랑스계 캐나다인이다."라는 게 그 이유였다.

12　노동조합에 관한 맑스주의적 분석으로는 Cliff and Gluckstein 1986을 보시오. 관료주의와 신디컬리즘에 관해서는 Trotsky 1990을 보시오. 또한, Hessel 1983의 해당 장을 보시오.

13　Shin 1998, p.44.

14　'새로운 목소리' 캠페인과 스위니 지도부의 전망에 관한 지나치게 낙관적인 평가로는 Mort 1999를 보시오.

15　*Socialist Worker*(Chicago), 1998년 10월 23일치, 11면.

16　Palast 1998을 보시오.

17　Marx 1958, p.446~7.

18　Le Blanc 1993, p.90.

19　Callinicos 1996.

20　"TUC Scoffs at Winter of Discontent Prediction", *The Observer*, 1998년 9월 13일치.

21　Schorske 1955, p.110.

참고 문헌

Bailey, Chris 1997, 'Towards a Global LabourNet', *Labor Media 97*, conference papers, Seoul, pp.229~37.

Callinicos, Alex 1996, 'South Africa after Apartheid', *International Socialism*, 70: 3~46.

Cliff, Tony and Gluckstein, Donny 1986, *Marxism and Trade Union Struggle: The General Strike of 1926*, London: Bookmarks.

Shin, Gyoung-hee 1998, 'The Crisis and Workers' Movement in South Korea', *International Socialism*, 78: 39~54.

Harman, Chris 1996, 'Globalisation: A Critique of a New Orthodoxy', *International Socialism*, 73: 3~34.

Hessel, B. (ed) 1983, Theses, Resolutions and Manifestos of the First Four Congresses of the Third International, London: Pluto.

Hirst, Paul and Thompson, Grahame. 1996, *Globalisation in Question*, London: Polity.

Le Blanc, Paul 1993, *Lenin and the Revolutionary Party*, Atlantic Highlands, N.J.: Humanities Press.

Löwy Michael 1998, *Fatherland or Mother Earth? Essays on the National Question*, London: Pluto.

Itoh, Makoto 1990, *The World Economic Crisis and Japanese Capitalism*, London: St. Martin's Press.

Marx, Karl 1958, *Karl Marx Selected Works*, VolumeⅠ, Progress Publishers: Moscow.

Moore, Michael 1997, *Downsize This*, London: Harper Collins.

Mort, Jo-Ann (ed) 1999, *Not Your Father's Union Movement. Inside the AFL-CIO*, London: Verso.

Palast, Gregory 1998, 'Workers Win the Battle — But Bosses Win the War', *The Observer*, 9월 13일치.

Ruigrok, Wyn and van Tulder, Rob 1995, *The Logic of Internaitonal Restructuring*, London: Routledge.

Schorske, Carl 1955, *German Social Democracy 1905-1917. The Development of the Great Schism*, New York: Havard University Press.

Sennett, Richard 1998, *The Corrosion of Character: The Personal Consequences of Work in the New Capitalism*, London: Norton.

Smith, David 1998, 'The Mysterious Shadow of the ronaldo Affair', *The Independent*, 8월 7일치.

Trotsky, Leon 1990, *Trade Unions in the Epoch of Imperialist Decay*, London: Pathfinder.

Wood, Ellen Meiksins 1997a, 'Capitalism, Globalization, and Epochal Shifts', *Monthly Review*, 2월호: 21~32.

Wood, Ellen Meiksins 1997b, 'Labor, the State, and Class Struggle', *Monthly Review*, 7·8월호: 1~17.

세계화에 대한 과장

'세계화'론은 1990년대의 유력한, 그러나 근거 없는 사회적 통념이었다. 이 흔한 착각이 최근에 의문시되기 시작하자 일부 세계화론자들은 재빠르게 '지구화'라는 말로 바꾸고 있다. 세계화론의 본질적 주장은 자본이 국민적 정박지에서 연결을 풀었다는 것이다. 오마에 겐이찌의 말을 빌면 "우리는 국경 없는 세계에 살고 있다"고 한다. 자본은 가고 싶은 곳으로 마음대로 움직일 수 있고, 정부는 무력하다는 것이다.

신자유주의자들이 이를 환영함은 말할 나위가 없다. 왜냐하면 그들 생각에 세계화는 시장의 역동성을 반영하는 것이기 때문이다. 그래서 그 들은 IMF(국제통화기금)와 IBRD(세계은행)의 정책을 지지한다. IMF-IBRD의 정책은 나라간 경제 장벽을 허무는 것을 추구한다.

———

김어진. 《열린 주장과 대안》 5호(2000년 10~12월).

반면에 진보 진영 일각에선 세계화로 인해 사기가 저하돼 있다. 국민국가에 기대고 있는 그들은 만약 국민국가가 약화된다면 자본주의를 변화시킬 가능성도 약화된다고 믿고 있기 때문이다.

그러나 세계화는 전혀 위협이 아니다. 마르크스는 자본주의의 주요 경향 중 하나가 세계 경제를 창출하는 방향이라는 점에 대해 매우 분명했다. 《공산당 선언》에서 그는 부르주아지가 생산과 소비를 세계적으로 만든다고 말했다.

그럼에도, 작용하고 있는 진정한 추세를 명료하게 이해할 필요가 있다. 그 이유는 특히 자본의 세계적 이동 때문에 노동자 운동이 무력해진 다는 주장을 때때로 듣기 때문이다. 그런 주장에 따르면, 선진국의 자본은 저렴한 노동을 찾아 점점 더 제3세계로 이동하고 있다는 것이다. 그래서 조직 노동 계급은 적어도 선진국에서는 효력이 훨씬 떨어지고 있다는 것이다. 그러므로 세계화에 관한 주장들에 대해 확실한 태도를 가질 필요가 있다.

장기적인 역사적 관점에서 보면, 세계화론이 과장임이 분명해진다. 세계 경제의 역사를 보면, 19세기 말과 20세기 초에 국제 무역과 국제 투자가 선진 경제들에 훨씬 더 중요해졌음을 알 수 있다. 말하자면, 이 시기는 자본이 세계적으로 더 통합된 시기였다.

그러나 이 시기 다음에는 1914년에서 1945년에 이르는 시기가 뒤따르는데, 이 시기는 세계 자본주의의 역사 전체에서 최악의 위기들로 점철된 시기였다. 두 차례의 세계 대전과 함께 그 사이에 1930년대의 대공황이 있었다. 이 시기에 국제 무역과 국제 투자는 선진 경제들에 덜 중요해진다. 가령 주요 경제들은 보호 무역 정책을 채택함으로써 1930년대 경기 침체에 대응했다. 이것의 효과는 1930년대를 거치는 동안 국제 무역의 총액이 급속히 감소했다는 것이다. 본질적으로 세계 경제는 여러 제국주의적 국가군(群)들로 쪼개졌고, 경제는 엄격한 국가 통제 하에 놓였다. 국가별로 편제된 국가 지도 자본주의가 시대의 조류였다.

세계화론자들은 국가가 마치 30년 전까지는 전능했으나 이제는 아무 힘도 없는 것처럼 얘기한다. 사실인즉, 국가는 과거에 전능하지 않았고 지금 무력하지 않다. 앞 부분에 대한 얘기부터 하면, 세계 대전과 그 사이 시기에 자본에 대한 국가 통제가 한창이었을 때조차 세계 경제에 대한 의존 수준이 상당했다. 가령 스탈린 치하 소련의 공업화는 서방에서 수입해 온 기계·설비류에 의존했다. 이것이 소련 관료가 농민을 냉혹하고 잔인하게 다뤘던 한 가지 이유였다. 소련 관료에겐 수입 기계에 대한 대금을 치르기 위해 농민의 곡물이 필요했던 것이다. 이와 비슷하게, 히틀러 치하 나치 독일도 대공황 이후 실업을 줄이기 위해 국가 통제를 이용했다. 그럼에도 나치의 국가 자본주의적 확장은 1930년대 말에 중대한 한계에 봉착했다. 왜냐하면 주요 원자재 수입에 필요한 외환이 부족했기 때문이다. 이것이 나치가 제2차세계대전을 일으킨 한 가지 원인이었다. 그들은 무력으로 원자재를 확보하려 했던 것이다. 그런데 이 점은 일본도 마찬가지였다.

제2차세계대전이 끝난 뒤에 자본주의는 안정화됐다. 1950년대와 1960년대는 장기 호황의 시기였다. 이 시기에 국제 무역과 해외 직접 투자는 모두 상당히 증대했다. 가령 미국의 다국적 기업들은 서유럽에 자체 공장을 매우 많이 지었다. 하지만 1980년대가 돼서야 비로소 국제 무역과 해외 투자는 1914년 당시만큼 선진 경제들에 중요해졌다.

그러므로, 이렇게 봤을 때 우리는 세 국면을 구별할 수 있다. (1) 19세기 말과 20세기 초의 비교적 높은 수준의 국제적 경제 통합, (2) 1914년에서 1945년까지 국제적 통합이 쇠퇴하고 세계 경제가 파편화되는 시기, (3) 제2차세계대전 뒤에 세계적 통합이 증대하지만 1980년대에야 비로소 1914년 수준에 이르는 시기. 현재의 세계적 통합수준은 역사적 전례가 없는 것이 결코 아니다.

오늘날의 세계화

그럼에도 세계 경제가 자본주의 역사상 가장 높은 수준의 세계적 통합에 도달했음은 의심할 여지 없는 사실이다. 이것은 첫째, 금융 시장에 가장 잘 들어맞는 얘기다. 금융 시장을 통해서 매우 쉽고 매우 빠르게 자본을 이동시키는 것이 가능하다. 이것은 실물 경제에 현저한 영향을 미칠 수 있다. 이것은 우리 나라의 경우에 명백했다. 1997년 중엽까지 막대한 액수의 화폐 자본이 유입됐다가 그 뒤 막대한 액수가 유출됐다. 물론 이것은 근본적으로 경제의 수익성 저하에서 비롯한 것이었지만, 그 나름대로 실물 경제의 더한층 경기 후퇴를 가져왔다.

여기서 금융과 실물(실물 경제)의 구분에 대해 분명히 해 두자. 금융 시장은 화폐 자본을 취급한다. 마르크스는 이것은 "자본의 가장 순수한 형태"라고 했다. 왜냐하면 돈(화폐)을 이용해 더 많은 돈(화폐)를 벌기 때문이다. 그러나 화폐 자본은 결국 생산 자본에 의존한다. '생산 자본'은 노동자들한테서 잉여 가치를 추출하기 위해 기계와 노동자에게 투자한 자본을 말한다. 생산 자본은 화폐 자본보다 부득이 이동성이 훨씬 적다. 이것은 매우 중요한 구분으로, 이에 대해 매우 분명해야 한다. 흔히들 자본의 국제적 이동성에 대해 얘기하면서, 공장을 세계 각지로 옮기는 것이 마치 달러나 엔화를 옮기는 것처럼 쉬운 것인 양 얘기한다.

세계적 통합의 둘째 수준은 국제 무역과 관계 있다. 일반으로 말해, 각국 경제는 상품과 서비스를 수출할 수 있는 능력에 갈수록 의존하는 경향이 있다.

통합의 셋째 수준은 생산 자체의 통합이다. 해가 갈수록 생산은 다국적 기업에 의해 국제적 기지를 두면서 편제되고 있다. 그러나 여기서도 매우 중요한 구분을 할 필요가 있다. 세계화론자들이 각 국가로부터 독립한 초국적 경제의 등장에 대해 얘기하기 때문이다. 이런 견해는 증거의 뒷받침을 받지 못한다. 먼저, 여러 연구 결과는 다국적 기업들이 여전히 일국에 본거지를 두고 있고 자기 국내 시장에 여전히 크게 의존하고 있음을 보여 줬다. 미국계 기업, 일본계 기업, 독일계 기업 등은 자기네 국내 시장에 투자와 거래를 집중시키고 있다.

그들이 해외 직접 투자(FDI)도 하는 것은 사실이다. '해외 직접 투자'는 외국 회사의 주식을 사는 것이 아니라 외국에 생산적 자회사를 설립하거나 사는 데 투자하는 것을 말한다. 그런데 많은 연구 결과는 해외 직접 투자가 여전히 주로 선진 자본주의 경제들에 집중돼 있음을 보여 줬다. 가령 일본인들이 미국이나 서유럽에 투자하고, 유럽인들은 다른 유럽 지역과 미국에 투자하고, 미국인들은 유럽과 일본에 투자하는 식이다.

해외 직접 투자가 선진 경제들 바깥으로 미치는 경우는 동아시아와 라틴아메리카의 비교적 선진적인 소수 신흥 공업국들에 집중되고 있다. 연구 결과들은 제3세계에 대한 해외 투자의 기준이 임금이 아님을 보여 준다. 오히려 기준은 국내 시장의 크기, 교육받고 숙련된 노동 인구가 있는가 여부, 현지 사회 기반 시설(도로·항만·공항·통신·우편·용수 따위)의 질 등이다. 그러므로 다국적 기업들이 자신의 국내 본거지를 떠나 초저임금 노동자를 착취하러 제3세계로 간다는 세간의 통념은 현실과 일치하지 않는다.

물론 다국적 기업들이 여러 나라에 생산을 편제하는 경향이 있음은 사실이다. 하지만 이것은 형태가 여러 가지다. 그래서 소위 '세계적 일관 작업'(세계적 조립 라인)이라는 형태일 수도 있고, '세계적 현지화'(글로컬라이제이션)라는 형태일 수도 있다. 상이한 자회사들이 부품을 만들지만 단일한 제조 과정의 일부로서 작용하는 방식이 바로 세계적 일관 작업이다. 반면에, '세계적 현지화'는 다국적 기업이 그다지 많지 않은 생산적 투자를 다른 나라에 하는 경우다. 그러나 이 투자의 주된 목표는 현지에 본거지를 둔 기업들의 네트워크 속에 포함되는 것이다. 이런 식으로 그 다국적 기업은 현지에 본거지를 둔 기업들의 시장과 숙련과 자본을 동원할 수 있다. 이 방식은 도요타가 처음 개척했기 때문에 때때로 '도요타 방식'이라고도 불린다. 현지 네트워크 속에 묶어 두는 이런 종류의 투자는 이동성이 높은 자본과 어울리지 않는다. 이러한 현지 연계를 만드는 데 돈과 시간을 들인 다국적 기업이 속히 그 연계를 포기할 가망은 거의 없다.

이제 세계화론에 대해 마지막 단서를 달고자 한다. 그것은 국민국가의 여전한 중요성이다. 선진 경제들을 보면 여러 자본가들이 세계 무대에서 자기 이익을 추구하기 위해 자기 국민국가에 기대고 있음을 알 수 있다. 이것은 가령 국제 무역의 경우에 매우 분명하다. 미국의 대기업들은 연방 정부를 세계 무역에서 해머로 이용하고 있다. 유럽 연합의 가장 효과적인 양상은 틀림없이 국제 무역 협상 기능일 것이다. 독일·프랑스·영국의 자본가들은 미국 자본가들을 물리치기 위해 유럽 연합을 이용하고 있다. 1998년 8~9월에 러시아와 브라질이 외채 상환 불능 상태에 빠지고, 투기성 단기자금 회사 롱텀캐피탈매니지먼트(LTCM)가 파산하는 등 금융 시장이 혼돈에 빠졌을 때 금융 시장 안정화에 결정적인 구실을 한 건 바로 국가의 일부인 주요 중앙은행들이었다.

국가가 여전히 중요한 둘째 측면은 군사력과 경쟁의 역할이다. 세계가 경제적으로 매우 통합돼 있던 제1차세계대전 전에 흔히들 이제 국제 무역은 너무 중요해져서 전쟁과 민족 대립이 불가능하다고 했다. 오늘날에도 세계화 옹호론자들은 얄궂게도 똑같은 주장을 한다. 하지만 군사적 대립과 군사력은 오늘날에도 여전히 세계의 가장 중요한 특징이다.

맺음말

라퐁텐(독일 사회민주당 내 좌파의 지도자) 저서의 제목을 빌려 말을 맺자면, "세계화를 두려워할 필요가 없다." 오히려 최근 경험은 세계화로 인해 자본이 파업에 경제적으로 더 취약해졌음을 보여 준다. 중요한 사례로, 근래 몇 년새 미국에서는 제네럴모터스(GM) 노동자들의 파업이 여러 차례 있었다. 주로 GM 내 상이한 공장의 상호 의존 때문에 파업은 대체로 성공적이었다. 미국 내 GM 공장의 파업이 캐나다와 심지어 유럽에서 생산을 멈추게 할 수 있었다. 이처럼, 세계화는 노동자들의 저항과 투쟁 능력을 결코 약화시키지 않는다.

이것이 세계화에 반대하는 투쟁을 지지할 필요가 없다는 뜻은 아니다. 지금 세계화에 반대하는 운동은 실제로는 IMF-IBRD나 WTO 따위로 대표되는 제국주의(즉, 세계 자본주의)에 반대하고 있는 것이다. 그러므로 세계화를 위협으로 여기지 않으면서도 세계화에 반대한다.

동아시아의 위기와
계급 투쟁 시험대에 오른 세계화

"도대체 어떻게 돌아가고 있는 건지 아는 경제학자 하나 내게 찾아 주실 분 없습니까?"
— 인도네시아 외무장관 알리 아틀라스

십 년이 아니라 일 년 사이에도 강산이 변할 수 있는 모양이다. 지난해 여름까지만 해도 국제적 투자를 하는 자들과 소위 경제 전문가들은 "아시아의 호랑이들"을 입버릇처럼 찬양했다. 세계은행이 1993년에 발표한 보고서 〈아시아의 기적〉을 보면 세계은행이 당시 상황에 얼마나 도취해 있었는지 알 수 있다. 전 세계의 지배 계급들

데이빗 맥낼리. 《열린 주장과 대안》 6호, 2000년 11월 1일. https://wspaper.org/article/53. 데이빗 맥낼리는 캐나다 토론토의 글렌든 대학 정치학과 교수다. 출처: David McNally, "Globalization on Trial: Crisis and Class Struggle in East Asia", in *Monthly Review*, Vol. 50, No. 4(1998년 9월), pp.1-14.

은 시장 개방과 자본 자유 이동이 인류에게 구원을 가져다 주는 증거라며 "아시아 모델"을 칭송했다.

아시아에 혹독한 경제 위기가 닥친 지 1년 남짓이 된 지금 세계은행은 새로운 보고서를 준비하고 있다. 그 보고서의 제목은 "아시아의 기적에 대한 재고"가 될 것이라고 한다. 그들로서는 당연히 재고해야 되겠지만 말이다. 한국에서는 하루에도 1만 명이나 되는 노동자들이 해고되고 있는데, 이는 한 달에 자그마치 30만 명이 해고되고 있는 셈이다. 인도네시아 경제는 거의 완전한 파산 상태에 이르렀는데, 자카르타 증권거래소 상장기업 282개 가운데 겨우 22개 기업만이 살아남을 수 있다. 일본은 25년 만에 최악의 경기 침체에 빠졌다. 전체적으로 아시아 증시에서 6천억 달러 이상의 시가 총액이 날라가 버렸다. 국제통화기금(IMF)이 국가 예산과 공공 정책을 지시하는 일이 흔해지면서 동아시아는 세계 시장에 더 깊숙이 통합되고 있고 이로 인해 마치 새로운 형태의 종속에 빠져들고 있는 것처럼 보인다.

심지어 상당수 좌파의 경제 분석에서조차 득세하던 "세계화"에 대한 과장이 이제는 크게 흔들리고 있다. 참말이지, 자본의 냉혹한 구조조정 추진 — 다운사이징, "린" 생산, 아웃소싱, 많은 업무의 비정규직화, 새로운 자본시장의 창설, 새로운 무역 협정과 투자 협정의 체결 — 덕분에 투쟁과 저항의 지형이 변모했다. 그러나 아시아의 경제 위기는 자본의 본질적인 동력들과 모순들을 바꾸기보다는 그러한 모순들의 폭발력이 얼마나 클 수 있는지 보여 줬다. 사실, 아시아의 위기는 "세계화" 시대 자본주의의 두 가지 근본적인 모순에 대해 많은 것을 말해 준다. 첫째로, 아시아의 위기는 오늘날 세계화하고 있는 자본이 과잉 축적과 과잉 생산능력이라는 심각한 문제에 시달리고 있음을 보여 준다. 그리고 둘째로, 아시아의 위기는 가속된 자본 축적이 자본의 지시에 맞서 반격할 수 있는 강력한 신흥 노동자 계급을 창출할 수 있음을 보여 준다.

시험대에 오른 세계화

세계화에 대한 권력 집단의 주장을 뒷받침하는 시험적 사례가 있다면 동아시아, 특히 그 지역 신흥공업국들인 한국·타이·인도네시아·말레이시아·대만일 것이다. 세계 다른 지역을 둘러보면 경제의 세계화에 관한 주장들이 얼마나 웃기는지 알 수 있다. 세계적으로 이동하는 자본에 대한 과장에도 불구하고 따지고 보면 국제 자본은 생산과 무역을 산업 선진국들에 집중하고 있다. 몇몇 예외를 제외하면 아시아의 일부만이 세계적 자본 순환에 체계적으로 통합됐다. 예를 들어, 1980년에서 1991년 사이에 아시아(일본을 제외한)가 세계 무역에서 차지하는 비중은 9%에서 15%로 증가한 반면, 선진국의 경우는 72%에서 63%로 감소했다. 그러나 세계 경제의 나머지 지역 — 아프리카의 "상대적 후진국들"과 중남미, 특히 카리브해 연안의 나라들 — 이 국제 무역에서 차지하는 비중은 28%에서 13%로 대폭 감소했다(United Nations, *World Economic Survey*, 1993). 1994년에 개발도상국들에 투자된 자본 총액 가운데 절반 이상이 동아시아에 투자됐다.

그러므로 아시아를 제외하면 세계화 테제는 성립할 수 없었다. 아시아가 유일한 성공 사례였다. 그런데 동아시아의 현재 위기는 세계화 테제를 위기에 빠뜨리고 있다. 게다가 아시아의 사태는 세계 자본주의 경제 전체에 〈비즈니스 위크〉 지가 1970년대 이후로 "세계의 번영에 대한 가장 커다란 위협"(1998년 1월 26일)이라고 부른 심각한 위협을 제기하고 있다.

각종 경제 신문의 피상적인 묘사와는 반대로 동아시아의 붕괴는 근본적으로 부패나 정실 자본주의 또는 과도하게 규제되는 시장 때문이 아니다. 오히려 동아시아의 붕괴는 자본주의의 과잉 축적(그리고 그에 따른 이윤 압박)이라는 고전적 문제 때문이다. 최근 몇 년 동안 동아시아로 자본이 대거 유입된 덕분에 생산 설비가 크게 증설되긴 했지만, 대부분 수익성 높게 사용되지 못한다. 달리 말하면, 자본주의적 생산력 발전은 자본주의의 본질에 내재한 한계들과 충돌하고 있다. 그럼에도 시장 경쟁이 치열해지므로 기업은 생산 능력 — 새로운 공장과 광산 그리고 거대 농장, 새 사회기반시설과 서비스업들 — 을 훨씬 더 확장하는 것으로 대응해 왔다.

전반적으로 생산 능력이 과잉인 상황에서 생산 능력을 확장하는 것은 비합리적인 것으로 보일지 모른다. 실제로 체제 전체로 봐서는 비합리적이다. 그러나 시장 경쟁의 논리에 사로잡힌 개별 자본주의 기업에게는 그것만이 합리적인 진로다. 결국 그 목적은 시장 점유율 쟁탈전에서 경쟁 상대를 꺾는 것이다. "린" 생산, 신기술, 노동 규율, 상대적 저임금, 신속한 시장 진입 등의 요소를 제대로 결합시킨 기업이 살아남을 것이다. 그래서 전체적으로는 과잉 축적 문제가 있음에도 이런 일들을 이룩하고 가장 효율적인 자본주의 기업을 건설하기 위해서 생산 능력을 확장하는 것이다.

많은 경우에 아시아는 최근 자본 축적의 시험대였다. 값싼 노동, 손쉬운 자금 조달, 엄격한 노동 법규들을 이용하여 기업을 비호하는 정부 등과 같은 요인들을 통해서 짭짤한 수익을 얻을 수 있을 것이라고 기대하면서 자동차, 철강, 전자, 반도체, 광통신 설비들이 무턱대고 증설됐다. 일단 경기가 정점에 이르자 그 결과를 예측할 수 있었다. 즉, 생산 능력이 막대한 과잉 상태인 데다 수익성이 심각한 문제로 대두됐다.

세계 자동차 산업을 예로 들어 보자. 오늘날 자동차 산업의 세계적인 과잉 생산 능력은 대략 2100만~2200만 대다. 이 수치는 세계 시장에 비해 대략 36%의 과잉 생산 능력, 즉 80개의 효율적인 최신식 공장의 제조 능력을 합친 것에 해당한다. 그러나 이러한 현실에도 불구하고 — 사실상 자본주의의 논리로는 이러한 현실 때문에 — 자동차 기업들은 아시아 전체에서 생산 능력을 무분별하게 확장했다. 위기가 발발하기 전에 자동차 기업들은 한국과 일본을 빼고 아시아 자동차 생산 능력을 두 배로 증대시키는 투자 계획을 세웠다. 그런데 한국과 일본은 이미 설비 과잉 문제로 비틀거리고 있었다.

비슷한 과잉 축적 문제 — 수익성 있게 사용되지 못하는 생산력의 창조라는 — 들이 컴퓨터 칩, 반도체, 광케이블, 화학 제품, 철강 같은 산업들을 괴롭히고 있다. 세계 디램 시장도 이 점을 보여 준다. 분석가들은 디램의 공급 과잉이 1995년에 0%였던 것과 달리 올해[1998년]에는 18%에 달할 것으로 추산한다. 그 결과 디램 가격이 크게 폭락했다.(세계 디램 시장의 40%를 점유하고 있는 한국의 경우에 특히 파괴적이었다.) 64메가디램 가격은 1997년 초 개당 60달러에서 그해 말 개당 20달러로 추락했다. 올해 64메가디램 가격은 8달러까지 떨어졌다(<월 스트리트 저널> 1998년 6월 4일치). 아시아 경제 위기의 근본 원인은 이처럼 과잉 생산이 초래한 가격과 이윤 하락 압력이다. 그래서 일부 투자가들은 이런 업종들에 더 투자하면 적정 수익을 얻기가 어려울 것임을 깨닫고 도망칠 자세를 취했다. 신중을 기하기 위해 그들은 아시아 주식의 비중을 줄임으로써 자신들의 판돈을 줄이기 시작했다. 느리지만 확실하게 동아시아와 같은 지역에서 발을 빼는 일이 벌어졌다. 사실, 그 전까지만 해도 동아시아와 같은 지역에서는 투기적 자본의 막대한 유입으로 가속된 열광적인 축적이 시류였다. 달리 말하면, "시장력"이 자본의 실제 과잉 축적 문제에 반응했다. 그렇다면 아시아의 위기는 사회의 불충분한 시장화의 결과라기보다는 오히려 자본주의 시장에 내재한 모순들 때문이었다. 요컨대 아시아의 위기는 자본주의 세계화의 산물로, 세계적 규모로 자본주의 모순이 확대되고 격화된 결과다.

이 모든 일은 단기 금융자본의 이동에 의해 악화됐다. 중남미 시장이 불안정하고 일본의 주식 시장과 부동산 시장이 붕괴하고 있던 상황에서 국제 은행들과 금융 기관들은 동아시아에서 큰 이윤을 얻을 것이라고 기대했다. 그들은 공장이 새로 들어서고 신기술이 도입되고 고속도로, 공항, 통신 시스템, 고급 호텔 들이 폭발적으로 증가하는 것을 보면서 호황에 동참하고 싶어했다. 금융 자본이 동아시아 지역에 물밀듯이 밀려들어오면서 비교적 손쉽게 저리로 자금 조달이 가능해지자, 제조 기업들과 건설 기업들은 계속 신규 사업들을 추진하기 시작했다. 그러므로 동아시아의 경제 호황은 투기적 호황의 고전적 특징들을 모두 갖고 있었다. 거창한 신규 사업 계획들이 장밋빛 전망 하에서 발표될 때마다 거품은 커져만 갔다.

불가피하게 일부 투자가들은 위험을 느끼고 조심스럽게 행동했다. 그들은 세계적 과잉 생산 능력 상황에서 공장, 농업 관련 기업, 광산, 호텔, 고속도로 따위가 너무 많이 건설되고 있다고 느꼈다. 처음에 그들은 아시아의 신규 투자 사업에서 조용히 발을 뺐다. 그들은 주식시장에서 현금을 빼고 아시아 통화들을 손해를 보면서까지 내다 팔았다. 일단 시동이 걸리자 그 과정은 봇물 터지는 듯한 상황으로까지 발전했다. 1990년에서 1996년까지 인도네시아·말레이시아·필리핀·한국·타이로 유입된 민간 자본은 연간 2백억 달러에서 9백50억 달러로 거의 다섯 배가 증가했던 반면, 1997년에는 이 나라들로부터 무려 2백억 달러에 달하는 민간 자본의 순유출이 있었다. 지난해 여름 타이의 바트화 폭락과 함께 추락이 시작됐다.

별안간 재계는 동아시아의 부채 — 세계 자본의 제공으로 생겨난 부채 — 문제가 악화되고 있다는 것을 발견했다. 지난해 여름 바트화의 폭락이 한창 진행되고 있을 때조차 세계은행과 IMF와 많은 외국 은행들의 경제학자들은 모두 인도네시아 경제의 펀더멘털스(기초)가 건전하다고 이구동성으로 외쳤다. 그들은 타이에서 일어난 것과 같은 문제가 인도네시아에서는 없을 것이라고 예측했다. 몇 달 뒤에 자본 도피가 시작됐고, 세계 시장은 인도네시아의 외채가 8백억 달러라고 발표했다. 자본 유출이 너무 심각해져 세계 자본에 의해 통화 가치의 평가절하를 강요당한 나머지 마침내 인도네시아는 경제가 붕괴 일보직전 상태에 이르렀으며, 국내총생산(GDP) 대비 외국 은행에 갚아야 할 부채 비율이 35%에서 140%로 급증했다(〈이코노미스트〉, 1998년 3월 7일).

그 다음에는 한국으로 이목이 집중됐다. 동아시아에서 일본 다음 가는 주요 공업국인 한국은 이제 매우 허약한 것으로 드러났으며, 일본의 위기에 의해 초래된 일본 엔화 가치의 장기적 하락이 직접적 요인이었다는 점에 비춰 볼 때 특히 허약해 보였다. 한국은 자동차, 철강, 전자 산업 등에서 일본과 직접 경쟁하는 관계에 있기 때문에 엔화 가치 하락으로 인한 일본 수출품 가격 하락에 대해 큰 두려움을 가질 만하다. 그래서 한국은 해결하기가 매우 어려운 문제에 부딪히고 있었다. 수출이 호황을 누렸는데도 수출로 벌어들인 돈은 가격 하락 압력 때문에 지지부진했다. 예를 들어, 1996~1997년에 한국은 수출량이 37% 증가했지만 수출로 벌어들인 돈은 겨우 5% 증가했다. 그러나 이러한 낮은 수출 소득 증가로는 한국의 기업들이 새로 공장을 건설하거나 설비를 교체하기 위해 차입한 돈의 원리금을 갚기에 부족했다. 1996년 말 30대 재벌의 평균 부채 비율은 400%대였다. 위기가 닥치고 수출과 수출 소득이 폭락하자 그러한 부채를 갚을 전망이 희미해졌다. 재벌 중 4분의 1 이상이 무너졌으며, 그 가운데는 자동차 그룹인 기아그룹, 조선·기계·자동차부품 관련 그룹인 한라그룹도 포함돼 있다.

그러는 동안 동아시아의 위기는 그 위기의 진원지인 일본으로 되돌아갔다. 일본의 불황은 1990년대 초에 주식 시장과 부동산 시장의 거대한 붕괴에서 시작됐다. 일본의 산업 생산은 1997년에 대략 1% 정도 감소했고, 올해 1/4분기에는 무려 5.3%나 줄어들었다. 기업 이윤과 자본 투자가 줄고, 기업 부도가 폭증하고, 소비자들의 소비도 크게 위축되고 있다. 백화점 매출도 매달 약 15%씩 떨어지고 있다. 그러는 동안 일본 은행이 보유하고 있는 부실 채권은 1조 달러를 넘어서고, 기업의 자기자본 대비 평균 부채 비율은 미국의 1.5배에 달했다(〈비즈니스 위크〉, 1998년 5월 18일). 이러한 일들은 모두 지난 6년 동안 경기를 부양하기 위해 정부 지출로 1조 달러를 투입했는데도 벌어진 일들이다. 일본에 대한 경기 전망이 너무 비관적이었기 때문에 RBC 도미니언 증권회사 수석 애널리스트인 폴 서머빌은 일본의 불황이 15년은 지속될 것이라고 예측했다. 말할 것도 없이 이런 전망은 일본으로의 수출에 대한 의존도가 높고 일본인들의 현지 투자가 매우 중요한 "아시아의 호랑이들"에게 더한층 악재다. 그리고 그것은 위기가 곧 끝날 것처럼 보이지 않는 한 가지 이유다.*

---

* 중국 상황 전개의 독특한 동역학을 조사하는 일은 이 논문의 한계를 벗어난다. 중국의 경제성장률이 크게 하락했다는 최근의 발표와 수만 개의 국영 기업들이 문을 닫음에 따라 수백만 명의 공공부문 노동자들이 해고당했다는 점은 주요한 문제들이 다가오고 있음을 암시한다. 이 문제들은 동아시아 전체와 세계경제 전반에 반향을 미칠 것이다.

동아시아 지역 전체에서 잇달아 일어난 주식시장 붕괴, 공장 폐쇄, 대량 해고, 정부 지출 삭감, 통화 평가절하는 수백만 대중의 삶을 망가뜨리고 있다. 대규모 자본 투자와 축적은 이윤을 위한 생산의 논리와 충돌하고 있다. 그 결과 동아시아는 지금 "[자본주의] 이전 시대엔 터무니없는 것처럼 보였을 유행병, 즉 과잉 생산이라는 유행병"에 걸려 있다.* 이 유행병이 지금 말로 다 할 수 없는 시련을 강요하고 있으며, 저항과 반란을 부르고 있다.

노동자 대중과 자연 환경: 위기의 몇 가지 양상

지난해 7월 이후 5백만 명 이상의 인도네시아 노동자들이 해고됐다. 1998년 말에는 인도네시아 실업자는 2천만 명에 이를 것으로 보이며, 타이의 경우에는 3백만 명에 육박할 것이며, 한국의 경우에는 거의 2백만 명이 될 것 같고, 말레이시아에서는 1백만 명이 실업자로 전락하고 150만 명의 이주 노동자들이 추방당할 위험에 직면할 것이다.

대량 해고와 함께 생활 수준의 파괴도 이뤄지고 있다. 지난해 8월에서 12월 사이에 한국 노동자들의 평균 수입은 절반으로 떨어졌다. 이것은 인도네시아의 경우와 비교하면 그래도 나은 편이다. 인도네시아에서는 일인당 연간 소득이 1천2백 달러에서 3백 달러로 곤두박질

---

* Karl Marx and Friedrich Engels, *The Communist Manifesto*, p.73.

쳤다. 인도네시아의 최대 공업 도시인 수라바야에서 하루 최저임금은 1년 전의 2달러에서 지금은 30센트 이하로 떨어졌다. 더구나 IMF의 지시로 식료품 보조금과 연료 보조금이 없어지고 물가가 치솟고 있는 상황에서 이러한 일이 벌어지고 있다. 빈곤선 이하에서 살고 있는 사람들의 숫자는 올해 말에 갑절로 돼, 5천8백만 명이 될 것이다. 인도네시아만 그런 게 아니다. 타이에서도 쌀과 밀가루 가격이 2월에 47%나 뛰어올라서 가난한 사람들에게 재앙을 가져다 줬다. 동아시아에서 경제 위기는 무역 수치들과 투자 수치들의 변화에서 더 나아가 근본적으로 빈곤·실업·영양실조·사망률의 증가를 동반하고 있다. 인도네시아의 빈민 구제 활동가들은 많은 산모들이 값이 세 배로 뛴 우유를 살 수 없어서 아기에게 녹차를 먹인다고 보고하고 있다. 영양실조에 걸린 사람들과 학교를 중퇴하는 사람들이 급증하고 있다. 젊은 여성들이 특히 심각한 타격을 받았는데, 공장과 가게가 문을 닫고 소녀들이 학교를 못 다니게 됐기 때문이다. 타이에서는 위기로 인한 궁핍 때문에 추가로 수천의 농촌 가정이 자기 딸을 방콕의 사창가로 팔아야 한다. 일부 전문가들에 따르면, 방콕에서 무려 1백만 명의 젊은 여성들이 매매춘업에 종사하고 있으며, 그들 중 많은 사람들은 정부가 부인하는 에이즈(후천성 면역 결핍증) 위기에 노출돼 있다.

자연 환경의 파괴도 고통을 크게 가중시키고 있다. 미친 듯한 산업화와 과시성 초대형 프로젝트는 엄청난 환경 파괴를 가져왔다. 마닐라에 있는 아시아개발은행(ADB)은 동아시아 지역을 전 세계에서 "가장 심하게 오염돼 있고 환경이 가장 나쁜" 지역으로 묘사했다. 아시아의 강들은 납 오염도가 서구 강들의 평균 20배다. 세계보건기구 (WHO)에 따르면, 아시아의 대기오염 때문에 해마다 150만 명이 넘는 사람들이 목숨을 잃는다. 또, 50만 명이 상수도 오염과 형편없는 위생시설 때문에 죽는다. 기업이 살아남기 위해 필사적으로 비용을 줄이고, 산업 안전 관리와 공해 방지에 관한 규제를 정부가 폐지함에 따라 경제 위기는 환경 파괴를 가속시킬 것이다. 인도네시아의 대형 산불 사태는 장래에 닥칠 일에 대한 무서운 경고다.

순전히 규모만으로도 상업적 벌목은 세계 열대우림의 10%가 있는 인도네시아의 다른 모든 산업 활동을 능가한다. 약 6천만 명의 사람들이 열대우림에서 살고 일하며, 그들 중 3분의 1 이상이 수천 년 동안 고갈되지 않고 이용할 수 있었던 화전 농업에 종사하고 있다. 그러나 이들 중 수백만 명이 상업적 벌목과 광업 등에 의해 강제로 쫓겨나고 있다. 벌목 회사들은 인도네시아 국토 면적의 3분의 1 — 거의 64만 제곱킬로미터 — 을 소유하고 있으며 벌목과 식수 조림 활동의 일부로서 숲을 정기적으로 태우고 있다. 토지와 숲의 사유화와 파괴 때문에 많은 사람들이 삶의 터전에서 강제로 쫓겨나고 있다. 예를 들어, 1970년대에 칼리만탄 주에서 250만 명 이상의 토착민들이 강제 이주당했다. 1980년대 중반에는 약 1천만 명이 자바에서 다른 섬으로 "재정착"당했다. 지난해 여름에는 수마트라와 칼리만탄의 저지대 열대우림에서 거의 2만 제곱킬로미터가 불에 탔다. 그리하여 지구 온난화, 기후 변화, 커피와 코코아 농업과 어업에 대한 악영향과 같은 생태계 파괴를 겪고 있다. 인도네시아·싱가포르·타이 남부·브루나이·말레이시아·필리핀 남부의 7천만 명에 이르는 사람들이 그 영향을 받아 왔으며, 많은 사람들이 호흡기 질환, 천식, 각종 피부 질환과 눈 질환에 대한 치료를 받아야 했다.[*]

또한 거대 광산 프로젝트의 영향도 파괴적이었다. 뉴올리언스에 본사가 있는 프리포트 맥모란이 운영하는 구리 광산과 금광보다 더한 사례는 없다. 토착민들에 대한 유괴·고문·살인을 저질러 온 이 회사는 서파푸아에 있는, 세계에서 가장 매장량이 많은 광산을 경영하고 있다. 이 회사가 푼쿡 자야 산에서 막대한 양의 광석을 채취하는 바람에 선광 부스러기가 아콰 강을 오염시켰으며, 어류를 죽이고 산림을 황폐하게 만들었다. 이 회사는 지금 광산의 산출량을 두 배로 늘릴 계획을 갖고 있으며, 빚에 쪼들린 정부가 IMF와 세계적 투자를 하는 자들에게 돈을 지급하기 위해 자연 자원을 매각함에 따라 앞으로도 이러한 끔찍한 상황을 더 많이 보게 될 것이다.[**]

자연 환경 파괴의 증가는 동아시아 전체에서 시장의 요구가 강화됨에 따라 발생하는 직접적 결과다. 금융 자본의 이동과 함께 산업의 과잉 축적은 노동 대중과 환경에 대한 고전적인 자본주의적 공격을 불렀고, 마르크스의 말처럼 "동시에 모든 부의 원천 — 토지와 노동자 — 을 약화시킨다."[***]

---

[*]   Dianne Feeley, "Who Set the Fires?", *Against the Current* 72(January-February, 1998), p.17; and Curtis Runyan, "Indonesia's Discontent", *World Watch*, May-June 1998, pp.12-23.

[**]   프리포트 맥모란에 관한 정보는 루난(Runyan)에게서 입수한 것이다.

[***] Karl Marx, *Capital*, V.1, trans. Ben Fowkes(Harmondsworth: Penguin Books, 1976), p.638.

저항과 반란: 아시아의 새로운 노동자 운동

그러나 이러한 일이 벌어질 때마다 저항이 있었다. 지난 15년에서 20년새 저 유명한 "아시아의 기적"을 통해 동아시아에서 취업 노동자 계급의 규모가 크게 증가했고 노동자 계급의 자체 조직과 투쟁이 상당히 진보했다. 경제적 남반구, 즉 소위 "개발도상국" 전체에서 산업 노동자들의 수만 해도 1980년 2억 8천5백만 명에서 1994년 4억 명으로 증가했는데, 주로 아시아에서 증가했다. 게다가 이 기간에 매우 많은 동아시아 여성이 임금 노동자로 편입됐다. 오늘날 동아시아에서 여성은 전체 임금 노동자의 42%를 차지하며, 의류, 전기 제품, 전자 산업 같은 주요 산업에서는 흔히 압도 다수를 이루고 있다. 이뿐 아니라 1980년대 후반에는 노조 조직률이 크게 증가했다. 예컨대 1987년에서 1989년 사이에 조직 노동자의 수는 방글라데시에서 27% 증가했고, 필리핀에서 38%, 한국에서는 100% 증가했다. 1986년에서 1989년 사이에 대만의 조직 노동자는 50% 이상 증가했다.*

그러나 여기서 중요한 것은 단지 숫자만이 아니다. 동아시아 노동자 계급은 전투성과 자체 조직의 형태들을 발전시켰으며, 그 전투성

---

* 이 단락에 있는 대부분의 데이터와 한국 노동 상황에 대한 대부분의 데이터는 킴 무디(Kim Moody)의 *Workers in a Lean World*(London: Verso, 1997), p.202에 빚지고 있다. 무디의 귀중한 책뿐 아니라 제레미 시브룩(Jeremy Seabrook)의 *In the Cities of the South*(London: Verso, 1993)과 스티븐 프렌켈(Stephen Frenkel)이 편집한 *Organized Workers in the Asia-Pacific Region*(Ithaca: ILR Press, 1993)도 유용한 자료들을 담고 있다.

은 흔히 서구의 노동 운동을 부끄럽게 만들었다. 흔히 젊은 여성들이 이러한 투쟁의 선두에 서기도 했다. 그리고 많은 경우에 이러한 운동은 독립적인 노조나 노조 연맹을 새로 탄생시켰다. 그러한 노조나 노조 연맹은 국가로부터 용인되고 국가의 규제를 받는 기존 노조의 노사 협조주의를 배격했다. 1988년에 대만에서는 독립적 노동조합 연맹체가 새로 등장했으며, 1995년에는 한국에서 또 다른 연맹체[민주노총]가 결성됐다. 한편, 방글라데시의 전국의류노동조합과 법외 노동단체인 인도네시아 노동자 투쟁 센터가 이들 나라에서 주요 투쟁의 선두에 섰다.

인도네시아는 매우 중요한 사례인데, 정치적 불만이 증대하면서 학생들이 이끈 항쟁이 독재자 수하르토(1965년의 유혈 쿠데타로 권력을 장악했는데, 이 쿠데타 때 적어도 50만 명의 좌파들이 살해됐다)를 타도했다. 수하르토를 타도한 거리 시위에서 결정적인 역할은 비합법 조직이었던 민중민주당(PRD)과 그 당의 학생 단체인 '인도네시아 민주주의를 위해 연대하는 학생들'(SSDI)이 수행했다. 젊은 급진 민주주의자들의 지지를 받는 PRD는 수하르토가 1975년에 침공한(미국의 지원을 받아) 동티모르의 독립을 옹호한다. 그리고 수하르토에 반대하는 항쟁중에 PRD는 "우리의 중국인 형제 자매들을 공격하는 것은 우리의 투쟁을 약화시키고 수하르토를 도울 뿐"이라고 주장하며 두각을 나타냈다(PRD의 1998년 5월 14일자 성명). 이와 같은 급진 민주주의적 관점은 운동에 활력을 줬으며, 이로부터 나오는 용기는 참말이지 고무적이었다. 학생들은 곤봉을 휘두르고 최루탄을 쏘아 대는 군대에 맞서서 몇 달 동안 날마다 시위, 정부 건물 점거, 단식 투쟁 등의 항의 투쟁을 했다. 수하르토가 퇴진하기 직전의 마지막 며칠 동안에는 군대가 총까지 쏴서 많은 학생들이 죽었다.

그러나 인도네시아 사태에 대해 논평하는 대부분의 사람들은 청년과 대학교에 기반한 반대 행동과 함께 비록 작지만 전투적인 노동자 운동이 최근에 등장했다는 사실을 놓치고 있다. 예컨대 1995년 7월 비합법 단체인 인도네시아 노동자 투쟁 센터(PBBI)가 PRD와 연계해 보고르에서 1만 3천 의류 노동자들의 파업을 이끌었다. 지난 7월 이 노조는 수라바야에서 2만 명이 참가한 파업이자 지역사회 항의 운동을 주도했다. 지난해 10월 경제 위기로 인해 IMF의 지시에 따라 대량 해고가 있을 것이라는 소문이 돌 때 PBBI는 반둥의 국영 항공사에서 1만 6천 명의 노동자가 참가하는 파업을 주도했다.

이런 일들은 자그마한 성공처럼 보일 수도 있다. 그러나 경찰과 군대가 탄압하고 있는 상황에서 인도네시아 노동자들이 보인 투쟁 결심은 실로 고무적인 일이다. 그리고 수하르토를 타도한 민중 운동의 여파로 노동자 단체들은 자신감이 증대했고 자기 주장을 분명히 펴고 있다. 노동자들과 도시 빈민들은 수하르토에 반대하는 투쟁을 하는 동안 여러 차례 거리에서 학생들과 함께 싸웠다. 예를 들어, 5월 3일 자카르타 동부의 탕게랑에서 온 3백 명의 공장 노동자들이 학생들의 호소에 응해 정권에 반대하는 시위에 참여했다. 게다가 수하르토의 후임 정부가 감옥에 간힌 노조 지도자 무흐타르 팍파한을 풀어 주기로 결정했음에도 노동자들의 항의를 잠재우지는 못했다. 자카르타에 있는 가루다 항공사의 노동자들이 파업을 했으며, 수라바야에 있는 마스피온 회사의 노동자 5만 명도 파업을 했다. 마스피온 회사의 파업 노동자들은 수하르토 몰락 이후 최대 항의 시위를 조직했다. 6월 8일, 1만 명이 넘는 노동자들이 수라바야에서 집회를 열고 경찰과 충돌했다. 그와 동시에, 자카르타의 운송 노동자들은 공공운송청(PPD)을 공격하고, 파업으로써 73개의 버스 노선을 중단시켰다. 그들의 파업이 절정에 달했을 때 9천 명이 넘는 노동자들이 PPD 청사 밖에서 시위를 했다. 이와 같은 행동은 노동자 단체가 빈곤, 대량 해고, IMF의 지시에 반대하는 투쟁의 선두에 섬에 따라 청년들의 급진적 반대 운동이 더 계급적인 성격을 띠게 될 것이라는 희망을 불러 일으키고 있다. 그러한 전망이 한국만큼 큰 곳도 아마 없을 것이다.

　1980년대 후반에 시작된 노동자 계급의 거대한 격동이 한국을 휩쓸어 왔다. 1986년에서 1990년 사이에 노조원 수는 거대한 파업 물결 과정에서 1백만 명에서 2백만 명으로 갑절이 됐다. 연좌 파업[공장 점거]과 같은 전투적인 노동자 계급 투쟁의 고전적 무기가 더욱 흔해졌다. 1987-88년에는 마산과 창원과 같은 공업 도시들에서 노동자 반란에 가까운 일이 벌어졌다. 당시 한 회사가 한 무리의 파업 여성 노동자들을 공격하면서 촉발된 연대 파업에 30개의 신생 독립 노조들이 가세했다. 연대 투쟁이 하도 고무적이었고 전투성도 확산됐기 때문에 급진적인 노동자들은 당시의 마산과 창원을 "해방구"라고 불렀다. 1995년 11월, 50만 조합원을 가진 (법외 노조인) 민주노총(KCTU)이 결성된 뒤 1996년 12월 말에 대중 파업이 일어났다. 1라운드는 1996년 12월 26일에 시작됐다. 그 뒤를 이어 1997

년 1월 초부터 17만 명의 노동자들이 새로운 규제 조항들이 포함되고 대규모 정리해고를 쉽게 해 주는 노동법 개정에 항의해 열흘이나 지속된 대중 파업에 참가했다. 겨우 10년 사이에 한국의 노동자 계급은 세계에서 가장 전투적인 노동조합 운동 가운데 하나를 건설했다. 이 운동은 지금 최근의 경제 위기로 인해 혹독한 시험을 치르고 있다.

IMF가 [1997년 11월] 570억 달러의 구제금융을 제공하는 조건으로 한국 정부가 대량 해고를 단행해야 한다고 했을 때 최대 도전이 제기됐다. 바로 10개월 전에 정리해고와 관련된 문제로 대중 파업이 촉발된 것을 고려해 국가는 협약을 체결하기 위해 [1998년 1월] 노사정 위원회를 소집했다. 더 온건한 한국노총 대표자들과 함께 민주노총 대표자들도 초대됐다. 올해 2월 6일 민주노총 지도자들은 별로 많지 않은 양보들을 얻는 대신 정리해고와 IMF 융자의 모든 기본 조건들을 받아들인다는 협정에 서명해 많은 노조 활동가들을 당혹케 했다. 며칠 지나지 않아 수백 명의 화난 민주노총 대의원들이 반란을 일으켜, 협약을 부결시키고, 그 협약에 서명한 지도자들을 제거했으며, 총력 파업 날짜를 잡았다. 그러나 며칠 뒤에 파업 호소는 번복됐다.

지금 한국에서 노동조합 투사들은 딜레마에 직면해 있다. 경제 위기의 규모는 대부분의 한국인들을 충격에 빠뜨릴 만큼 심각했다. IMF의 지시를 받아 국가 정책을 수립한다는 이미지 때문에 국민적 자존심이 크게 상처받았다. 수많은 사람들이 국가의 외환보유액을 위해 금이나 미국 달러를 기증해 달라는 정부의 호소에 응했다. 사람들이 외제 승용차를 파손하는 일이 잦았다. 민주노총 활동가들은 이런 애국주의적 분위기 속에서 한국 국가와 지배 계급에 대항하는 동원을 하기가 쉽지 않다고 느꼈다. 하지만 바로 이것이야말로 급진적 노동자 운동이 직면한 과제다. 그러한 운동은 국제 자본(그리고 IMF 같은 그 대리인들)과 동시에 한국 지배 계급을 표적으로 삼는 정치적 행동강령을 발전시켜야만 한다. 급진주의자들은 한국 정부가 부추기는 애국주의와 노동 계급적 성격을 갖는 반제국주의를 서로 대립시킬 필요가 있다. 이런 반제국주의는 민족주의와 달리 경제의 사회화와 산업의 노동자 통제를 요구하는 것이다.

이런 운동을 위해서는 새로운 노동 운동과 함께 독립적인 노동자 계급 정치가 발전될 필요가 있다. 이 목표를 이루는 데 왕도는 없다. 대량 해고와 경제의 붕괴는 노동자들의 사기를 떨어뜨리고 반격할 수 있는 자신감을 약화시키기 때문에 대중 저항이 어려워진다. 투쟁의 정치적 시야를 넓히는 일로서 IMF와 국내 지배 계급에 대항해 계급에 기반한 정치적 반대를 형성하는 일은 이런 상황에서는 무척이나 어려운 과제다. 그러나 10여 년의 투쟁을 통해서 수만 명의 헌신적인 노조 활동가들과 함께 전투적인 노동자 운동이 생겨났다. 그리고 대량 해고, 경제 위기, 수천 민주노총 투사들의 계속되는 대중 행동 선동이라는 상황에서 노동자 계급 저항을 건설할 수 있다는 전망도 실재한다. 사실, 노조들은 초겨울에 주춤거린 뒤에 지금은 반격할 수 있는 능력을 회복하고 있다. 5월 27-28일에 민주노총의 12만 노동자들이 대량 해고에 반대하는 파업 행동에 참여했다. 지금도 대규모 파업들이 계획돼 있다. 기아자동차 노동자들은 임금 삭감에 반대하는 파업을 해 경영진으로부터 양보를 얻어 냈다. 현재 투쟁의 단기적인 결과가 무엇이든 간에 경제 위기와 IMF의 내핍 정책에 반대하는 투쟁의 열기 속에서 전투적인 노동자 계급 지도부가 형성되고 있다.

저항의 아시아 모델?

동아시아에서 노동자 계급과 빈민들은 국제 자본과 격렬한 전투를 벌여야만 하는 처지에 있다. 식량 폭동, 민주주의를 위한 학생 시위, 대량 해고에 반대하는 노동자 투쟁 등과 같은 매우 중요한 경제적·정치적 투쟁들이 만연돼 있다. 이러한 투쟁들이 쉽지는 않을 것이다. 그러나 퇴락하는 "아시아의 기적"이라는 시련 속에서 저항 세력들이 형성되고 있다. 세계화하고 있는 자본이 가져다 주는 참상에 맞서 저항 세력들이 주요한 전투를 수행할 수 있는가 하는 것은 앞으로 몇 년 동안에 판가름날 것이다.

그러나 동아시아 노동자들의 엄청난 전투성과 자체 조직은 존중을 받을 만하다. 보고르의 의류 공장과 쿠알라룸푸르의 전자 공장의 젊은 여성들의 파업, IMF가 지시한 대량 해고에 대항해 반둥에서 일어난 항공사 노동자들의 파업, 수라바야에서 일어난 수만 노동자들의 대중 시위, 한국에서 기아차 노동자들이 벌인 파업은 모두 다 운사이징, 내핍 정책, 민영화, 실업, 빈곤에 대한 노동자 계급의 저항을 보여 주는 것이다. 동아시아는 국제 계급 투쟁의 초점이 되고 있다. 이러한 투쟁들에서 새로운 "아시아 모델", 즉 자본주의적 세계화에 대항한 노동자 계급 저항의 모델이 등장할 수 있다. 우리는 이러한 투쟁들로부터 배울 것이 많다. 그리고 우리는 그 투쟁들에 지지와 연대를 보낸다.

1999년 시애틀, 세계적 운동이 탄생하다

10년 전 1999년 11월 30일, 마른하늘에 날벼락이 치듯이 몰아닥친 대규모 시위대 때문에 시애틀에서 열린 세계무역기구[WTO] 정상회담은 마비됐다. 노조원, 환경 운동가, 제3세계 부채 탕감 활동가 들이 한 자리에 모여 자유무역 추진이 세계에 미치는 파국적 영향을 비판했다.

회담장 바깥의 항의 행동뿐 아니라 정상들 간 내부 분열로 WTO 회담은 합의에 도달하지 못했다. 흔히 반세계화 또는 반자본주의 운동 ─ 좀 더 최근에는 대안세계화 운동 ─ 으로 불리는 운동이 탄생한 것이었다.

사실, 시애틀에서 탄생한 운동은 마른하늘에서 뚝 떨어진 것이 아니었다. 1980년대 말 스탈린주의 정권들의 붕괴로 신자유주의 경제 정책인 워싱턴 컨센서스와 온갖 개악들이 추진될 수 있는 분위기가

알렉스 캘리니코스. 〈레프트21〉 19호, 2009년 11월 25일.

전 세계적으로 조성됐다.

그러나 이런 움직임은 저항을 낳았다. 가장 중요한 분기점은 1994년 멕시코 치아파스의 사파티스타 항쟁과 1995년 11~12월 프랑스 공공부문 노동자 파업이었다.

한편, 신자유주의적 자본주의에 대한 지식인들의 비판이 대중적 호응을 얻기 시작했다. 2000년에 두 권의 기념비적인 저서 — 나오미 클라인의 《노 로고》와 안토니오 네그리와 마이클 하트의 《제국》 — 가 출간됐다. 프랑스 월간지 《르몽드 디플로마티크》는 신자유주의 비판을 전파하는 주요 매체가 됐다.

시애틀은 두 가지 이유에서 분산된 저항과 비판 들을 하나의 운동으로 결집시키는 계기가 됐다. 첫째, 신자유주의에 맞서 저항할 수 있다는 것을 보여 줌으로써 1989년 후 좌파들이 빠져 있던 비관주의를 약화시키는 구실을 했다.

둘째, 엄청나게 많은 저항 행동들을 한 자리에 모음으로써 시애틀 시위는 정치적 보편화를 촉진하는 계기가 됐다. 이제 표적은 개별 정책이나 불의한 사건이 아니라 체제 자체였다.

시애틀 후 신자유주의 정책 추진을 위한 회담에 반대하는 여러 전투와 동원 들이 있었고, 2001년 7월 제노바의 G8 정상회담 반대 시위에서 절정에 도달했다. 실비오 베를루스코니의 폭동 진압 경찰이 카를로 줄리아니를 살해한 것에 항의해 30만 명이 거리로 나섰다.

뉴욕과 워싱턴에서 벌어진 2001년 9·11 공격으로 미국의 운동은 타격을 입었고 지금도 회복하지 못하고 있다.

네트워크들

그러나 운동은 유럽과 라틴아메리카에서 계속 성장했다. 2001년 브라질 포르투 알레그레에서 시작된 세계사회포럼(WSF)은 거대한 반자본주의 학교이자 의회였다.

2001년 제노바 시위를 조직했던 네트워크들이 2001년 가을 최초의 반전 시위를 조직하는 데 뛰어들었다. 영국의 전쟁저지연합은 반자본주의 운동의 급진적 정신과 결합된 새로운 형태의 운동을 보여 줬다.

2002년 11월 제1차 유럽사회포럼(ESF)에서 동일한 급진적 분위기가 또 한 번 분출했다. 이 행사의 정점은 1백만 명이 참가한 반전 시위였다. 유럽사회포럼은 2003년 2월 15일 이라크 전쟁 반대 국제 공동 반전 행동을 호소하기도 했고, 그 다음해 WSF가 그 호소를 이어받았다.

2003년 2월 15일과 3월, 이라크 전쟁 발발 전후해 벌어진 반전 시위들은 대중 운동의 역사에 기록될 만한 규모였다. 한 연구를 보면, 2003년 1월 3일과 4월 12일 사이에 3천5백50만 명이 2천9백78번의 이라크 전쟁 반대 시위에 참가했다.

그러나 동시에 2·15 행동은 대안세계화 운동의 정점이기도 했다. 저항 행동들을 급진화한 동력은 한동안 지속됐다. 2004년 1월의 [인도] 뭄바이 WSF는 초대형 반자본주의 축제였다.

금융 투기 규제를 주된 목표로 삼는 금융거래과세시민연합(ATTAC; 아탁)은 2005년 6월 프랑스의 유럽헌법 국민투표에서 반대표를 던질 것을 호소하는 캠페인에서 중요한 구실을 했다. 그러나 운동은 중요한 승리를 얻었지만 눈에 띄게 약화하기 시작했다. 프랑스 아탁은 치명적 분열을 겪었다.

운동 후퇴의 원인은 정치적이었다. 이 운동을 표현하는 이름이 다양하다는 것은 운동의 성격에 모호함이 있기 때문이다. 이 운동은 체제에 반대한다. 그러나 그 체제의 이름은 무엇인가? 자본주의 자체인가 아니면 단지 신자유주의적인 자본주의인가?

국제 금융 거래에 토빈세 부과를 요구하는 아딱 캠페인의 목표는 좀 더 규제된 형태의 자본주의로 돌아가는 것이다. 오늘날에는 고든 브라운이나 캔터베리 대주교 같은 주류 인사들도 토빈세를 지지하고 있다.

혼란

그래서 운동 내에서 다양한 정치 경향들이 나타났다. 아탁은 좀 더 개혁주의적인 경향을 대표했고, 자본주의에 저항하는 최선의 방법은 자본주의를 타도하지 않고도 해방적 라이프스타일을 추구할 수 있는 공간들을 만드는 것이라고 주장하는 이른바 자율주의자들과 비록 소수지만 대단히 활동적이고 상당한 영향력을 행사한 혁명적 사회주의자들이 있었다.

정당 참여를 공식적으로 배제한다는 WSF의 입장은 이런 차이를 해결하는 것을 더 힘들게 만들었다. 실천에서 이것은 위선적이었다.

예컨대, 브라질 노동자당(PT) — 2002년 룰라의 당선 이후 집권당이 됐다 — 은 브라질에서 열린 모든 WSF에서 주도적 구실을 했다.

운동이 얼마나 정당에 의존하고 있었는지는 2004~2006년 이탈리아 — 유럽에서 급진화가 가장 뚜렷했던 나라 — 의 부정적 사례에서 극명하게 드러났다.

2002년 피렌체 ESF를 정치적으로 이끈 재건공산당은 오른쪽으로 이동했고 나중에는 이탈리아군을 아프가니스탄으로 파병한 중도좌파 연립 정부에 참여했다. 이것은 한동안 이탈리아 반전 운동을 마비시켰고 유럽 전체의 운동을 사기저하와 혼란에 빠뜨리는 데 일조했다.

또, ESF는 관료적 힘겨루기의 장이 됐다. 남반구의 다양한 장소를 순회하며 열리는 WSF는 장소에 따라 여전히 약간의 활력을 보이고 있다. 2008년 브라질 벨렝 WSF는 라틴아메리카의 급진적 분위기를 반영했다.

그럼에도 오늘날 대안세계화 운동의 에너지는 5년 전과 비교해 희미하다. 아이러니인 것은 바로 이 순간 자본주의가 1930년대 이래 최악의 위기에 빠져 있다는 것이다.

그러나 대안세계화 운동은 자본주의·제국주의·전쟁에 반대하는 급진화에 여전히 영향을 미치는 중요한 이데올로기적 유산뿐 아니라, 자본주의에 맞서 전 세계적으로 싸울 수 있음을 보여 준 시애틀·제노바·뭄바이의 기억을 남겼다. 새로운 투쟁이 그 반자본주의 정신을 계속 이어갈 것이다.

국제주의 전통 자료집

Ⅱ-1. 자본주의와 그 경제 위기

지은이 | 알렉스 캘리니코스, 크리스 하먼 외 지음
엮은이 | 이정구

펴낸곳 | 도서출판 책갈피
등록 | 1992년 2월 14일(제2014-000019호)
주소 | 서울 성동구 무학봉15길 12 2층
전화 | 02) 2265-6354
팩스 | 02) 2265-6395
이메일 | bookmarx@naver.com
홈페이지 | http://chaekgalpi.com

첫 번째 찍은 날 2018년 8월 27일
네 번째 찍은 날 2019년 2월 18일

값 14,000원
ISBN 978-89-7966-144-6 04300
ISBN 978-89-7966-155-2 (세트)

잘못된 책은 바꿔 드립니다.